国家自然科学基金（编号：71961010）

供应链运营管理：
模型构建、决策优化与仿真分析

舒斯亮◎著

江西高校出版社
JIANGXI UNIVERSITIES AND COLLEGES PRESS

图书在版编目(CIP)数据

供应链运营管理:模型构建、决策优化与仿真分析/
舒斯亮著.--南昌:江西高校出版社,2023.12(2025.1重印)
ISBN 978-7-5762-4360-4

Ⅰ.①供… Ⅱ.①舒… Ⅲ.①供应链管理—运
营管理—研究 Ⅳ.①F252.1

中国国家版本馆 CIP 数据核字(2023)第 230129 号

出 版 发 行	江西高校出版社
社 址	江西省南昌市洪都北大道 96 号
总编室电话	(0791)88504319
销 售 电 话	(0791)88522516
网 址	www.juacp.com
印 刷	三河市京兰印务有限公司
经 销	全国新华书店
开 本	700mm×1000mm 1/16
印 张	12.25
字 数	203 千字
版 次	2023 年 12 月第 1 版 2025 年 1 月第 2 次印刷
书 号	ISBN 978-7-5762-4360-4
定 价	68.00 元

赣版权登字 -07-2023-852

前 言

　　进入二十一世纪以来,市场供需结构发生了变化,企业竞争进一步加剧,企业之间的竞争已逐步转变为供应链与供应链之间的竞争。作为供应链上的成员企业,越来越意识到供应链高效运营对其发展至关重要。在供应链运营过程中,要提升供应链运营效率,需要链上成员企业制定科学的决策。且从实际情况来看,链上成员企业决策时可能面临各种不同的经营环境,比如成员企业之间信息是否对称、成员企业的决策是否理性、成员企业在供应链中地位如何、零售商采用何种销售模式等,很显然,在不同经营环境下链上成员企业的决策行为应不同。为了全面梳理清楚上述问题,需要对供应链运营问题进行系统、深入研究。

　　已有的关于供应链运营管理方面的书籍,对供应链运营问题展开了大量研究,但对本书所涉及的内容研究较少。从现实来看,本书所涉及的权力结构、概率销售及公平关切三种不同情境下的供应链运营问题,在现实中普遍存在。鉴于此,本书在已有学者研究的基础上对其继续展开系统、深入研究,共包括七章内容:第一章对本书研究背景和意义进行论述,同时介绍研究对象、目标、方法、内容及创新点；第二章为相关理论及国内外文献综述；第三章分别考虑顾客损失厌恶、物流服务商参与等影响，对不同权力结构下供应链运营问题展开分析；第四章分别考虑概率产品异质性组合、权力结构及概率产品分配时机等影响，对概率销售下供应链运营问题展开分析；第五章分别考虑企业社会责任、权力结构、公平关切参照点及信息不对称等影响，对公平关切下供应链运营问题展开分析；第六章结合生物农业、绿色产品、新零售三个行业，对供应链运营问题展开分析；第七章对本书研究成果进行总结，同时对今后研究方向进行阐述。

本书研究主要结论如下：

（1）基于不同权力结构，分析顾客损失厌恶对供应链运营的影响，结果发现：顾客损失厌恶程度增加会降低产品批发价格及售价，会缩小集中与分散两决策下供应链整体获利差距；零售商和制造商运营受到不利影响，且零售商在权力均衡下受到不利影响更大，制造商则在其占主导权时受到不利影响更大。分析物流服务商参与对供应链运营的影响发现：供应链需求扰动的稳健区域会扩大，集中与分散（包括三种不同权力结构）两决策下需求扰动对服务价格、批发价格、售价的影响会不同；产品需求量与扰动同方向发生变化，集中决策下需求调整幅度大于分散决策，分散决策下权力均衡情形调整幅度最大；供应链上成员企业的获利在三种不同权力结构下受需求扰动的影响不同。

（2）当零售商采用概率销售策略时，分析概率产品中异质性产品组合的影响，结果发现：高质量产品与低质量产品所占比例越接近，零售商采用概率销售策略就越有利，异质性产品质量差距越大或越小都不利于零售商开展概率销售策略。比较不同权力结构下概率销售策略发现:若概率产品中两种产品组合比例差距较小或者消费者对产品不完全匹配敏感程度较高,则权力均衡下批发价格最高;若两种产品组合比例差距较大且消费者对产品不完全匹配敏感程度较低,则制造商占主导权下批发价格最高。对于产品边际利润,零售商占主导权情形大于权力均衡情形,制造商占主导权情形则在两种产品组合比例差距较小或者消费者对产品不完全匹配敏感程度较高时最大。比较早分配和晚分配两概率销售模式发现,对于三种不同权力结构,制造商批发价格应不同。零售商售价除了在早分配概率销售下制造商、零售商占主导权两种情形相同外,其他情形应不同,自身占主导权情形最高,权力均衡情形最低。

(3)当供应链成员企业具有公平关切行为时,从零售商履行社会责任水平来看,在自身公平关切时会上升,在竞争对手公平关切及两零售商同时公平关切两种情形时会下降。在双渠道博弈过程中,随着电子商务企业销售效率下降,三种不同权力结构下产品售价均会增加,且增速随着传统零售企业公平关切程度的增加会上升。分析公平关切参照点的影响发现,对于实体店而言,随着消费者"搭便车"比例的增加,其产品售价及努力水平会下降,且两者均在横向公平关切情形时下降得更快。从网店产品售价来看,其呈现先上升后下降的变化,同样,其在横向公平关切情形时变化更快。分析公平关切信息不对称的影响发现,实体零售商传递不真实公平关切信息对自身产品销售价格及制造商批发价格会产生影响,但电子商务渠道售价不受影响,且零售商传递公平关切值低于真实值时,实体零售商效用会减少,若高于真实值,效用会增加,而制造商利润在低于或高于真实值情形时均减少。

（4）在绿色产品供应链运营过程中，当采用区块链技术时，制造商或零售商期间交易费用下降会带来产品售价下降及绿色度水平上升，而产品批发价格在制造商期间交易费用下降时下降，在零售商期间交易费用下降时反而上升，且上升或下降的速率大小与绿色供应链权力结构及绿色创新效率等有关。在新零售供应链运营过程中，制造商产品批发价格、销售商线上线下产品售价在不同权力结构下不同，且均在自身占主导权情形时最高。此外，随着销售商布局的线下门店数量增加，制造商和销售商会提高产品价格。在生物农业供应链运营过程中，当生物农业企业与传统农业企业竞争时，政府给予生物农业一定补贴，会带来生物农资产品售价及技术水平上升，且当政府补贴支出相同时，研发补贴下生物农资产品售价、技术水平上升速率大于价格补贴模式，而传统农资产品售价在价格补贴下会下降，在研发补贴下会上升。除此之外，从生物农产品制造商所受影响来看，其制定的生物农产品批发价格会上升，价格补贴下其上升速率大于研发补贴模式。

目录

CONTENTS

第一章　绪　论

本章首先介绍了研究背景和意义,其次介绍了研究目标与方法,最后对研究对象、研究主要内容、基本框架及创新点进行了阐述。

1.1　研究背景和意义

1.1.1　研究背景

进入二十一世纪以来,随着产品供需结构变化,企业竞争进一步加剧,企业开始意识到市场竞争已开始由企业之间的竞争转向供应链之间的竞争。越来越多的企业认为组建一条优秀的供应链有助于提升企业竞争力,所以,企业作为供应链上的一个成员,不仅要把自身做强,还有必要和其他企业建立一条风险共担、利益共享的合作性供应链。早期(1999 年)德勤咨询公司对美国和加拿大 200 余家大型制造商和销售商进行了调研,这些企业主要涉及汽车、家电、航空制造、高科技等行业,调查结果表明,所有企业一致认为在企业运营过程中应重视供应链管理,因为它不仅影响企业生存,还关系到企业未来是否成功。

在供应链运营过程中,从上游企业和下游企业所占据地位来看,传统供应链通常是上游企业(比如制造商)占据丰导权,对供应链起主导性作用,但随着市场从卖方市场向买方市场转变,越来越多的零售企业在供应链中占据主导地位,比如沃尔玛、家乐福等。因此,如今的市场中存在三种不同权力结构,即上游企业占据主导权、下游企业占据主导权及上游企业和下游企业权力均衡。从供应链权力结构影响来看,在不同权力结构下,供应链上游企业和下游企业博弈行为不同,使得企业间决策顺序会发生变化,且已有大量文献研究表明,在不同权力结构下供应链上的成员企业决策会不同,其获得利润也不同,所以,在研究供应链运营问题时,应考虑供应链权力结构的影响。

概率销售是近年来比较新颖的一种销售方式,主要表现为福袋、神秘酒店等。比如:企业把服装产品放进福袋中,隐藏服装颜色、款式、设计、图案等信息进行销售,只有收到产品后才能获知上述具体信息;旅行社把同等档次酒店组合成概率产品,消费者到达目的地后才能获知具体的酒店名称。概率销售是指销售者将现有产品组合成概率产品,并隐藏部分产品信息,把其作为消费者额外购买选择权的一种销售策略。实践和理论研究均表明,与其他销售方式相比,其在实施过程中有独特优势,比如可以扩大产品销售、细分市场、平衡供给、差异化定价、弱化市场不确定性及增加资源利用效率等。目前,越来越多的企业开始采用概率销售策略。

行为研究者从实证角度出发,收集了大量实验数据,以人的心理特质和行为方式去研究影响人们决策行为的非理性心理因素,其研究思路颠覆了传统有关"理性人"的假定。他们认为人们在决策时,不仅受到利益最大化驱动,而且还受到复杂的非理性心理因素的影响,即决策的有限理性。其中所涉及的一个重要观点是:受心理因素的影响,人们在进行利益分配时,不仅关注自身获得利益的多少,还对他人获得的利益表现出极大的关注,即具有公平关切行为。公平关切是普遍存在的一种现象,目前在产品供应链与服务供应链中均有一定研究。已有大量研究表明,在供应链成员决策过程中,考虑链上成员的公平关切行为,有助于改善企业自身及供应链整体绩效,且公平关切行为的存在,对供应链上成员企业的决策行为(比如企业批发价格、订购量及销售价格等)会产生一定影响。

综上所述,本书将在前人研究的基础上,进一步围绕权力结构、概率销售策略及公平关切等对供应链运营问题展开系统、深入研究。

1.1.2　研究意义

随着市场竞争加剧,企业意识到要提高市场竞争力,高效管理自身所处供应链就变得越来越重要。在供应链运营过程中,链上成员企业应如何决策,以及在不同经营环境下决策应如何调整,这些都将影响供应链运营效率。因此,本书在已有学者研究基础上,进一步对供应链运营问题进行探讨。从已有文献来看,虽然学者对供应链运营问题展开了大量研究,但以下问题涉及较少,主要包括:

(1)已有文献在探讨不同权力结构下供应链运营问题时,往往只涉及二级供应链运营问题,未延伸到三级供应链,且较少考虑顾客损失厌恶行为。

(2)概率销售是一种新颖的销售策略,已有文献虽进行了一定研究,但未考虑异质性产品组合、权力结构及概率产品分配时机等因素,而从实践来看,上述因素对概率销售实施具有较大影响。

(3)公平关切行为在供应链运营过程中客观存在,且大量研究表明其对供应链运营会产生一定影响,而已有文献在研究该问题时,很少考虑企业社会责任、权力结构、公平关切参照点及信息不对称等因素的影响。

鉴于此,本书在研究供应链运营问题时,将基于权力结构、概率销售策略及公平关切三种不同场景展开分析,并得到一定的研究结论。从理论上来看,本书的研究结论可以进一步丰富供应链运营管理理论;从实践上来看,不仅可以为该场景下供应链成员企业的决策提供更加准确的参考,而且可以提升供应链成员企业的效率和供应链整体效益。因此,本书具有很好的理论和实践意义。

1.2　研究对象、目标与方法

1.2.1　研究对象与目标

本书以供应链为研究对象,探讨不同权力结构、概率销售策略及公平关切三种情形下供应链运营问题,重点分析供应链上成员企业的决策行为,以及运营环境变化给供应链成员企业的决策行为所产生的影响,并通过比较分析得到一些关于供应链运营的重要结论。通过对本问题的分析,不仅可以丰富供应链管理相关领域理论研究,而且对不同情境下供应链运营策略有更加系统深入的了解,从而为供应链如何运营带来新的思路。

1.2.2　研究方法

本书拟采取的研究方法如下:

(1)文献综述法。对国内外有关损失厌恶下供应链运营管理、公平关切下供应链运营管理、不同权力结构下供应链运营管理、概率销售下供应链运营管理、信息不对称下供应链运营管理、不同类型供应链运营管理等问题的相关文献进行综述和评价,为本书研究工作提供理论依据和学术参考。

(2)博弈论方法。在研究供应链运营问题时,结合实际情况,采用博弈论方法厘清了供应链上成员企业之间的关系,同时构建了不同情境下供应链博弈模型,为后续准确分析供应链运营问题奠定了基础。

(3)决策优化法。基于供应链博弈模型,采用决策优化方法得到了不同情境下供应链成员企业的最优策略解,分析了运营环境变化对供应链最优策略解的影响,同时对契约环境下供应链运营能否实现 Pareto 改进进行了分析。

(4)仿真分析法。由于所构建的供应链模型较为复杂,使得模型最优策略解也比较复杂,部分关键问题很难通过数理推导展开分析,本书将借助于计算机软件,对供应链运营过程进行了仿真,得到了一些采用数理推导很难得到的重要结论。

(5)比较分析法。为了厘清供应链运营问题,本书进行了大量比较分析,比如,通过比较分析方法,明确了不同权力结构下供应链运营差异,厘清了不同公平关切参照点下供应链运营差异,探明了不同概率销售模式下供应链运营策略不同,这些分析结论将更加系统、深入地阐述供应链运营情况。

1.3 研究主要内容、框架及创新点

1.3.1 研究主要内容

本书以供应链为研究对象,从供应链上下游权力结构、产品销售模式、公平关切等角度对供应链运营问题展开了分析,侧重于通过比较分析挖掘供应链更深层次的运营规律,为供应链运营提供决策参考。本书主要研究内容为:

(1)考虑供应链上游企业与下游企业处于不同权力结构,针对顾客损失厌恶、物流服务商参与两种情境展开分析,同时探讨权力结构对其产生的影响。

(2)在概率销售模式下,基于概率产品异质性组合、权力结构及产品分配时机三种情形,探讨供应链运营决策问题,并分析权力结构、异质性产品组合比例、产品分配时机给其所带来的影响,最后就如何选择概率销售模式展开系统分析。

(3)在公平关切背景下,考虑企业社会责任、权力结构、公平关切参照点及信息不对称等影响,探讨供应链运营问题,侧重于分析不同环境下企业公平关切行为对供应链运营的影响。

(4)以生物农业、绿色产品、新零售三个不同行业为例,分析供应链运营问题,主要目的在于明确不同行业供应链运营差异。

1.3.2 研究框架

上述内容的研究框架见图1.1。

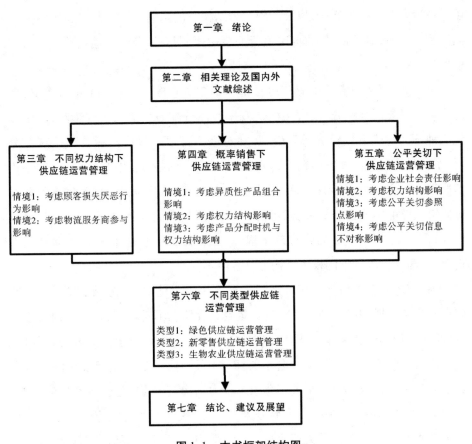

图 1.1 本书框架结构图

全书分为七章,具体章节安排如下:

第一章,绪论。本章首先对本书研究背景和研究意义进行了论述,然后介绍了研究对象、目标、方法、内容,并对本书创新点进行了提炼。

第二章,相关理论及国内外文献综述。本章首先介绍了供应链基本理论、损失厌恶理论、公平关切理论,然后对与本书研究相关的国内外文献进行综述,主要内容包括考虑权力结构的供应链运营管理、考虑损失厌恶的供应链运营管理、概率销售下供应链运营管理、考虑企业社会责任的供应链运营管理、考虑信息不对称的供应链运营管理等方面,同时对相关文献进行了总结和评述。

第三章,不同权力结构下供应链运营管理。结合供应链实际运营情况,针对顾客损失厌恶和物流服务商参与两种情形,构建博弈模型,并对不同权力结构下供应链运营展开分析,主要是为了解决如下问题:(1)顾客损失厌恶行为对供应链运营会产生何影响,以及不同权力结构下的影响差异;(2)考虑物流服务商决策影响时,制造商、零售商决策行为会如何调整,以及权力结构给其所带来的影响。

第四章,概率销售下供应链运营管理。在供应链中引入概率销售策略,考虑概率产品异质性组合、权力结构及概率产品分配时机等因素的影响,分别构建三种不同情境下供应链博弈模型,并对概率销售下供应链运营决策展开分析,主要是为了解决如下问题:(1)概率产品中异质性产品组合比例变化对零售商决策行为会产生何影响;(2)在不同权力结构下,零售商采用概率销售策略对供应链运营的影响是否有差异,差异体现在哪些方面;(3)概率产品分配时机(早分配和晚分配)是否对供应链运营产生影响,如有影响,供应链企业应怎么选择分配时机,以及不同权力结构下是否会不同。

第五章,公平关切下供应链运营管理。在供应链中引入公平关切行为,考虑企业社会责任、权力结构、公平关切参照点及信息不对称等影响,分别构建了四种不同情境下供应链博弈模型,并对公平关切下供应链运营决策展开分析,主要是为了解决如下问题:(1)公平关切背景下企业承担社会责任对两零售商竞争会产生何影响;(2)公平关切背景下权力结构对供应链运营会产生何影响;(3)当企业选择不同公平关切参照基准时,公平关切行为对供应链运营的影响是否有所不同;(4)与公平关切信息对称情形相比,公平关切信息不对称对供应链运营的影响是否不同,以及如何激励企业共享公平关切信息。

第六章,不同类型供应链运营管理。本章主要结合生物农业、绿色产品、新零售三个行业供应链运营情况,构建具有行业特性的供应链博弈模型,探讨三种不同类型供应链运营问题,研究主要目的在于厘清不同行业供应链运营差异,为企业管理者决策提供理论支持。

第七章,结论、建议及展望。本章主要对与本书相关的研究成果进行总结,同时对今后研究的方向进行阐述。

1.3.3 研究创新点

本书的创新之处主要体现在以下几个方面:

(1)针对顾客损失厌恶、物流服务商参与两种情境,探讨权力结构变化对供应链运营的影响。已有文献在研究供应链问题时,多数假定顾客完全理性,以及很少考虑物流服务商参与对制造商、零售商决策的影响,而从供应链运营来看,顾客损失厌恶心理及物流服务商决策对供应链运营均会产生影响,所以本书针对上述两种情境展开分析。通过分析不同权力结构下顾客损失厌恶、物流服务商参与对供应链运营的影响,可以得到更加系统的结论,为该背景下供应链成员企业的决策提供更加准确的理论支持。

(2)在分析概率销售下供应链运营问题时,考虑概率产品中异质性产品组合比例、权力结构及产品分配时机等因素的影响。已有文献在分析概率销售问题时,很少结合上述因素展开分析,而从企业实际应用概率销售策略来看,上述因素会给企业实施概率销售策略产生一定影响。鉴于此,本书在探讨概率销售策略时,考虑了上述因素的影响。通过上述研究,可以梳理清楚概率销售策略具体实施中异质性产品应如何组合,概率产品应在何时进行分配,以及权力结构给概率销售产生怎样的影响等,为企业具体实施概率销售策略提供更加系统的决策参考。

(3)研究公平关切背景下企业社会责任、权力结构、公平关切参照点及信息不对称等对供应链运营的影响。已有文献在研究公平关切背景下供应链运营问题时,较少考虑上述因素,尤其是公平关切参照点及信息不对称两因素涉及更少,而上述因素在供应链运营实践中扮演重要角色,大量文献也表明其对供应链运营会产生一定影响。鉴于此,本书在研究公平关切背景下供应链运营问题时考虑上述诸因素。研究所得的结论进一步丰富了公平关切背景下供应链管理理论。

第二章　相关理论及国内外文献综述

与本书相关的理论主要包括供应链基本理论、损失厌恶基本理论、公平关切基本理论；与本书相关的文献主要包括考虑权力结构的供应链运营管理、考虑公平关切的供应链运营管理、考虑损失厌恶的供应链运营管理、概率销售环境下供应链运营管理、考虑企业社会责任的供应链运营管理、信息不对称环境下供应链运营管理等。

2.1　相关理论

2.1.1　供应链基本理论

从产品和服务市场来看，企业与客户之间的供需关系是客观存在的，它反映了产业与企业的关联，以及企业不同部门之间的关系，这是早期人们对供应链的认识。在我国国家标准物流术语中对供应链概念进行了界定，它是指：生产及流通过程中，涉及将产品或服务提供给最终用户活动的上游与下游企业所形成的网链结构。根据其对象的不同，可以把供应链分为产品供应链与服务供应链，且从现实情况来看，两者之间既有相同之处，又存在诸多区别。相同之处主要体现在管理内容方面，都是围绕供应、生产、销售及物流等展开；而不同之处主要来源于服务和产品的本质，相比较产品，服务具有易逝性、无形性、不可触摸等特征[1]，这些特征决定了服务供应链在结构、运营模式及协调等方面有别于产品供应链。

在供应链运营过程中，为了提升供应链运营效率，协调是非常有效的方法。协调是指供应链上的某个节点企业通过提供一定的激励措施来改变另一个节点企业的行为，这样不仅可以实现供应链整体效益的最大化，还可以达到供应链节点企业的 Pareto 改进[2]。其主要内容包括：树立"共赢"思想，为实现共同目标而努力，建立公平公正的利益共享与风险分担的机制，在信任、承诺和弹性协议的基础上深入合作，搭建电子信息技术共享平台及时沟通，进行面向客户和协同运作的业务流程再造等。从现实情况来看，契约是实现协调的有效手段,能够明显改善供应链绩效。它是指通过提供合适的信息及激励措施,保证供应链节点企业之间的有效协调,从而优化供应链绩效的有关条款[3],比如收入共享契约、成本共担契约等。

2.1.2　损失厌恶基本理论

损失厌恶最早由 Kahneman 和 Tversky 于 1979 年在前景理论中提出,它指的是价值函数在损失区间的斜率比在收益区间的斜率更加陡峭[4]。损失厌恶是心理学中的一个重要概念,随着其不断发展,目前在金融、投资、管理等领域都得到了广泛运用,可以用于解释一些传统理论无法解释的异常现象。损失厌恶理论表明,人们在面对收益和损失时,认为损失往往令决策主体更难忍受,即对于同等损失和收益,损失给决策主体带来的负效应会大于收益给决策主体带来的正效益[5]。损失厌恶是一种普遍存在的心理现象,且不同的决策主体损失厌恶程度也会不同,因此,探讨损失厌恶的影响因素就显得十分重要。目前学者们对损失厌恶进行了研究,从研究结果来看,情感依恋、认知过程及认知角度等因素对损失厌恶会产生一定的影响。比如:Kermer 等认为损失厌恶是人们在处理情感过程中所犯的错误,人们往往会扩大损失所带来的负面情感效应,表现出对其极度的厌恶,使得对损失的敏感性增强[6];Chapman 等认为产品的属性越明显,人们在对其进行交换时损失厌恶程度就越高[7];除此之外,国内学者刘欢等对损失厌恶也进行了研究,认为损失程数与收益程数之间的差距对损失厌恶影响较大,两者差距越大,损失厌恶程度就越高[8]。

由于损失厌恶心理是客观存在的,它对决策主体的决策行为会产生一定的影响。而从现实来看,由于决策主体选择的损失厌恶参考点不同,产生的影响也会有所不同,因此,对决策主体的损失厌恶参考点进行研究就显得非常有意义。比如,Ellram 等最早在前景理论中提出个人损失的大小是相对于某个参考点而言的,且该参考点会随着一些因素的变化而发生变化[9]。从目前相关文献研究来看,大多数文献都假定损失厌恶参考点为 0。比如:柳键等在研究不确定需求下零售商订货决策时,将零售商损失厌恶参考点选择为 0[10];林志炳等在研究收益共享契约下供应链的决策时,把供应商和零售商损失厌恶参考点选择为 0[11]。以上文献都假定损失厌恶参考点是静态的,但目前也有少数文献认为损失厌恶参考点是动态变化的。比如:Sugden 等认为决策主体的损失厌恶参考点是一个变量[12];Shalev 等把参考点作为内生变量,并对其进行了优化[13];Koszegi 等认为参考点具有内生及不确定性等特征[14];Schmidt 等在第三代前景理论中对损失厌恶参考点的随机性进行了阐述[15]。因此,在研究损失厌恶情形下供应链问题时,明确决策主体的损失厌恶参考点就显得非常重要。

2.1.3 公平关切基本理论

传统关于供应链运营管理的研究大都建立在决策者完全理性的基础上,而行为研究者通过大量实验证明,决策者在决策过程中不仅受到利益最大化驱动,公平关切也对其产生较大影响,因此,决策者在决策过程中并非完全理性[16]。比如:Kahneman 等通过研究发现顾客对销售价格及员工对薪水都表现出了极大的公平关切行为,且厂商在决策过程中也会受到该行为影响[17];Guth 等通过最后通牒博弈研究发现,人们不仅关注自身利益,同样也非常关注他人利益[18];Ho 等对分布式公平及同行诱导公平进行了研究,结果表明,同行诱导公平所产生的影响是分布式公平产生影响的两倍[19]。以上研究表明,公平关切普遍存在于人们心中,它对人们的决策行为将会产生一定的影响。

何霆与简兆权等较早对公平关切的含义进行了界定,他们都认为人们在进行利益分配时,若感觉到自己获得了不公平的利益,会采取一定行动以达到惩罚对方的目的[20-21];Bolton 等在判断自身获利公平性时,将其所获得的利益与总体利益进行比较[22];而 Cui 等在判断自身获利公平性时,将自身利益与他人利益进行比较[23]。从上述相关文献可以看出,人们在判断其获利公平性时,选择的参考基准不同,结果也会有所不同。从现有研究来看,目前在参考基准选择方面主要存在以下两种情形:一种是以对方收益作为参考基准,以判断其公平性,这种情形可称为相对公平关切;一种是将总体收益作为参考基准,以判断其公平性,这种情形可称为绝对公平关切[24]。所以,人们在决策过程中,参考基准选择不同,决策主体受到公平关切的影响也会不同。

从已有研究来看,大多是通过效用函数形式将公平关切引入供应链,而目前在刻画公平关切效用函数时,不同的学者也有所不同。比如何霆和 Bolton 等认为不管收益存在正差异还是负差异都会使决策主体效益下降[20,22]。以供应链为例,假定制造商为公平中性,零售商具有公平关切行为特征,则公平关切零售商效用函数记为 $U(\pi_r) = \pi_r - \alpha(\pi_m - \pi_r)^+ - \beta(\pi_r - \pi_m)^+$,其中 α 为负差异效益下降的速率,β 为正差异效益下降的速率,π_r 为零售商利润,π_m 为制造商利润。Loch 等通过对供应链效用进行分析,提出了公平关切背景下更简单的效用函数,记为 $U(\pi_i) = \pi_i + \gamma\pi_j, i \neq j$,其中 γ 为 j 方对 i 方的关注程度,γ 越大,表明 j 方对 i 方的效用影响就越大[25];杜少甫等认为当自身收益高于对方时效用会增加,反之则效用会下降,其效用函数记为 $U(\pi_i) = \pi_i - \lambda(\pi_j - \pi_i), i \neq j$,其中 λ 为公平关切程度[26]。本书在研究公平关切下供应链运营策略时,将借鉴杜少甫所刻画的效用函数,因为从现实来看,对大多数决策者而言,当其收益低于对方收益时效用会下降,反之则效用会增加。

2.2　国内外文献综述

2.2.1　考虑权力结构的供应链运营管理

关于不同权力结构下供应链运营问题,学者们进行了一定的研究。比如:早期 Choi 研究由两个供应商和一个共同零售商组成的供应链时,考虑了成员相对权威性,认为零售商可以作为 Stackelberg 主导者或跟随者,或双方进行 Nash 博弈[27];张国兴等探讨了不同权力结构下双渠道供应链决策问题,结果发现,零售商占主导下传统渠道需求最小,而直销渠道需求则在供应商占主导下最大[28];冯颖和张炎治研究了不同权力结构下 TPL 服务增值的供应链决策问题,结果表明,TPL 占主导下零售商订购量及 TPL 物流服务水平均低于供应商占主导情形[29];高鹏等研究了权力结构对再制造供应链技术创新的影响,结果发现,当创新效率较高时,再制造商占主导下技术创新水平最大,而当创新效率较低时,原制造商占主导下技术创新水平最大[30];李新然等研究了权力结构对闭环供应链绩效的影响,结果表明,制造商在其自身占主导下获得利润最大,零售商同样在其自身占主导下获得利润最大[31]。从上述相关研究可以看出,当供应链权力结构发生变化时,供应链成员的决策行为会不同。

2.2.2　考虑公平关切的供应链运营管理

关于公平关切下供应链运营问题,学者们进行了一定的研究。比如:陈宾等在分析双渠道供应链服务水平时考虑了公平关切影响,发现零售商服务水平不受自身公平关切影响,但随制造商公平关切程度增加而提高[32];唐飞等分析了实体零售商公平关切对供应链定价的影响,结果发现,实体零售商公平关切行为会增加自身产品销售价格,但对电子商务渠道销售价格不产生影响[33];邹清明等探讨了公平关切下双渠道闭环供应链决策问题,结果发现,渠道成员公平关切行为不影响废旧产品直接回收价,但影响零售商废旧产品回收价[34];周岩等研究发现,实体零售商公平关切下双渠道绿色供应链产品批发价格及绿色度水平均会下降[35];Li 等研究了公平关切下双渠道供应链合作广告策略[36];Wei 等通过改进的回购契约实现了公平关切下双渠道供应链协调[37]。有的学者还就实体店纵向与横向公平关切下供应链运营问题进行了比较研究。比如,浦徐进等研究发现,对于实体店而言,其产品销售价格在纵向公平关切下会上升,在横向公平关切下则会下降,而网店销售价格在纵向与横向公平关切下均会下降,但下降速度有所不同,且实体店、网店及供应链整体效用在纵向与横向公平关切下受到的影响也有所不同[38]。以上研究表明,企业公平关切行为对供应链运营决策会产生影响,且企业选择的公平关切参照点不同,供应链运营决策所受影响也会不同。

2.2.3 考虑损失厌恶的供应链运营管理

关于损失厌恶下供应链运营问题的研究,目前主要有:Shi 等在考虑需求随机的基础上,研究了零售商损失厌恶对订货决策的影响,从研究结果来看,零售商损失厌恶行为将带来其订货量下降[39];孙浩等探讨了需求价格敏感情形下损失厌恶零售商参与的闭环供应链定价与订货决策问题,结果表明,与损失中性零售商相比,损失厌恶零售商最优定价及最优订货量均更低[40];李绩才等研究由一个损失中性供应商与多个损失厌恶零售商组成的供应链的决策问题,研究发现,竞争性的多零售商之间存在唯一的纳什均衡总订货量,且随零售商损失厌恶程度增加有所降低[41];肖迪等研究了损失厌恶下零售商订货及供应商产品质量问题,结果显示,零售商的损失厌恶行为将带来订货量及供应商产品质量下降[42];曹国昭等研究了替代品竞争环境下损失厌恶报童问题,发现损失厌恶程度变化将对零售商库存和行业总库存产生一定影响,且影响程度与缺货损失大小有关[43];刘咏梅等研究了损失厌恶零售商库存决策问题,并对比分析了集中与独立库存管理模式,从研究结论来看,当面临损失厌恶零售商时,制造商偏向于选择独立库存管理模式[44];赵光丽等在考虑市场需求模糊性的基础上,研究了零售商损失厌恶行为对供应链决策的影响,结果表明,随着市场需求模糊性变化,零售商损失厌恶行为对供应链决策的影响规律也会不同[45];林志炳等研究了损失厌恶下供应链决策问题,并探讨了收益共享契约给其所带来的影响,从研究结果来看,随着零售商损失厌恶程度增加,其订货量及期望效用会下降,且当收益共享契约因子取值满足一定条件时,该契约可以弱化损失厌恶所带来的不利影响[46]。从上述相关文献来看,供应链在运营过程中,其定价、订货、质量、库存等决策均会受到企业损失厌恶行为的影响,且通过采用一定的契约可以弱化损失厌恶的负面影响,起到改善供应链成员绩效的作用。

2.2.4　概率销售环境下供应链运营管理

学者们对概率销售问题也展开了一定的研究。比如:Jiang 较早地研究了销售商垄断情形下概率销售问题,结果发现,当消费者差异足够大时,概率销售可以增加销售商利润,提升社会福利[47];Zhang 等构建了概率销售下多产品报童模型,发现通过最优概率产品定价可以诱导需求重塑,零售商可以以较低库存水平得到更多利润[48];Fay 基于 Hotelling 模型研究了概率销售问题,发现概率销售可以细分市场,减少价格竞争,弱化卖家市场需求信息劣势[49];Rice 等比较了降价销售与概率销售,发现两者都可以细分市场,但降价销售通过顾客耐心细分,而概率销售则通过消费者对产品偏好细分[50];刘光宗等通过情景模拟实验发现,相比较传统销售策略,概率销售有助于提升消费者购买产品的满意度[51];毛可等研究了无理由退货政策下零售商概率销售策略,结果发现,概率产品随机性及无理由退货下消费者满意率均对概率销售策略实施效果产生影响[52];Huang 和 Yu 从消费者理性角度研究了概率销售问题,发现消费者有限理性可以提升概率销售效果[53];Zhang 等研究异质性产品概率销售问题,发现概率销售可以有效处理卖家剩余库存,提升卖家利润,但异质性产品质量差异过小会减少消费者福利[54];杨光等发现概率产品中两种异质性产品组合比例差距越大,双渠道销售模式比单渠道销售模式更有优势[55]。上述文献主要关注早分配概率销售,还有少数文献关注晚分配概率销售,目前主要有:张洋发现晚分配概率销售可以有效降低产品安全库存[56];Fay 等从库存角度比较了早与晚分配概率销售,发现当库存成本较高时应采取晚分配概率销售,当库存成本较低时应采取早分配概率销售[57]。

2.2.5　考虑企业社会责任的供应链运营管理

国内外学者对企业社会责任问题开展了相关研究。比如：Aupperle 等较早提出了企业社会责任应涉及经济、法律、道德等多个层面[58]；Doane 进一步对企业社会责任利益相关者理论进行了阐述[59]；李彦龙等认为企业社会责任是企业在追求股东利润外，还应满足一定社会利益[60]；Levis 认为将企业社会责任管理作为战略管理重要内容有助于提升企业的竞争力[61]；晁罡等通过实证研究发现，伦理制度有助于增强企业的社会责任意识[62]；徐尚昆等认为企业履行更多的社会责任可以带来更多的社会资本的投入[63]；万松钱等对中小企业在供应链社会责任中的传导作用进行了研究[64]；郭春香等探讨了企业社会责任对供应链成员企业的协作、定价及利润分配的影响[65]；高举红等对闭环供应链的社会责任问题进行了研究[66]；颜波等通过引入社会责任等级衰减速率模型，探讨了连续时间下供应链企业的社会责任问题[67]。上述研究表明，企业是否承担社会责任对供应链运营会产生一定影响。

2.2.6　信息不对称环境下供应链运营管理

关于信息不对称下供应链运营问题，学者们进行了一定的研究。比如：Yue 等针对离散分布市场，研究了需求信息不对称下供应链退货政策问题[68]；张梁梁等构建了需求信息不对称下卖方与买方半合作博弈模型，通过分担市场销售成本的方法实现了信息共享[69]；刘浪等研究了零售商成本信息不对称下供应商最优供货决策问题，得到了此情形下最优供货决策[70]；Lau 等研究了生产成本信息不对称下制造商决策问题，并在此基础上分析了制造商决策对供应链整体所带来的影响[71]；Gaudet 等研究了生产成本信息不对称下供应链投资问题，通过优化理论推导出了最优投资策略[72]。除此之外，国内外学者还就其他信息的不对称进行了研究。比如：张翠华等在考虑销售商质量评价参数不对称的基础上，建立供应商与销售商之间的质量收益函数，探讨了供应商质量预防决策问题[73]；Yu 等在考虑零售价格信息不对称条件下，采用模糊分布集方法，研究了回购契约对零售商订货的影响，结果表明，零售商价格信息不对称将给供应链整体带来不利的影响，而供应商采用回购契约可以达到提高供应链整体绩效的目的[74]；Ha 等研究表明，供应链在零售商成本信息共享下可以实现协调，而当零售商成本为私有信息时,则供应链无法达到协调[75];邱若臻等在零售商成本信息不对称情形下,设计了收益共享契约来实现供应链协调[76];Corbett 等通过设计数量折扣契约,研究了信息不对称情形下供应链库存协调问题[77];Esmaeili 等在买方需求信息不对称情形下,建立买卖双方共同承担销售费用的博弈模型,并探讨了供应链协调问题[78]。以上研究表明,与信息对称情形相比,信息不对称下供应链决策会不同。

2.2.7　不同类型供应链运营管理

本部分主要对绿色产品、新零售及生物农业三种不同类型供应链运营问题进行综述。

(1)绿色供应链运营管理

目前国内外学者对绿色供应链展开了较为广泛的研究。比如:Barari 等探讨了如何通过产品绿色设计增加企业利润[79];Jamali 等研究了绿色供应链中绿色产品及非绿色产品定价问题[80];Chen 等研究了政府绿色环境标准对制造商产品绿色设计的影响[81];温兴琦等讨论了政府补贴策略对产品绿色度水平及绿色供应链成员利润的影响[82];宋洋等研究了绿色供应链中绿色信息虚报问题[83];刘闯等在绿色供应链中引入公平关切,研究了其对制造商生产外包的影响[84]。除此之外,学者们还讨论了不同权力结构下绿色供应链运营问题。比如:江世英等发现不同权力结构下产品绿色度水平、批发价格、零售价格等不同[85];Wang 等发现不同权力结构下绿色制造成本对绿色供应链成员利润的影响不同[86];杨天剑等发现在制造商和零售商组成的绿色供应链中,权力均衡下产品绿色度水平最高[87];Xue 等研究发现,消费者的绿色意识可以有效缓解绿色供应链中权力结构冲突[88]。以上研究表明,绿色供应链如何运营管理需要结合绿色产品特征。

(2)新零售供应链运营管理

在新零售供应链运营过程中,有的企业做到线上线下产品同价,有的企业维持线上线下产品异价。比如,盒马鲜生、京东超体等采用线上线下产品同价,永辉超市则保持线上线下产品异价。学者们在研究该问题时同样考虑了线上线下产品同价或异价。比如:李志堂等考虑线上线下产品异价,研究了新零售下产品供应链服务模式的选择问题[89];吕茹霞等探讨了线上线下产品同价下新零售供应链服务质量问题[90];范辰等针对生鲜产品,还讨论了新零售下线上线下产品同价条件,结果发现,当生鲜品牌不具备雄厚的在线资源时,线上线下应异价,而消费者对产品时效性要求越高,零售商越倾向于选择同价,供应商则越倾向于选择异价[91]。除上述研究之外,学者们还研究了新零售下供应链运营的其他问题。比如:赖红珍等研究了新零售下网络零售商贸易信贷融资问题,发现线上线下差异大时,网络零售商更愿意接受贸易信贷开设线下渠道[92];张建军等发现,在新零售下,单位距离成本越高,物流服务水平和线下体验水平就越低[93];黄孟丽等研究发现,线上消费者过多迁移到线下,产品售价下降,线下消费者过多迁移到线上,产品售价上升[94];张素庸等研究了新零售下不同碳配额分配机制对供应链运营的影响[95]。

(3)生物农业供应链运营管理

国内外学者就生物农业相关问题进行了一定的研究。比如:Monchuk等认为生物农业是指运用基因工程、发酵工程、酶工程等生物技术培育出新的农业产品,是生物技术与农业生产结合的产物[96];马春艳等在构建农业生物产业技术创新能力评价指标体系的基础上,对中国、美国、法国、加拿大、英国等国家的生物农业技术创新能力进行了测算与比较,发现我国生物农业技术创新能力较低[97];梁伟军等从技术融合的角度测算了农业与生物产业间的融合程度,研究表明,我国农业与生物产业处于低技术融合阶段[98];季凯文等运用DEA与SFA相结合的三阶段DEA模型,对我国32家生物农业上市公司的技术效率进行了测度,并就如何提升生物农业公司技术效率进行了探讨[99];刘波等对我国生物农业企业技术创新途径展开了实证博弈分析,发现当前我国生物农业企业的最优选择是自主创新[100]。生物农业行业属于高投入、高风险的行业,政府的激励措施对其发展至关重要。对此,学者们也进行了一定的研究。比如:李萍对支持广西北部湾经济区生物农业发展的财税政策进行了研究,提出了应该从增值税、所得税、生物农业技术创新激励政策等方面着手[101];马春艳认为在生物农业技术创新方面政府应制定相关激励机制,比如奖励有突出贡献的科学家、设立企业创新基金及建立政府购买自主创新产品制度等[102];李天柱等认为政府给予创新主体一定的税收减免、政策支持等,可以打破由于生物农业行业自身特性所带来的创新瓶颈,降低创新不稳定风险[103]。综上所述,已有研究虽探讨了政府激励措施下生物农业的发展问题,但多数是分析政府激励措施对生物农业技术创新的影响,且以定性分析为主,并未从生物农产品供应链视角系统、深入地研究政府激励措施对生物农业发展的影响。

2.3 对现有相关研究的总结和评述

从以上文献综述可以看出,虽然学者们对供应链运营问题展开了大量研究,但以下研究视角涉及较少,本书可以继续对其展开深入研究。具体研究内容包括以下几个方面:

(1)基于供应链上游企业占主导权、下游企业占主导权及上游企业和下游企业权力均衡三种不同权力结构,分别探讨了顾客损失厌恶行为及物流服务商参与两种情境下供应链运营问题。相比较已有文献研究,选择该主题研究,不仅可以厘清顾客损失厌恶行为以及物流服务商参与对供应链运营的影响,还可以明确不同权力结构下其对供应链运营影响的差异,这有助于企业加深对供应链权力结构影响的认识。

(2)将概率销售策略引入供应链,针对概率产品异质性、权力结构及产品早晚分配三种情境展开分析。已有文献较少考虑上述情境,通过对上述情境进行分析,可以明确概率产品如何组合,概率销售模式如何选择,以及不同权力结构下供应链应用概率销售的差异,所得结论有助于进一步丰富概率销售下供应链管理理论。

(3)在研究供应链运营问题时,将公平关切引入供应链,所得研究结果与现实运营状况更加吻合。本书分别从企业承担社会责任、不同权力结构、不同参照点及信息不对称四种情境展开分析,可以厘清不同情境下企业公平关切行为对供应链运营的影响,为不同情境下供应链成员企业的决策提供更加准确的参考。

(4)在研究供应链运营问题时,结合绿色产品、新零售及生物农业实际运营情况展开分析,可以挖掘出具有行业特性的供应链运行机理,找出不同行业间供应链运营的差异性。这是一个非常重要的研究主题,所得结论可以为不同行业供应链决策者制定决策时提供更有针对性的理论支持。

综上所述,本书将结合已有研究成果,并立足于现实,对供应链的运营问题展开更深入、系统的研究,这样将进一步丰富供应链的管理理论。

第三章 不同权力结构下供应链运营管理

3.1 情境1:考虑顾客损失厌恶行为影响

损失厌恶是客观存在的一种现象,学者们对其也进行了一定的研究。从研究结果来看,其存在不仅会影响到供应链成员企业的决策行为,而且将给供应链成员企业经营带来不利[104]。目前关于损失厌恶的研究主要是针对企业损失厌恶行为,然而,对于顾客而言,也同样存在损失厌恶行为。比如,顾客在购买产品时,一般愿意选择老品牌产品,不愿意选择新产品,主要原因是顾客对老品牌产品质量比较熟悉,而对新产品的质量不太熟悉,害怕新产品的质量问题给其带来损失。

从能检索到的文献来看,仅文献[5]研究了顾客损失厌恶问题;从研究结果来看,随着顾客损失厌恶程度的增加,零售商销售价格有所下降,订货量和需求量有所增加,且通过采用补偿契约可以提高零售商的利润,有效弱化顾客损失厌恶给企业带来的不利影响。此研究只是探讨了顾客损失厌恶下单一企业的决策行为,并未从供应链的视角加以分析。鉴于此,本书在考虑顾客损失厌恶的基础上,构建了由制造商与零售商所组成的供应链模型,分析了不同权力结构下供应链的最优决策问题,并对其进行了比较分析。此研究结论可以为顾客损失厌恶背景下供应链成员企业的决策提供参考。

3.1.1 问题描述与模型假设

在供应链运作过程中,制造商作为产品的生产者,假定其生产能力足够大,即其在向零售商提供产品的过程中不会出现供不应求的情形;零售商则会根据市场需求情况向制造商订购一定数量的产品,并以一定的价格销售给顾客;而从顾客来看,在购买产品时,由于对其所购产品信息不完全了解,所以,往往很难对其所购产品的价值进行准确的估计。这就使得顾客对所购产品会感觉到存在损失的可能性,从而产生对这种损失的厌恶心态,且该心态将对其购买行为产生一定的影响。为了便于对上述问题进行研究,特作如下假设。

（1）假定制造商与零售商均为完全理性，双方之间的信息完全共享。

（2）假定制造商所提供产品的生产成本为 c，产品的批发价格为 w。

（3）假定零售商产品订购量与市场需求量相等，且其产品的销售价格为 p。

（4）由于顾客对产品价值的估计是不确定的，所以，不妨假定顾客对产品价值的评估具有随机性，记为 v，同时设定其服从密度函数为 $f(v)$、分布函数为 $F(v)$ 的分布，且其均值为 $\bar{v}$，方差为 σ^2。本部分之所以考虑顾客对产品价值评估的不确定性，主要是因为产品价值高低受到产品的功能、特性、品质、式样等因素的影响，而上述信息在顾客购买产品时往往存在一定程度的不对称性。当产品价值 v 低于产品销售价格 p 时，顾客处于亏损状态，反之则顾客处于获益状态；借鉴文献[5]，并基于前景理论可得顾客损失厌恶下的效用函数为：

$$U(\lambda,p,v) = \begin{cases} \lambda(v-p) & v<p; \\ v-p & v>p. \end{cases} \qquad (3-1)$$

其中，λ 为顾客损失厌恶系数，$\lambda>1$；当 $\lambda=1$ 时，顾客为损失中性，且 λ 越大，表示顾客的损失厌恶程度就越高。

由式（3-1）可得顾客损失厌恶下的期望效用为：

$$\overline{U(\lambda,p,v)} = \int_{-\infty}^{p} \lambda(v-p)f(v)dv + \int_{p}^{+\infty}(v-p)f(v)dv$$

$$= \bar{v} - p[1-F(p)+\lambda F(p)] + (\lambda-1)\int_{-\infty}^{p}vf(v)dv \qquad (3-2)$$

对式（3-2）分别关于 p、λ 求一阶导数可得：$\partial\overline{U(\lambda,p,v)}/\partial p = (1-\lambda)F(p)-1$，$\partial\overline{U(\lambda,p,v)}/\partial\lambda - \int_{-\infty}^{p}(v-p)f(v)dv$；从上述式子很明显可以看出，$\partial\overline{U(\lambda,p,v)}/\partial p < 0$，$\partial\overline{U(\lambda,p,v)}/\partial\lambda < 0$，所以，产品销售价格及顾客损失厌恶程度的增加均会带来顾客期望效用的下降。

（5）从顾客的购买行为来看，顾客期望效用越大，其购买产品的意愿就越高，借鉴文献[5]，假定零售商的需求函数为 $d = b\overline{U(\lambda,p,v)}$，$b>0$，且从该式可以看出，随着顾客期望效用的增大，零售商的需求量将有所增加，这与现实情况相吻合。

相关符号说明：制造商利润记为 Π_m，零售商利润记为 Π_r，供应链总利润记为 Π_T，集中决策下供应链的整体利润记为 Π_{sc}；上标 cd 表示集中决策情形，上标 nd 表示权力均衡情形，上标 sd 表示制造商占主导权情形。

制造商利润函数为：

$$\Pi_m = (w - c)b\,\overline{U(\lambda, p, v)} \qquad (3-3)$$

零售商利润函数为：

$$\Pi_r = (p - w)b\,\overline{U(\lambda, p, v)} \qquad (3-4)$$

供应链的整体利润函数为：

$$\Pi_{sc} = (p - c)b\,\overline{U(\lambda, p, v)} \qquad (3-5)$$

3.1.2　模型构建与分析

（1）供应链的集中决策分析

在集中决策下，假定制造商与零售商隶属于同一企业，从供应链整体收益最大化出发，共同制定相关决策，即确定最优销售价格 p，其求解过程如下。

对式（3-5）关于 p 求一阶、二阶导数可得：

$$\partial \Pi_{sc}/\partial p = b\,\overline{U(\lambda, p, v)} + (p - c)b[(1 - \lambda)F(p) - 1] \qquad (3-6)$$

$$\partial^2 \Pi_{sc}/\partial p^2 = 2b[(1 - \lambda)F(p) - 1] + b(p - c)(1 - \lambda)f(p) \qquad (3-7)$$

由于 $p > c, \lambda > 1, F(p) > 0, f(p) > 0$，从式（3-7）可以看出，$\partial^2 \Pi_{sc}/\partial p^2 < 0$，所以，令 $\partial \Pi_{sc}/\partial p = 0$，求解可得集中决策下供应链的最优销售价格 p^{cd} 满足下列等式：

$$\overline{U(\lambda, p^{cd}, v)} + (p^{cd} - c)[(1 - \lambda)F(p^{cd}) - 1] = 0 \qquad (3-8)$$

（2）权力均衡下供应链决策分析

当制造商与零售商在供应链中地位平等时，它们将进行 Nash 博弈。在 Nash 博弈下，制造商与零售商同时制定相关决策，即制造商确定最优的批发价格，零售商确定最优的销售价格。为了便于求解，假定零售商的边际利润为 φ，则 $p = w + \varphi$，接下来在求解过程中将用该表达式表示零售商的产品销售价格，此时，零售商的决策就变成了确定最优的边际利润，其求解过程如下：

将 $p = w + \varphi$ 代入式（3-3），同时对其关于 w 求一阶、二阶导数可得：

$$\partial \Pi_m/\partial w = b\,\overline{U(\lambda, p, v)} + (w - c)b[(1 - \lambda)F(w + \varphi) - 1] \qquad (3-9)$$

$$\partial^2 \Pi_m/\partial w^2 = 2b[(1 - \lambda)F(w + \varphi) - 1] + b(w - c)(1 - \lambda)f(w + \varphi)$$

$$\qquad (3-10)$$

由式（3-10）很明显可以看出 $\partial^2 \Pi_m/\partial w^2 < 0$，所以，令 $\partial \Pi_m/\partial w = 0$，求解可得权力均衡下的最优批发价格 w^{nd} 满足下列等式：

$$\overline{U(\lambda,p,v)} + (w^{nd}-c)\left[(1-\lambda)F(w^{nd}+\varphi)-1\right]=0 \qquad (3-11)$$

将 $p=w+\varphi$ 代入式(3-4),同时对其关于 φ 求一阶、二阶导数可得:

$$\partial\Pi_r/\partial\varphi = b\overline{U(\lambda,p,v)} + b\varphi\left[(1-\lambda)F(w+\varphi)-1\right] \qquad (3-12)$$

$$\partial^2\Pi_r/\partial\varphi^2 = 2b\left[(1-\lambda)F(w+\varphi)-1\right] + b\varphi(1-\lambda)f(w+\varphi) \qquad (3-13)$$

由式(3-13)很明显可以看出 $\partial^2\Pi_r/\partial\varphi^2<0$,所以,令 $\partial\Pi_r/\partial\varphi=0$,求解可得权力均衡下的最优边际利润 φ^{nd} 满足下列等式:

$$\overline{U(\lambda,p,v)} + \varphi^{nd}\left[(1-\lambda)F(w+\varphi^{nd})-1\right]=0 \qquad (3-14)$$

将式(3-11)、式(3-14)联立,求解可得权力均衡下的最优批发价格 w^{nd} 及最优边际利润 φ^{nd},并通过求解可得零售商最优销售价格 p^{nd}。

(3)制造商占主导权下供应链决策分析

当制造商与零售商在供应链中的地位不平等时,制造商占主导权。本部分假定制造商为领导者,零售商为追随者,对于该供应链市场(比如,汽车行业中的通用、大众等大型制造商与一些小型零售商所组成的市场)而言,零售商的决策行为依赖于制造商的决策,即制造商首先确定最优的批发价格,零售商在观察到制造商决策后确定最优的产品销售价格,根据逆向归纳法,其求解过程如下:

对式(3-4)关于 p 求一阶、二阶导数可得:

$$\partial\Pi_r/\partial p = b\overline{U(\lambda,p,v)} + (p-w)b\left[(1-\lambda)F(p)-1\right] \qquad (3-15)$$

$$\partial^2\Pi_r/\partial p^2 = 2b\left[(1-\lambda)F(p)-1\right] + b(p-w)(1-\lambda)f(p) \qquad (3-16)$$

由于 $p>w$,$\lambda>1$,从式(3-16)很明显可以看出 $\partial^2\Pi_r/\partial p^2<0$,所以,令 $\partial\Pi_r/\partial p=0$,求解可得制造商占主导权下最优产品销售价格 p^{sd} 满足下列等式:

$$\overline{U(\lambda,p^{sd},v)} + (p^{sd}-w)\left[(1-\lambda)F(p^{sd})-1\right]=0 \qquad (3-17)$$

将 p^{sd} 代入式(3-3),并对此式关于 w 求一阶导数,同时令其等于0,求解可得制造商占主导权下最优批发价格 w^{sd} 满足下列等式:

$$\overline{U(\lambda,p^{sd},v)} + (w^{sd}-c)\left[(1-\lambda)F(p^{sd})-1\right]\frac{\partial p^{sd}}{\partial w}=0 \qquad (3-18)$$

将 w^{sd} 代入式(3-17),求解可得制造商占主导权下最优产品销售价格 p^{sd}。

(4)不同权力结构下供应链决策比较分析

本部分将对集中决策、权力均衡及制造商占主导权三种情形下供应链决策行为进行比较分析,可得如下命题1、2。

命题 1 当不同权力结构下零售商制定相同的销售价格时，从制造商的决策来看，权力均衡情形下其所制定的最优批发价格会小于制造商占主导权情形下其所制定的最优批发价格，即存在：$w^{nd} < w^{sd}$。

证明 在零售商销售价格相等情形下，要比较权力均衡及制造商占主导权两种情形下最优批发价格的大小，只要对这两种情形下最优批发价格所满足的等式进行比较，即对式（3-11）、式（3-18）进行比较分析。由于销售价格相等，所以不妨统一用 p^s 作为上述两种情形下零售商销售价格，则式（3-11）、式（3-18）分别变成如下等式：

$$\overline{U(\lambda, p^s, v)} + (w^{nd} - c)\left[(1-\lambda)F(p^s) - 1\right] = 0 \qquad (3-19)$$

$$\overline{U(\lambda, p^s, v)} + (w^{sd} - c)\left[(1-\lambda)F(p^s) - 1\right]\frac{\partial p^s}{\partial w} = 0 \qquad (3-20)$$

由于两式的右边都等于 0，所以不妨令两式左边相等，化简可得 $(w^{nd} - c) = (w^{sd} - c)\frac{\partial p^s}{\partial w}$（记为 A_1），接下来只要确定 $\frac{\partial p^s}{\partial w}$ 的大小，就可以对 w^{nd} 与 w^{sd} 的大小进行比较。由式（3-17），对 p 关于 w 求导，根据隐函数求导可得：$\frac{\partial p^s}{\partial w} = \dfrac{(1-\lambda)F(p^s) - 1}{2\left[(1-\lambda)F(p^s) - 1\right] + (p^s - w)(1-\lambda)f(p^s)}$。由于 $(1-\lambda)F(p) - 1 < 0$，$(p^s - w)(1-\lambda)f(p^s) < 0$，所以可得：$0 < \frac{\partial p^s}{\partial w} < \dfrac{(1-\lambda)F(p^s) - 1}{2\left[(1-\lambda)F(p^s) - 1\right]} = \frac{1}{2}$。又因为 $w^{nd} > c$、$w^{sd} > c$，所以通过 A_1 很容易得出 $w^{nd} < w^{sd}$，即权力均衡情形下制造商所制定的最优批发价格会小于制造商占主导权情形下其所制定的最优批发价格。证毕。

命题 2 当不同权力结构下制造商制定相同批发价格时，从零售商决策来看，权力均衡情形下最优销售价格与制造商占主导权情形下最优销售价格相等，且均大于集中决策情形下最优销售价格，即存在：$p^{nd} = p^{sd} > p^{cd}$。

证明 在制造商批发价格相等的情形下，要比较集中决策、权力均衡及制造商占主导权三种情形下最优销售价格的大小，只要对这三种情形下最优销售价格所满足的等式进行比较，即对式（3-8）、式（3-14）、式（3-17）进行比较分析。由于制造商制定的批发价格相等，所以不妨统一用 w^s 作为制造商批发价格，并令 $\varphi = p - w^s$，则式（3-8）、式（3-14）、式（3-17）分别变成如下等式：

$$\overline{U(\lambda,p^{cd},v)} + (p^{cd}-c)\left[(1-\lambda)F(p^{cd})-1\right]=0 \qquad (3-21)$$

$$\overline{U(\lambda,p^{nd},v)} + (p^{nd}-w^s)\left[(1-\lambda)F(p^{nd})-1\right]=0 \qquad (3-22)$$

$$\overline{U(\lambda,p^{sd},v)} + (p^{sd}-w^s)\left[(1-\lambda)F(p^{sd})-1\right]=0 \qquad (3-23)$$

由上述式子很明显可以看出,式(3-22)与式(3-23)两者等价,也就是说,在制造商批发价格相等条件下,权力均衡及制造商占主导权两种情形下零售商最优销售价格相等,即存在:$p^{nd}=p^{sd}$。接下来对式(3-21)、式(3-22)进行比较分析,首先令 $A_2 = \overline{U(\lambda,p^{cd},v)} + (p^{cd}-c)\left[(1-\lambda)F(p^{cd})-1\right]$,$A_3 = \overline{U(\lambda,p^{nd},v)} + (p^{nd}-w^s)\left[(1-\lambda)F(p^{nd})-1\right]$,通过利用反证法对其进行相关证明,假定 $p^{cd}=p^{nd}$,由于存在 $\overline{U(\lambda,p,v)}>0$,$(1-\lambda)F(p)-1<0$,$w^s>c$,对式 A_2 与式 A_3 进行比较可以得出:$A_2<A_3$。现假定 $A_2=0$,即 p^{cd} 的取值满足式(3-21),则存在 $A_3>0$。又因为 $\dfrac{\partial A_3}{\partial p^{nd}}=2\left[(1-\lambda)F(p^{nd})-1\right]+(1-\lambda)(p^{nd}-w^s)f(p^{nd})<0$,所以要使得 $A_3=0$,即 p^{nd} 的取值满足式(3-22),则 p^{nd} 的取值将会有所增加,由此可得,要使得式(3-21)、式(3-22)都成立,则必须满足条件:$p^{nd}>p^{cd}$。综上所述,当不同权力结构下制造商制定相同批发价格时,权力均衡情形下最优销售价格与制造商占主导权情形下最优销售价格相等,且均大于集中决策情形下最优销售价格。证毕。

通过命题1、2可以看出,供应链权力结构的不同对供应链成员企业的决策会产生一定的影响,所以,供应链成员企业在决策的过程中,应充分考虑其在供应链中所处的地位,并结合实际情况制定相关决策。上述命题部分只是针对不同权力结构下供应链决策进行了比较,并未对不同权力结构下供应链成员企业的利润做比较分析,考虑到模型的复杂性,将在算例部分进行相关分析。

3.1.3 算例分析

由于模型较为复杂,本部分将通过算例就不同权力结构下供应链决策行为展开研究。假定顾客对产品价值的估计值 v 在区间[10,20]上服从均匀分布,制造商的生产成本 $c=10$,零售商需求参数 $b=2$,接下来将通过算例分析顾客损失厌恶系数 λ 的变化给不同权力结构下供应链成员企业决策行为所带来的影响,并进行比较分析,见表3-1。

表 3 - 1　顾客损失厌恶程度变化对不同权力结构下供应链决策的影响

变量	λ	1.2	1.6	2.0	2.5	3.5	5.0	7.0
集中决策情形	p^{cd}	12.413	12.268	12.153	12.034	11.855	11.667	11.495
	Π_{sc}	12.204	11.692	11.261	10.803	10.072	9.259	8.475
权力均衡情形	w^{nd}	11.599	11.489	11.404	11.319	11.193	11.064	10.948
	p^{nd}	13.197	12.978	12.808	12.638	12.385	12.127	11.896
	Π_r^{nd}	5.437	5.228	5.049	4.855	4.541	4.186	3.841
	Π_m^{nd}	5.437	5.228	5.049	4.855	4.541	4.186	3.841
	Π_T^{nd}	10.875	10.457	10.097	9.711	9.081	8.373	7.682
制造商占主导权情形	w^{sd}	12.406	12.252	12.129	12.006	11.821	11.629	11.456
	p^{sd}	13.596	13.348	13.154	12.962	12.677	12.385	12.125
	Π_r^{sd}	3.034	2.885	2.763	2.638	2.444	2.234	2.035
	Π_m^{sd}	6.136	5.927	5.742	5.538	5.201	4.813	4.429
	Π_T^{sd}	9.170	8.812	8.505	8.176	7.645	7.047	6.465

　　从表 3 - 1 可以看出，随着顾客损失厌恶程度的增加，从供应链决策来看，权力均衡及制造商占主导权两种情形下产品的批发价格及销售价格有所下降，集中决策情形下的产品销售价格也有所下降。这表明，当顾客具有损失厌恶心态时，零售商将会通过降低产品销售价格的方式来弱化损失厌恶心态给其所带来的不利影响，且顾客损失厌恶程度越高，其降价的力度就会越大，而对于供应链上游企业制造商而言，会通过降低批发价格的方式来为零售商分担一部分由于顾客损失厌恶而给零售商所带来的损失，并最终实现双方利润的最大化。综上所述，顾客损失厌恶心态的存在对供应链成员企业的决策均会产生一定的影响，且顾客损失厌恶程度越高，其决策受到的影响就会越大。为了进一步分析顾客损失厌恶程度的变化对供应链成员企业绩效及供应链整体绩效所带来的影响，接下来通过图 3 - 1、图 3 - 2、图 3 - 3 进行相关分析。由表 3 - 1 相关数据可得如下图 3 - 1、图 3 - 2、图 3 - 3。

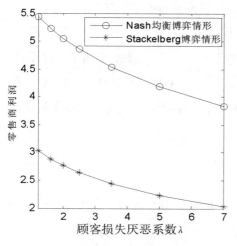

图 3-1　顾客损失厌恶系数变化对不同权力结构下零售商利润的影响

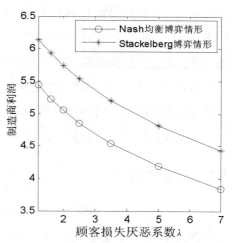

图 3-2　顾客损失厌恶系数变化对不同权力结构下制造商利润的影响

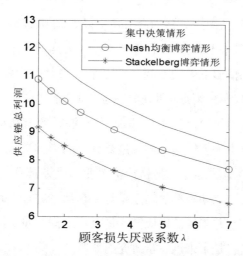

图 3-3　顾客损失厌恶系数变化对不同权力结构下供应链总利润的影响

从图 3-1 可以看出,随着顾客损失厌恶程度的增加,权力均衡及制造商占主导权两种情形下零售商利润都有所下降,但从下降速率来看,权力均衡情形下降得更快。也就是说,顾客损失厌恶程度的增加将给零售商带来不利影响,且相比较制造商占主导权情形,权力均衡下零售商受到的不利影响更大。从图 3-2 可以看出,制造商在经营过程中,顾客损失厌恶程度的增加也将给其带来不利影响,且在制造商占主导权下,其受到不利影响更大。从图 3-3 可以看出,随着顾客损失厌恶程度的增加,集中决策、权力均衡及制造商占主导权三种情形下供应链总利润都有所下降,且通过比较发现,权力均衡及制造商占主导权两种情形(即供应链分散决策情形)下供应链总利润均小于集中决策情形,但随着顾客损失厌恶程度的增加,其利润差距有所缩小。这表明,相比较分散决策情形,顾客损失厌恶程度的增加对集中决策下供应链更不利。因此,对于供应链成员企业而言,顾客损失厌恶程度越高,其通过合作来达到集中决策情形下供应链运作效果的意愿就会越低。

3.1.4　本节小结

本部分在考虑顾客损失厌恶的基础上,构建了由制造商与零售商所组成的供应链模型,分析了集中决策、权力均衡及制造商占主导权三种情形下供应链最优决策问题,并对其进行了比较分析,得到如下主要结论:(1)在集中决策、权力均衡及制造商占主导权三种供应链市场中,随着顾客损失厌恶程度的增加,产品的批发价格及产品销售价格均会有所下降;(2)顾客损失厌恶程度增加将给制造商与零售商带来不利影响,且零售商在权力均衡情形下受到不利影响更大,而制造商则在此情形下受到不利影响更小;(3)从供应链整体来看,权力均衡及制造商占主导权两种情形(即分散决策情形)下供应链总利润小于集中决策情形,但随着顾客损失厌恶程度的增加,其利润差距有所缩小,这表明,相比较分散决策情形,集中决策情形下供应链受到不利影响更大。本部分研究结论尽管对于顾客损失厌恶背景下供应链成员企业的决策具有一定的参考价值,但仍存在一定的局限性,比如模型的构建是建立在信息完全对称及供应链成员企业完全理性的基础上,并未涉及供应链成员企业之间信息不对称及成员企业不完全理性等方面,这将是未来进一步研究的方向。

3.2　情境2:考虑物流服务商参与影响

在经济全球化发展的今天,供应链运营范围越来越广,其运营过程面临突发事件的风险也逐年增加。突发事件发生后,首先受到影响的是所属区域供应链节点企业,然后通过供应链层级关系影响到其他节点企业,最后影响到供应链整体运营。比如:2013年肯德基供应商(山西粟海集团)被爆出45天速成鸡事件,导致肯德基在中国市场销售下滑严重;2020年新冠病毒事件,带来口罩、病毒试剂盒等产品需求量增加,影响全世界相关行业产品供应链运营。从上述案例中可以看出,当突发事件发生后,供应链可能面临较大幅度需求扰动,此时若继续采取需求扰动前的运营决策可能会影响供应链效率,所以有必要对此背景下供应链运营决策问题展开研究。

在分析需求扰动对产品供应链运营决策影响时,很少在产品供应链中引入物流服务商,并考虑物流服务商的服务水平、服务价格等因素的影响。而从已有研究来看,其对稳定环境下供应链决策会产生影响,那么对需求扰动下供应链运营决策又会产生何影响,值得进一步展开研究。除此之外,本部分在研究该问题时,还针对不同决策情形展开,尤其是考虑了供应链不同权力结构,因为不同权力结构下供应链成员博弈关系不同,且已有研究表明,权力结构变化会对供应链决策产生影响[105]。基于上述考虑,本部分探讨需求扰动下物流服务商参与的不同权力结构产品供应链运营决策问题,与已有研究相比,拟解决如下主要问题:(1)在产品供应链中引入物流服务商,需求扰动对物流服务商运营产生何影响;(2)考虑物流服务商决策影响后,供应链运营受需求扰动影响有何变化;(3)集中决策、分散决策(包括三种不同权力结构产品供应链)等情形下需求扰动影响的差异。

3.2.1 问题描述与模型假设

考虑由一个制造商和一个零售商组成的产品供应链,一个物流服务商向他们提供物流服务。假定物流服务商占据主导地位,这种情形现实中客观存在,如中铁快运股份有限公司向产品供应链提供物流服务时,货主需按其规定的运输时间(班列)、运输路线和服务价格等与其展开合作,此类型物流服务商对供应链整体影响力较强。供应链运营过程为:零售商将从制造商处所购产品销售给终端客户,并向物流服务商购买仓储、运输、包装及流通加工等物流服务,满足终端客户物流服务需求。

假定物流服务商、产品制造商、零售商均为风险中性,且完全理性,三者之间信息完全共享。制造商产品批发价格为 w,生产成本为 c,零售商产品销售价格为 p_r,物流服务商单位服务水平为 s,单位服务成本为 $C(s)$,借鉴文献[106],不妨令 $C(s) = \eta s^2$,η 为服务成本系数,$\eta > 0$,单位物流服务价格为 p_s。

从现实情况来看,单位产品销售需要提供与之匹配的单位物流服务量,即产品需求量与物流服务需求量相等。与文献[106]一样,假定需求是关于产品

价格和服务水平的线性函数:

$$q = a - \beta p_r + \gamma s \qquad (3-24)$$

其中:a 为市场规模;β 为需求对价格的敏感因子,$\beta > 0$;γ 为需求对服务水平的敏感因子,$\gamma > 0$。

突发事件发生后,假定需求扰动量为 Δa,$\Delta a > 0$ 表明产品市场规模有所扩大,$\Delta a < 0$ 表明产品市场规模有所缩小,扰动后的产品市场规模变成 $a + \Delta a$。由上述可知,需求扰动下物流服务和产品需求函数为:

$$\bar{q} = a + \Delta a - \beta \bar{p}_r + \gamma \bar{s} \qquad (3-25)$$

其他相关符号说明:物流服务商利润记为 π_l,制造商利润记为 π_m,零售商利润记为 π_r,供应链整体利润记为 π_{sc};上标 CD 为集中决策情形,上标 MS 为分散决策下产品供应链中制造商占主导权情形,上标 RS 为分散决策下产品供应链中零售商占主导权情形,上标 MR 为分散决策下产品供应链中制造商与零售商权力均衡情形。

3.2.2　模型构建与分析

稳定运营环境下物流服务商、制造商、零售商及供应链整体利润函数为:

$$\pi_l = (p_s - \eta s^2) q \qquad (3-26)$$

$$\pi_m = (w - c) q \qquad (3-27)$$

$$\pi_r = (p_r - w - p_s) q \qquad (3-28)$$

$$\pi_{sc} = (pr - c - \eta s^2) q \qquad (3-29)$$

突发事件发生后,由式(3-25)可知,物流服务和产品需求量将会有所变化。对于物流服务商而言,其服务量将从稳定运营环境下最优服务量 q^* 调整为 $\bar{q}$。当 $\bar{q} > q^*$ 时,物流服务商提供服务量将增加,此时将产生一定的额外成本(比如提高服务能力、支付人员工资等),假定 k_1 为增加服务量产生的额外单位服务成本;当 $\bar{q} < q^*$ 时,服务量将减少,由于服务具有无形性、不可储存性等特征,假定不需要增加额外处理成本[107],对于制造商而言,生产计划也将进行调整;当 $\bar{q} > q^*$ 时,生产量会有所增加,会带来一定的额外成本(比如加班人员工资、加急采购等费用),假定 k_2 为增加生产量产生的额外单位成本;当 $\bar{q} < q^*$ 时,生产量会有所下降,会产生一定的额外处理成本(比如原材料储存、管理等费用),假定 k_3 为减少生产量产生的额外单位处理成本[108]。

突发事件发生后,物流服务商、制造商、零售商及供应链整体的利润函数为:

$$\bar{\pi}_l = (\bar{p}_s - \eta \bar{s}^2)\bar{q} - k_1(\bar{q} - q^*)^+ \tag{3-30}$$

$$\bar{\pi}_m = (\bar{w} - c)\bar{q} - k_2(\bar{q} - q^*)^+ - k_3(q^* - \bar{q})^+ \tag{3-31}$$

$$\bar{\pi}_r = (\bar{p}_r - \bar{w} - \bar{p}_s)\bar{q} \tag{3-32}$$

$$\bar{\pi}_{sc} = (\bar{p}_r - c - \eta \bar{s}^2)\bar{q} - (k_1 + k_2)(\bar{q} - q^*)^+ - k_3(q^* - \bar{q})^+ \tag{3-33}$$

其中,$(x)^+ = \max\{0, x\}$。

基于上述模型,接下来对集中决策与分散决策两种情形展开分析。

(1)集中决策情形

在集中决策下,物流服务商、制造商、零售商共同确定产品销售价格和物流服务水平,从而追求供应链整体利润最大化。

①稳定运营环境下供应链决策分析

对式(3-29)关于 s、p_r 求一阶、二阶导数可知,当满足条件 $4\beta^2\eta^2s^2 + 4\beta^2\eta p_r - 8\beta\eta\gamma s - 4\beta\eta a + \gamma^2 < 0$(由于该式中 p_r、s 未知,无法判断其大于或小于 0,但后续将决策解 p_r^{CD}、s^{CD} 代入此式可以发现,该条件是成立的)时,存在 $\dfrac{\partial^2 \pi_{SC}^{CD}}{\partial p_r \partial s} \cdot \dfrac{\partial^2 \pi_{SC}^{CD}}{\partial s \partial p_r} - \dfrac{\partial^2 \pi_{SC}^{CD}}{\partial p_r^2} \cdot \dfrac{\partial^2 \pi_{SC}^{CD}}{\partial s^2} < 0$,且由于 $\dfrac{\partial^2 \pi_{SC}^{CD}}{\partial p_r^2} = -2\beta < 0$,根据二元极值条件可知,此时 π_{sc}^{CD} 存在最优值。将 π_{sc}^{CD} 关于 s、p_r 的一阶导数方程联立求解,同时结合式(3-24)可得如下命题1。

命题1 在稳定运营环境下,当集中决策时,供应链最优决策为:$s^{CD} = \dfrac{\gamma}{2\beta\eta}$,

$p_r^{CD} = \dfrac{4\beta\eta(\beta c + a) + 3\gamma^2}{8\beta^2\eta}$,$q^{CD} = \dfrac{4\beta\eta(a - \beta c) + \gamma^2}{8\beta\eta}$。

②突发事件下供应链应急决策分析

与稳定运营环境情形相比,突发事件下物流服务和产品需求量将会有所改变。由文献[109]可知如下引理1。

引理1 当 $\Delta a > 0$ 时,存在 $\bar{q} \geq q^{CD}$;当 $\Delta a < 0$ 时,存在 $\bar{q} \leq q^{CD}$。

基于引理1,接下来分两种情形对突发事件下供应链应急决策展开分析。

情形1:$\bar{q} \geq q^{CD}$

集中决策下供应链应急决策问题为：

$$\max \ \bar{\pi}_{sc}^{CD}(\bar{p}r, \bar{s}) = (\bar{p}_r - c - \eta \bar{s}^2)\bar{q} - (k_1 + k_2)(\bar{q} - q^{CD}) \tag{3-34}$$

$$s.t. \qquad \bar{q} \geqslant q^{CD}$$

同文献[108]处理一样，引入拉格朗日乘子 $\lambda \geqslant 0$，其 KKT 条件为：

$$\begin{cases} a + \Delta a + \gamma \bar{s} + (n\bar{s}^2 + c + k_1 + k_3 - 2\bar{p}_r)\beta = 0 \\ (\bar{p}_r - 3\eta \bar{s}^2 - c - k_1 - k_3)\gamma - 2\eta \bar{s}(a + \Delta a - \beta \bar{p}_r) = 0 \\ \lambda(\bar{q} - q^{CD}) = 0 \\ \bar{q} \geqslant q^{CD} \end{cases} \tag{3-35}$$

若 $\lambda = 0$，则当 $\Delta a \geqslant \beta \bar{p}_r - \gamma \bar{s} - a + q^{CD}$ 时，供应链最优物流服务水平和产品销售价格为：

$$\bar{s}^{CD} = \frac{\gamma}{2\beta \eta} \tag{3-36}$$

$$\bar{p}_r^{CD} = \frac{4\beta \eta(\beta c + a) + 3\gamma^2}{8\beta^2 \eta} \tag{3-37}$$

结合式(3-25)、式(3-36)、式(3-37)及命题1，通过整理可得如下命题2。

命题2 当 $\Delta a \geqslant \beta(k_1 + k_2)$ 时，供应链应急决策为：$\bar{s}^{CD} = s^{CD}$，$\bar{p}_r^{CD} = p_r^{CD} + \dfrac{(k_1 + k_2)\beta + \Delta a}{2\beta}$，$\bar{q}^{CD} = q^{CD} + \dfrac{\Delta a - (k_1 + k_2)\beta}{2}$。

若 $\lambda > 0$，则当 $0 < \Delta a \leqslant \beta \bar{p}_r - \gamma \bar{s} - a + q^{CD}$ 时，通过求解可得供应链最优物流服务水平和产品销售价格为：

$$\bar{s}^{CD} = \frac{\gamma}{2\beta \eta} \tag{3-38}$$

$$\bar{p}_r^{CD} = \frac{4\beta \eta(\beta c + a) + 3\gamma^2 + 8\beta \eta \Delta a}{8\beta^2 \eta} \tag{3-39}$$

结合式(3-35)、式(3-38)、式(3-39)及命题1，通过整理可得如下命题3。

命题3 当 $0 < \Delta a < \beta(k_1 + k_2)$ 时，供应链应急决策为：$\bar{s}^{CD} = s^{CD}$，$\bar{p}_r^{CD} = p_r^{CD} + \dfrac{\Delta a}{\beta}$，$\bar{q}^{CD} = q^{CD}$。

命题2、命题3表明，在集中决策下，与稳定运营环境相比，当需求正向扰动较大时,服务水平不变,产品销售价格及产品需求量均有所上升;当需求正向扰动较小时,服务水平、产品需求量均不变,但产品销售价格会有一定程度上升。这表明,物流服务水平在需求正向扰动下具有稳健性,产品需求量则在需求正向扰动较小时具有稳健性,而产品销售价格不具有稳健性。

上述结论与现实情况较为吻合。从现实情况来看,在需求正向扰动下,与稳定运营环境相比,市场供需关系发生了变化(需大于供),直接影响的是产品销售价格。当扰动不大时,企业可以通过提高产品销售价格,降低顾客购买力,维持供需平衡,产品实际需求量保持不变;当扰动较大时,虽然仍可以通过提高产品销售价格维持供需平衡,但大幅度涨价并不是最佳策略。此时制造商会提高产量,产品实际需求量会增加,而物流服务水平主要受需求对价格敏感性、需求对服务水平敏感性及服务成本系数等因素影响,所以其保持不变,这与已有文献研究结论类似。

情形 2: $\bar{q} \leqslant q^{CD}$

此情形下模型求解过程与情形 1 类似,不再进行赘述。运用函数极值、KKT 条件等数学方法求解,可得如下命题 4。

命题 4　当 $\Delta a \leqslant -\beta k_3$ 时,供应链应急决策为:$\bar{s}^{CD} = s^{CD}$,$\bar{p}_r^{CD} = p_r^{CD} + \dfrac{\Delta a - \beta k_3}{2\beta}$,$\bar{q}^{CD} = q^{CD} + \dfrac{\Delta a + \beta k_3}{2}$。当 $-\beta k_3 < \Delta a < 0$ 时,供应链应急决策为:$\bar{s}^{CD} = s^{CD}$,$\bar{p}_r^{CD} = p_r^{CD} + \dfrac{\Delta a}{\beta}$,$\bar{q}^{CD} = q^{CD}$。

命题 4 表明,在集中决策下,当需求负向扰动时,服务水平具有稳健性,产品需求量只是在需求负向扰动较小时具有稳健性,而产品销售价格会有所下降,对需求负向扰动较为敏感。上述现象产生的原因:在需求负向扰动下,市场表现为供大于需,产品销售价格会下降。当扰动较小时,企业可以采取降价方式,增强顾客购买力,维持供需平衡,产品实际需求量保持不变;当扰动较大时,降价难以维持供需平衡,一是产品降价幅度有限(企业需要获得利润),二是企业为了追求更多利润会降低产能,此时产品实际需求量会减少,而物流服务水平则保持不变。

结合式(3-33)及命题 2、3、4,通过求解可得集中决策下供应链整体利润 $\bar{\pi}_{sc}^{CD}$。

(2)分散决策情形

接下来对分散决策下物流服务商参与的产品供应链中制造商占主导权、零售商占主导权及权力均衡三种情形展开分析。

产品供应链中制造商占主导权:

在该情形下,物流服务商、制造商、零售商三者决策顺序为:第一阶段,物流服务商确定服务水平和服务价格;第二阶段,制造商确定产品批发价格;第三阶段,零售商根据产品批发价格、服务价格及服务水平确定产品销售价格。

①稳定运营环境下供应链决策分析

利用逆向归纳法对物流服务商、制造商和零售商的利润函数求解可得如下命题5。

命题5 在稳定运营环境下,当产品供应链中制造商占主导权时,供应链最优决策为:$s^{MS} = \dfrac{\gamma}{2\beta\eta}$,$p_s^{MS} = \dfrac{(4\beta a - 4\beta^2 c)\eta + 3\gamma^2}{8\eta\beta^2}$,$w^{MS} = \dfrac{4\beta\eta(3\beta c + a) + \gamma^2}{16\beta^2\eta}$,$p_r^{MS} = \dfrac{(4\beta^2 c + 28a\beta)\eta + 15\gamma^2}{32\beta^2\eta}$,$q^{MS} = \dfrac{(4\beta a - 4\beta^2 c)\eta + \gamma^2}{32\beta\eta}$。

②突发事件下供应链应急决策分析

运用函数极值、KKT条件等数学方法求解,可得如下命题6。

命题6 突发事件发生后,当产品供应链中制造商占主导权时,供应链应急决策为:

a. 当 $\Delta a \geqslant \beta(k_1 + k_2)$ 时,$\bar{p}_s^{MS} = p_s^{MS} + \dfrac{(k_1 - k_2)\beta + \Delta a}{2\beta}$,$\bar{s}^{MS} = s^{MS}$,$\bar{w}^{MS} = w^{MS} + \dfrac{(3k_2 - k_1)\beta + \Delta a}{4\beta}$,$\bar{p}_r^{MS} = p_r^{MS} + \dfrac{(k_1 + k_2)\beta + 7\Delta a}{8\beta}$,$\bar{q}^{MS} = q^{MS} + \dfrac{\Delta a - (k_1 + k_2)\beta}{8}$。

b. 当 $-\beta k_3 < \Delta a < \beta(k_1 + k_2)$ 时,$\bar{p}_s^{MS} = p_s^{MS}$,$\bar{s}^{MS} = s^{MS}$,$\bar{w}^{MS} = w^{MS} + \dfrac{\Delta a}{\beta}$,$\bar{p}_r^{MS} = p_r^{MS} + \dfrac{\Delta a}{\beta}$,$\bar{q}^{MS} = q^{MS}$。

c. 当 $\Delta a \leqslant -\beta k_3$ 时,$\bar{p}_s^{MS} = p_s^{MS} + \dfrac{\Delta a + \beta k_3}{2\beta}$,$\bar{s}^{MS} = s^{MS}$,$\bar{w}^{MS} = w^{MS} + \dfrac{\Delta a - 3\beta k_3}{4\beta}$,$\bar{p}_r^{MS} = p_r^{MS} + \dfrac{7\Delta a - \beta k_3}{8\beta}$,$\bar{q}^{MS} = q^{MS} + \dfrac{\Delta a + \beta k_3}{8}$。

证明过程略。

命题6表明,当产品供应链中制造商占主导权时,需求扰动下服务水平具有稳健性,服务价格及产品需求量在需求扰动较小时具有稳健性,但随着需求扰动扩大,稳健性会消失,而产品批发价格和销售价格受需求扰动影响敏感性较强。以上表明,需求扰动对市场供需关系的影响,会进一步影响服务价格、产品批发价格、产品销售价格及产品需求量,所以物流服务商、制造商及零售商在实际运营中,需要根据需求扰动情况调整自身运营策略。

结合式(3-30—3-33)及命题6,通过求解可得产品供应链中制造商占主导权下物流服务商利润 $\bar{\pi}_l^{MS}$、制造商利润 $\bar{\pi}_m^{MS}$、零售商利润 $\bar{\pi}_r^{MS}$ 及供应链整体利润 $\bar{\pi}_{sc}^{MS}$。

产品供应链中零售商占主导权:

在该情形下,物流服务商、制造商、零售商三者决策顺序为:第一阶段,物流服务商确定服务水平和服务价格;第二阶段,零售商根据物流服务商决策决定产品销售价格;第三阶段,制造商则根据产品销售价格确定产品批发价格。为了便于计算,令 $p_r = p_s + w + m$,其中 m 为单位产品利润。

①稳定运营环境下供应链决策分析

根据逆向归纳法,通过求解可得如下命题7。

命题7 在稳定运营环境下,当产品供应链中零售商占主导权时,供应链最优决策为:$s^{RS} = \dfrac{\gamma}{2\beta\eta}$,$p_s^{RS} = \dfrac{(4\beta a - 4\beta^2 c)\eta + 3\gamma^2}{8\eta\beta^2}$,$w^{RS} = \dfrac{4\beta\eta(7\beta c + a) + \gamma^2}{32\beta^2\eta}$,$p_r^{RS} = \dfrac{(4\beta^2 c + 28a\beta)\eta + 15\gamma^2}{32\beta^2\eta}$,$q^{RS} = \dfrac{(4\beta a - 4\beta^2 c)\eta + \gamma^2}{32\beta\eta}$。

②突发事件下供应链应急决策分析

运用函数极值、KKT条件等数学方法求解,可得如下命题8。

命题8 突发事件发生后,当产品供应链中零售商占主导权时,供应链应急决策为:

a. 当 $\Delta a \geq \beta(k_1 + k_2)$ 时,$\bar{p}_s^{RS} = p_s^{RS} + \dfrac{(k_1 - k_2)\beta + \Delta a}{2\beta}$,$\bar{s}^{RS} = s^{RS}$,$\bar{w}^{RS} = w^{RS} + \dfrac{(7k_2 - k_1)\beta + \Delta a}{8\beta}$,$\bar{p}_r^{RS} = p_r^{RS} + \dfrac{(k_1 + k_2)\beta + 7\Delta a}{8\beta}$,$\bar{q}^{RS} = q^{RS} + \dfrac{\Delta a - (k_1 + k_2)\beta}{8}$。

b. 当 $-\beta k_3 < \Delta a < \beta(k_1 + k_2)$ 时,$\bar{p}_s^{RS} = p_s^{RS}$,$\bar{s}^{RS} = s^{RS}$,$\bar{w}^{RS} = w^{RS} + \dfrac{\Delta a}{\beta}$,$\bar{p}_r^{RS} = p_r^{RS} + \dfrac{\Delta a}{\beta}$,$\bar{q}^{RS} = q^{RS}$。

c. 当 $\Delta a \leqslant -\beta k_3$ 时，$\bar{p}_s^{RS} = p_s^{RS} + \dfrac{\Delta a + \beta k_3}{2\beta}$，$\bar{s}^{RS} = s^{RS}$，$\bar{w}^{RS} = w^{RS} + \dfrac{\Delta a - 7\beta k_3}{8\beta}$，$\bar{p}_r^{RS}$

$= p_r^{RS} + \dfrac{7\Delta a - \beta k_3}{8\beta}$，$\bar{q}^{RS} = q^{RS} + \dfrac{\Delta a + \beta k_3}{8}$。

证明过程略。

命题 8 表明，当产品供应链中零售商占主导权时，不管需求扰动是正向还是负向，服务水平不受影响，具有稳健性。产品需求量和服务价格在需求扰动较小时具有稳健性，当需求扰动较大时，也会受到影响，而产品批发价格和销售价格随需求正向扰动扩大而上升，随需求负向扰动扩大而下降，具有较强的敏感性。

结合式（3－30—3－33）及命题 8，通过求解可得产品供应链中零售商占主导权下物流服务商利润 $\bar{\pi}_l^{RS}$、制造商利润 $\bar{\pi}_m^{RS}$、零售商利润 $\bar{\pi}_r^{RS}$ 及供应链整体利润 $\bar{\pi}_{sc}^{MS}$。

产品供应链中制造商与零售商权力均衡：

在该情形下，物流服务商、制造商及零售商三者决策顺序为：第一阶段，物流服务商确定服务水平和服务价格；第二阶段，零售商根据物流服务商决策决定产品销售价格，与此同时，制造商确定产品批发价格。

①稳定运营环境下供应链决策分析

通过求解可得如下命题 9。

命题 9 在稳定运营环境下，当产品供应链中制造商与零售商权力均衡时，供应链最优决策为：$s^{MR} = \dfrac{\gamma}{2\beta\eta}$，$p_s^{MR} = \dfrac{(4\beta a - 4\beta^2 c)\eta + 3\gamma^2}{8\eta\beta^2}$，$w^{MR} =$

$\dfrac{4\beta\eta(5\beta c + a) + \gamma^2}{24\beta^2\eta}$，$p_r^{MR} = \dfrac{(4\beta^2 c + 20a\beta)\eta + 11\gamma^2}{24\beta^2\eta}$，$q^{MR} = \dfrac{(4\beta a - 4\beta^2 c)\eta + \gamma^2}{24\beta\eta}$。

②突发事件下供应链应急决策分析

运用函数极值、KKT 条件等数学方法求解，可得如下命题 10。

命题 10 突发事件发生后，当产品供应链中制造商与零售商权力均衡时，供应链应急决策为：

a. 当 $\Delta a \geqslant \beta(k_1 + k_2)$ 时，$\bar{p}_s^{MR} = p_R^{MR} + \dfrac{(k_1 - k_2)\beta + \Delta a}{2\beta}$，$\bar{s}^{MR} = s^{MR}$，$\bar{w}^{MR} = w^{MR} +$

$\dfrac{(5k_2 - k_1)\beta + \Delta a}{6\beta}$，$\bar{p}_r^{MR} = p_r^{MR} + \dfrac{(k_1 + k_2)\beta + 5\Delta a}{6\beta}$，$\bar{q}^{MR} = q^{MR} + \dfrac{\Delta a - (k_1 + k_2)\beta}{6}$。

b. 当 $-\beta k_3 < \Delta a < \beta(k_1 + k_2)$ 时，$\bar{p}_s^{MR} = p_s^{MR}, \bar{s}^{MR} = s^{MR}, \bar{w}^{MR} = w^{MR} + \dfrac{\Delta a}{\beta}, \bar{p}_r^{MR} =$

$p_r^{MR} + \dfrac{\Delta a}{\beta}, \bar{q}^{MR} = q^{MR}$。

c. 当 $\Delta a \leqslant -\beta k_3$ 时，$\bar{p}_s^{MR} = p_s^{MR} + \dfrac{\Delta a + \beta k_3}{2\beta}, \bar{s}^{MR} = s^{MR}, \bar{w}^{MR} = w^{MR} + \dfrac{\Delta a - 5\beta k_3}{6\beta},$

$\bar{p}_r^{MR} = p_r^{MR} + \dfrac{5\Delta a - \beta k_3}{6\beta}, \bar{q}^{MR} = q^{MR} + \dfrac{\Delta a + \beta k_3}{6}$。

证明过程略。

命题 10 表明，当产品供应链中制造商与零售商权力均衡时，需求扰动下服务水平稳健性较强，服务价格及需求量稳健性较弱，产品批发价格与销售价格对需求扰动较为敏感。将零售商占主导权情形、制造商占主导权情形及权力均衡情形进行比较可以发现，除服务水平外，服务价格、产品批发价格、产品销售价格及需求量在三种不同权力结构下对需求扰动的敏感性有所不同。

结合式（3-30—3-33）及命题 10，通过求解可得产品供应链中制造商和零售商权力均衡下物流服务商利润 $\bar{\pi}_l^{MR}$、制造商利润 $\bar{\pi}_m^{MR}$、零售商利润 $\bar{\pi}_r^{MR}$ 及供应链整体利润 $\bar{\pi}_{sc}^{MR}$。

3.2.3　比较分析

本部分主要分析不同决策情形下需求扰动量 Δa 变化对供应链运营的影响，并进行比较分析，得到如下命题 11—14。

命题 11　比较分析 Δa 变化对不同决策情形下物流服务商应急决策的影响可得：

（1）当 $\Delta a \geqslant \beta(k_1 + k_2)$ 或 $\Delta a \leqslant -\beta k_3$ 时，存在 $\dfrac{\partial \bar{p}_s^{MS}}{\partial \Delta a} = \dfrac{\partial \bar{p}_s^{RS}}{\partial \Delta a} = \dfrac{\partial \bar{p}_s^{MR}}{\partial \Delta a} > 0$；当 $-\beta k_3$

$< \Delta a < \beta(k_1 + k_2)$ 时，存在 $\dfrac{\partial \bar{p}_s^{MS}}{\partial \Delta a} = \dfrac{\partial \bar{p}_s^{RS}}{\partial \Delta a} = \dfrac{\partial \bar{p}_s^{MR}}{\partial \Delta a} = 0$。

（2）存在 $\dfrac{\partial \bar{s}^{CD}}{\partial \Delta a} = \dfrac{\partial \bar{s}^{MS}}{\partial \Delta a} = \dfrac{\partial \bar{s}^{RS}}{\partial \Delta a} = \dfrac{\partial \bar{s}^{MR}}{\partial \Delta a} = 0$。

证明　对不同需求扰动范围内的 $\bar{p}_s^{MS}$、$\bar{p}_s^{RS}$、$\bar{p}_s^{MR}$ 关于 Δa 求一阶导数可得：当 $\Delta a \geqslant \beta(k_1 + k_2)$ 或 $\Delta a \leqslant -\beta k_3$ 时，$\dfrac{\partial \bar{p}_s^{MS}}{\partial \Delta a} = \dfrac{\partial \bar{p}_s^{RS}}{\partial \Delta a} = \dfrac{\partial \bar{p}_s^{MR}}{\partial \Delta a} = \dfrac{1}{2\beta}$；当 $-\beta k_3 < \Delta a < \beta(k_1 +$

k_2)时,$\dfrac{\partial \bar{p}_s^{MS}}{\partial \Delta a} = \dfrac{\partial \bar{p}_s^{RS}}{\partial \Delta a} = \dfrac{\partial \bar{p}_s^{MR}}{\partial \Delta a} = 0$。同理可证,$\dfrac{\partial \bar{s}^{CD}}{\partial \Delta a} = \dfrac{\partial \bar{s}^{MS}}{\partial \Delta a} = \dfrac{\partial \bar{s}^{RS}}{\partial \Delta a} = \dfrac{\partial \bar{s}^{MR}}{\partial \Delta a} = 0$。证毕。

命题 11 表明,三种不同权力结构下服务价格随需求扰动变化速率相同,这主要是因为物流服务商在供应链整个系统中占据主导地位,作为系统集成者,它起着整合整个供应链系统资源的作用,其决策行为不会因为制造商、零售商在产品供应链中的地位不同而不同(结合命题 5—10 可以看出,三种不同权力结构下服务价格相同),所以三种不同权力结构下其受需求扰动的影响相同。对于服务水平而言,集中决策与分散决策下需求扰动均不对其产生影响。

命题 12 比较分析 Δa 变化对不同权力结构下制造商批发价格的影响可得:当 $\Delta a \geqslant \beta(k_1 + k_2)$ 或 $\Delta a \leqslant -\beta k_3$ 时,存在 $\dfrac{\partial \bar{w}^{MS}}{\partial \Delta a} > \dfrac{\partial \bar{w}^{MR}}{\partial \Delta a} > \dfrac{\partial \bar{w}^{RS}}{\partial \Delta a} > 0$;当 $-\beta k_3 < \Delta a < \beta(k_1 + k_2)$ 时,存在 $\dfrac{\partial \bar{w}^{MR}}{\partial \Delta a} = \dfrac{\partial \bar{w}^{MS}}{\partial \Delta a} = \dfrac{\partial \bar{w}^{RS}}{\partial \Delta a} > 0$。

证明 对不同需求扰动范围内的 $\bar{w}^{MS}$、$\bar{w}^{RS}$、$\bar{w}^{MR}$,关于 Δa 求一阶导数可得:当 $\Delta a \geqslant \beta(k_1 + k_2)$ 或 $\Delta a \leqslant -\beta k_3$ 时,存在 $\dfrac{\partial \bar{w}^{MS}}{\partial \Delta a} = \dfrac{1}{4\beta}$,$\dfrac{\partial \bar{w}^{RS}}{\partial \Delta a} = \dfrac{1}{8\beta}$,$\dfrac{\partial \bar{w}^{MR}}{\partial \Delta a} = \dfrac{1}{6\beta}$,可知 $\dfrac{\partial \bar{w}^{MS}}{\partial \Delta a} > \dfrac{\partial \bar{w}^{MR}}{\partial \Delta a} > \dfrac{\partial \bar{w}^{RS}}{\partial \Delta a} > 0$;当 $-\beta k_3 < \Delta a < \beta(k_1 + k_2)$ 时,存在 $\dfrac{\partial \bar{w}^{MS}}{\partial \Delta a} = \dfrac{1}{\beta}$,$\dfrac{\partial \bar{w}^{RS}}{\partial \Delta a} = \dfrac{1}{\beta}$,$\dfrac{\partial \bar{w}^{MR}}{\partial \Delta a} = \dfrac{1}{\beta}$,可知 $\dfrac{\partial \bar{w}^{MR}}{\partial \Delta a} = \dfrac{\partial \bar{w}^{MS}}{\partial \Delta a} = \dfrac{\partial \bar{w}^{RS}}{\partial \Delta a} > 0$。证毕。

命题 12 表明,当需求扰动较大时,制造商占主导权情形下产品批发价格变化速率最大,权力均衡情形次之,零售商占主导权情形最小,这主要是因为制造商对供应链掌控能力不同。若需求正向扰动,供应链整体利润会增加,在制造商占主导权下,其会利用对供应链的掌控能力与零售商谈判,制定更高批发价格(可以这样理解:需求扰动本质上是改变市场规模,此情形表明,市场规模每增加一个单位,批发价格就会上升,且制造商占主导权下批发价格上升幅度更大),以获取更多利润;若需求负向扰动,供应链整体利润会减少,此时产品批发价格下降幅度会更大,其利润减少也会更多。当扰动较小时,供应链利润整体变化不大,三种不同权力结构下批发价格调整只是为了维持供需平衡,所以当需求扰动相同时,不同权力结构下产品批发价格调整幅度(速率)相等。

命题 13 比较分析 Δa 变化对不同决策情形下产品销售价格的影响可得:当 $\Delta a \geqslant \beta(k_1 + k_2)$ 或 $\Delta a \leqslant -\beta k_3$ 时,存在 $\dfrac{\partial \bar{p}_r^{MS}}{\partial \Delta a} = \dfrac{\partial \bar{p}_r^{RS}}{\partial \Delta a} > \dfrac{\partial \bar{p}_r^{MR}}{\partial \Delta a} > \dfrac{\partial \bar{p}_r^{CD}}{\partial \Delta a} > 0$;当 $-\beta k_3 <$

$\Delta a < \beta(k_1 + k_2)$ 时,存在 $\dfrac{\partial \bar{p}_r^{CD}}{\partial \Delta a} = \dfrac{\partial \bar{p}_r^{MS}}{\partial \Delta a} = \dfrac{\partial \bar{p}_r^{RS}}{\partial \Delta a} = \dfrac{\partial \bar{p}_r^{MR}}{\partial \Delta a} > 0$。

证明　对不同需求扰动范围内的 $\bar{p}_r^{CD}$、$\bar{p}_r^{MS}$、$\bar{p}_r^{RS}$、$\bar{p}_r^{MR}$,关于 Δa 求一阶导数可得:当 $\Delta a \geq \beta(k_1 + k_2)$ 或 $\Delta a \leq -\beta k_3$ 时,存在 $\dfrac{\partial \bar{p}_r^{CD}}{\partial \Delta a} = \dfrac{1}{2\beta}$,$\dfrac{\partial \bar{p}_r^{MS}}{\partial \Delta a} = \dfrac{7}{8\beta}$,$\dfrac{\partial \bar{p}_r^{RS}}{\partial \Delta a} = \dfrac{7}{8\beta}$,$\dfrac{\partial \bar{p}_r^{MR}}{\partial \Delta a} = \dfrac{5}{6\beta}$,可知 $\dfrac{\partial \bar{p}_r^{MS}}{\partial \Delta a} = \dfrac{\partial \bar{p}_r^{RS}}{\partial \Delta a} > \dfrac{\partial \bar{p}_r^{MR}}{\partial \Delta a} > \dfrac{\partial \bar{p}_r^{CD}}{\partial \Delta a} > 0$;当 $-\beta k_3 < \Delta a < \beta(k_1 + k_2)$ 时,存在 $\dfrac{\partial \bar{p}_r^{CD}}{\partial \Delta a} = \dfrac{\partial \bar{p}_r^{MS}}{\partial \Delta a} = \dfrac{\partial \bar{p}_r^{RS}}{\partial \Delta a} = \dfrac{\partial \bar{p}_r^{MR}}{\partial \Delta a} = \dfrac{1}{\beta} > 0$。证毕。

命题 13 表明,当需求扰动较大时,集中决策下产品销售价格变化速率小于分散决策情形,这主要是因为集中决策下供应链运营效率更高,产品销售价格更低,其受需求扰动影响会更小(可以这样理解:市场规模越大,产品销售价格越高,而集中决策情形产品销售价格低于分散决策情形,意味着市场规模每增加一个单位,集中决策下销售价格增加幅度更小);对分散决策下三种不同权力结构,由于权力均衡下制造商与零售商竞争更加激烈,产品销售价格更低,所以在需求扰动较大时,价格变化速率更小。当需求扰动较小时,价格调整主要是为了维持市场供需平衡,所以集中决策与分散决策下产品销售价格变化速率相等。

命题 14　比较分析 Δa 变化对不同决策情形下产品需求量的影响可得:当 $\Delta a \geq \beta(k_1 + k_2)$ 或 $\Delta a \leq -\beta k_3$ 时,存在 $\dfrac{\partial \bar{q}^{CD}}{\partial \Delta a} > \dfrac{\partial \bar{q}^{MR}}{\partial \Delta a} > \dfrac{\partial \bar{q}^{MS}}{\partial \Delta a} = \dfrac{\partial \bar{q}^{RS}}{\partial \Delta a} > 0$;当 $-\beta k_3 < \Delta a < \beta(k_1 + k_2)$ 时,存在 $\dfrac{\partial \bar{q}^{CD}}{\partial \Delta a} = \dfrac{\partial \bar{q}^{MS}}{\partial \Delta a} = \dfrac{\partial \bar{q}^{MR}}{\partial \Delta a} = \dfrac{\partial \bar{q}^{RS}}{\partial \Delta a} = 0$。

证明　对不同需求扰动范围内的 $\bar{q}^{CD}$、$\bar{q}^{MS}$、$\bar{q}^{RS}$、$\bar{q}^{MR}$,关于 Δa 求一阶导数可得:当 $\Delta a \geq \beta(k_1 + k_2)$ 或 $\Delta a \leq -\beta k_3$ 时,存在 $\dfrac{\partial \bar{q}^{CD}}{\partial \Delta a} = \dfrac{1}{2}$,$\dfrac{\partial \bar{q}^{MS}}{\partial \Delta a} = \dfrac{1}{8}$,$\dfrac{\partial \bar{q}^{RS}}{\partial \Delta a} = \dfrac{1}{8}$,$\dfrac{\partial \bar{q}^{MR}}{\partial \Delta a} = \dfrac{1}{6}$,可知 $\dfrac{\partial \bar{q}^{CD}}{\partial \Delta a} > \dfrac{\partial \bar{q}^{MR}}{\partial \Delta a} > \dfrac{\partial \bar{q}^{MS}}{\partial \Delta a} = \dfrac{\partial \bar{q}^{RS}}{\partial \Delta a} > 0$;当 $-\beta k_3 < \Delta a < \beta(k_1 + k_2)$ 时,存在 $\dfrac{\partial \bar{q}^{CD}}{\partial \Delta a} = \dfrac{\partial \bar{q}^{MS}}{\partial \Delta a} = \dfrac{\partial \bar{q}^{MR}}{\partial \Delta a} = \dfrac{\partial \bar{q}^{RS}}{\partial \Delta a} = 0$。证毕。

命题 14 表明,当需求扰动较大时,集中决策下产品需求量受需求扰动影响大于分散决策情形,其主要原因是集中决策下产品销售价格更低,产品实际需求量高于分散决策情形,所以其受需求扰动影响更大。而分散决策下,由于权力均衡情形产品销售价格低于制造商占主导权及零售商占主导权两种情形,产品需求量会更高,其受需求扰动影响也会更大。当需求扰动较小时,由于产品销售价格进行了调整,集中决策与分散决策下产品需求量不受影响。

考虑到模型的复杂性,较难通过数理推导比较需求扰动 Δa 变化对不同决策情形下物流服务商、制造商、零售商及供应链整体利润的影响,该研究将在算例中展开。

3.2.4 算例分析

本部分将借助于软件对不同决策情形下供应链运营过程进行仿真分析。其分析主要内容包括:(1)分析 Δa 变化对供应链成员及整体利润所产生的影响,同时对不同决策情形展开比较分析,见图 3-4—图 3-7;(2)突发事件发生后,企业管理者有可能察觉或未察觉到需求扰动,若察觉,则会对供应链决策进行调整,若未察觉,则会继续采用稳定运营环境下的供应链决策。此部分主要分析需求扰动 Δa 变化对供应链决策调整价值的影响(决策调整价值大小用新策略下获得利润减去原策略下获得利润表示,即两策略下企业获得利润的差距。新策略指突发事件发生后所调整的策略,原策略指稳定运营环境下的策略),同时对不同决策情形进行比较分析,见图 3-8—图 3-11。算例分析时参数取值为:$\Delta a \in [-30, 30]$,$a = 80$,$c = 5$,$\eta = 0.5$,$\beta = 0.8$,$\gamma = 0.65$,$k_1 = 1.5$,$k_2 = k_3 = 2.5$。由模型求解可知,当需求发生扰动时,供应链需求稳健区域为 $-\beta k_3 < \Delta a^* < \beta(k_1 + k_2)$,代入数据可得:$-2 < \Delta a^* < 3.2$。

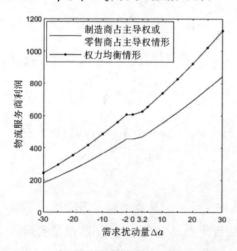

图3-4 需求扰动对物流服务商利润的影响

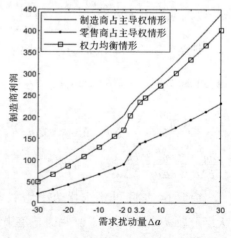

图3-5 需求扰动对制造商利润的影响

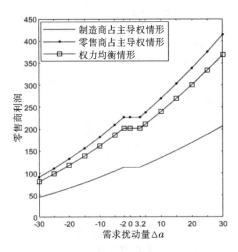
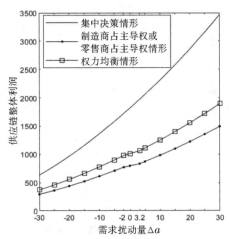

图 3-6　需求扰动对零售商利润的影响　　图 3-7　需求扰动对供应链整体利润的影响

从图 3-4—图 3-7 可以看出,需求正向扰动时供应链成员及整体利润会增加,需求负向扰动时利润会减少,且不同决策情形下利润变化速率不同。对于物流服务商而言,权力均衡下其利润变化速率最大,制造商占主导权和零售商占主导权次之,且在供应链需求稳健区域($-2<\Delta a^{*}<3.2$),物流服务商利润变化速率相对较小;对于制造商而言,在自身占主导权下利润变化速率最大,权力均衡情形次之,零售商占主导权情形最小(考虑图 3-5 显示制造商占主导权和权力均衡两种情形斜率相差不大,特补充数据说明:扰动量从 -30 到 0,制造商占主导权下利润从 67.16 增加到 227.20,增加幅度为 160.04,权力均衡下利润从 49.11 增加到 201.95,增加幅度为 152.84;扰动量从 0 到 30,制造商占主导权下利润从 227.20 增加到 438.76,增加幅度为 211.56,权力均衡下利润从 201.95 增加到 400.60,增加幅度为 198.65);对于零售商而言,在自身占主导权下利润变化速率最大,权力均衡情形次之,制造商占主导权情形最小,且在供应链需求稳健区域保持不变,这与多数文献研究结论一致;最后,从供应链整体利润变化来看,集中决策下整体利润变化速率大于分散决策情形,而分散决策下权力均衡情形整体利润变化速率较大,制造商占主导权或零售商占主导权情形较小。

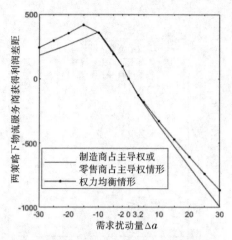

图 3-8　需求扰动对物流服务商获利
　　　　差距的影响

图 3-9　需求扰动对制造商获利
　　　　差距的影响

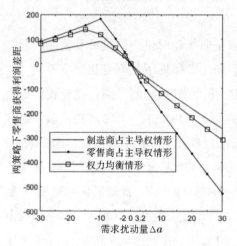

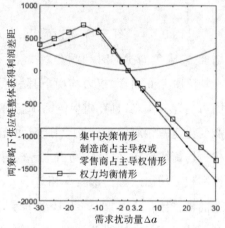

图 3-10　需求扰动对零售商获利
　　　　　差距的影响

图 3-11　需求扰动对供应链整体获利
　　　　　差距的影响

从图 3-8—图 3-11 可以看出，当需求发生扰动后，供应链调整决策（即采用新策略）并不总是有利，这与已有文献研究相关问题有类似结论。从运营仿真结果来看，当需求负向扰动时，两策略下供应链成员及整体获得利润差距为正值，这表明采用新策略会增加供应链成员及整体的利润（曲线折线部分说明：当 $\Delta a < -10$ 时，原策略下市场需求量变为 0，此时需求负向扰动进一步扩大，不再对原策略下产品需求产生影响，原策略下供应链所受不利影响也会减弱，因此两策略下利润差距会缩小）；当需求正向扰动时，集中决策下采用新策略会增

加供应链整体利润,分散决策下采用新策略反而会减少供应链成员及整体利润。

进一步对图3-8—图3-11分析可以发现,对于物流服务商而言,若需求负向扰动,其在权力均衡情形下采取新策略更有利;若需求正向扰动,其在制造商占主导权或零售商占主导权情形下采用新策略受到不利影响更大。对于制造商和零售商而言,若采用新策略,均在自身占主导权情形下受到有利或不利影响最大。最后,从两策略下供应链整体利润差距变化来看,对于集中决策情形,不管是正向还是负向,需求扰动越大,新策略优势就越明显。对于分散决策情形,当需求负向扰动时,权力均衡情形下采用新策略对供应链整体运营更有利;当需求负向扰动时,制造商占主导权或零售商占主导权情形下采用新策略对供应链整体运营更不利。

3.2.5　本节小结

突发事件下供应链需求扰动时有发生,这给供应链运营决策带来不确定性。本部分以物流服务商、产品制造商、零售商组成的供应链为研究对象,探讨需求扰动下供应链应急决策问题,比较分析不同决策情形下需求扰动所产生的影响,最后对需求扰动下供应链决策调整价值展开了分析。相比较已有关于需求扰动下产品供应链运营的文献,本书研究发现,若考虑物流服务商决策行为对产品供应链运营的影响,供应链需求扰动的稳健区域会扩大(模型构建及算例参数取值均借鉴文献[108]。该文献需求扰动稳健区域为$-2 < \Delta a^* < 2$,本书需求扰动稳健区域为$-2 < \Delta a^* < 3.2$)。与已有文献研究不同,本书研究不同决策下需求扰动对供应链运营的影响,还得到如下主要结论:

(1)在需求发生扰动后,对物流服务商而言,服务水平保持不变,只需要在扰动较大时,与扰动同方向调整服务价格。而制造商的产品批发价格及零售商的产品销售价格,不管是扰动大还是小,均需与扰动同方向调整,且服务价格、产品批发价格、产品销售价格调整幅度在集中决策、分散决策(包括三种不同权力结构)下会不同。

(2)当需求扰动较小时,产品需求量保持不变,此时制造商只需维持稳定运营环境下的生产量;当需求扰动较大时,产品需求量与扰动同方向发生变化,制造商需要调整生产量,且集中决策下调整幅度大于分散决策情形,而分散决策下权力均衡情形调整幅度最大。

（3）供应链成员及整体利润在需求正向扰动下会增加，在需求负向扰动下会减少，且从利润增加或减少速率来看，物流服务商在权力均衡下最大，制造商和零售商在自身占主导权下最大，供应链整体则在集中决策下最大；从需求扰动下供应链策略调整价值来看，在需求负向扰动下供应链应调整策略，在需求正向扰动下集中决策情形应调整策略，分散决策情形应维持稳定环境下的运营策略。

本部分在探讨物流服务商参与的不同权力结构产品供应链应急决策问题时，只考虑了需求扰动的影响，而从实际运营情况来看，突发事件发生后，供应环境变化（比如供应中断等）客观存在，这也将给供应链运营带来影响，后续将围绕该问题展开进一步研究。

第四章 概率销售下供应链运营管理

4.1 情境1:考虑异质性产品组合影响

概率销售是围绕概率产品开展的一种新型的销售模式,已经得到了越来越多人的接受与认可,目前在航空、旅游及零售等行业应用较为广泛。比如:Hotwire 将一些级别和所处地区相同的酒店组合成概率产品提供给消费者预定,由于预定时消费者对酒店具体的名字和位置无要求,其可以享受一定的折扣,只有等入住时才知道酒店具体的名称和位置;Amazon 等一些知名零售商,将一些服装或鞋子类产品组合成概率产品进行低价销售,消费者拿到产品后才知晓产品颜色、款式、设计、图案等信息。从概率销售实际运营情况来看,概率销售在扩大市场、延伸产品线、平衡供需、细分产品市场等方面具有优势。近年来,该销售模式得到了企业界与学术界较高的关注。

从已有研究来看,虽然学者们对异质性产品概率销售问题进行了一定的研究,但从研究过程来看,文献在处理概率产品中异质性产品组合比例时,只是把其作为一个影响因素(仅针对一种产品市场分布结构),并未从其影响零售商产品分布结构角度展开深层次分析。而从现实情况来看,当概率产品中异质性产品组合比例不同时,消费者购买概率产品获得期望效用会有所不同,这将影响消费者的购买决策行为,进而影响到产品市场分布结构。鉴于此,本部分基于消费者偏好,考虑概率产品中异质性产品组合比例的影响,分析不同产品市场结构下零售商概率销售问题,以得到更加系统的结论,为企业开展异质性产品概率销售策略提供决策参考依据。

4.1.1 问题描述与模型假设

假定零售商在市场上销售两种功能接近的产品,其中一种为高质量产品 h,另一种为低质量产品 l。在产品销售过程中,零售商采用概率销售方式进行销售,即以正价销售产品 h 和产品 l,以折扣价销售由产品 h 和产品 l 组成的概率产品 hl。为了探讨此背景下异质性产品概率销售问题,特作如下假设:

(1)假定高质量产品 h 的质量为 $q_h = q$,低质量产品 l 的质量为 $q_l = \beta q, 0 < \beta \leq 1, \beta$ 越大,表明两种产品质量越接近,当 $\beta = 1$ 时,表明两种产品质量完全相同。从现实情况来看,产品质量越高,生产成本就越高,此时零售商采购价格也会越高。为了简化模型,借鉴文献[110],不妨令产品采购价格 $w_i = \eta q_i^2, i = h, l$,$\eta$ 为成本系数,$\eta > 0$。

(2)零售商销售两种正价产品的价格分别为 p_h 和 p_l,概率产品 hl 的折扣价格为 $\alpha p_i, i = h, l, \alpha$ 为折扣系数,$0 < \alpha < 1, \alpha$ 越小,表明概率产品降价幅度越大。

(3)假定概率产品中高质量产品 h 所占的比例为 ϕ,低质量产品 l 所占的比例为 $1 - \phi, 0 < \phi < 1$。

(4)对于两种正价产品,不同的消费者偏好会有所不同。一般而言,对高质量产品 h 偏好较高的消费者往往对低质量产品 l 偏好较低,而对低质量产品 l 偏好较高的消费者则对高质量产品 h 偏好较低。基于此考虑,不妨假定消费者对高质量产品的偏好为 θ,对低质量产品 l 的偏好则为 $1 - \theta$,并假定 θ 在 $[0, 1]$ 上均匀分布。

(5)从现实情况来看,消费者对产品偏好越大,购买此产品的概率就越高,其获得的净效用也会越大。借鉴文献[111],不妨假定消费者购买高质量产品 h 所获得的净效用为 $u_h = \theta q_h - p_h$,消费者购买低质量产品 l 所获得的净效用为 $u_l = (1 - \theta) q_l - p_l$,消费者购买概率产品 hl 所获得的期望净效用为 $u_{hl} = \varphi(\theta q_h - \alpha p_h) + (1 - \varphi)[(1 - \theta)\beta q_l - \alpha p_l]$。

(6)假定每个消费者至多只能购买一个产品,且产品市场容量为1。

其他相关符号说明:零售商利润记为 π_r,高质量产品 h、低质量产品 l、概率产品 hl 的销售量分别记为 d_h、d_l、d_{hl},零售商总销售量记为 d_t;TS 为传统销售策略情形,L 为概率产品抢占低质量产品市场情形,H 为概率产品抢占高质量产品市场情形,HL 为概率产品既抢占高质量产品又抢占低质量产品市场情形。

4.1.2　产品市场分布情况分析

当零售商采取概率销售策略时,从产品消费市场来看,概率产品消费群体主要来自两部分:一部分为对高质量产品和低质量产品偏好差异不大的消费群体,即偏好系数 θ 接近0.5的消费群体;另一部分为抢占正价产品消费群体。

对于单个消费者而言,当其获得的净效用为正时,才会选择购买产品,由此可得,消费者购买高质量产品 h 的偏好临界点为 $\theta_h = \dfrac{p_h}{q}$,即满足条件 $\theta > \theta_h$ 时,消费者购买高质量产品 h 获得的效用会大于 0,此时会考虑购买该产品;消费者购买低质量产品 l 的偏好临界点为 $\theta_l = 1 - \dfrac{p_l}{\beta q}$,即满足条件 $\theta < \theta_l$ 时,消费者购买低质量产品 l 获得的效用大于 0,此时才会考虑购买该产品;消费者购买概率产品 hl 的偏好临界点为 $\theta_{hl} = \dfrac{\phi \alpha p_h + (1 - \phi)\alpha p_l - (1 - \phi)\beta q}{(\phi - \beta + \phi\beta)q}$,即满足条件 $\phi < \dfrac{\beta}{1 + \beta}$ 且 $\theta < \theta_{hl}$,或 $\phi > \dfrac{\beta}{1 + \beta}$ 且 $\theta > \theta_{hl}$ 时,两种情形下消费者购买概率产品 hl 获得的效用均会大于 0,此时才会考虑购买该产品。

为了更加清晰地了解消费群体的市场分布情况,先对 θ_h、θ_l 的大小做比较分析,得到如下命题 1。

命题 1　在零售商销售两种异质性产品过程中,其选择采用概率销售策略应满足条件为:$\theta_h > \theta_l$。

证明　从消费者市场分布情况来看,当 $\theta_h < \theta_l$ 时,高质量产品 h 和低质量产品 l 占据了整个市场,此时由于消费者均能够购买产品,零售商不需要采用概率销售策略扩大市场;当 $\theta_h > \theta_l$ 时,高质量产品 h 和低质量产品 l 只占据了部分市场,此时零售商需要通过采用概率销售策略来扩大市场。

接下来在研究零售商概率销售策略时,均是在假定 $\theta_h > \theta_l$ 的条件下展开。由命题 1 可得如下推论 1。

推论 1　在零售商采取概率销售策略时,偏好 θ 在 $[\theta_l, \theta_h]$ 范围内的消费群体是零售商采取概率销售策略所争取的目标市场。

进一步对 θ_h、θ_l 及 θ_{hl} 的大小做比较分析,得到如下命题 2。

命题 2　当零售商采取概率销售策略时,消费者购买决策行为如下:

(1)若满足 $\phi < \dfrac{\beta}{1 + \beta}$,且 $\alpha > \dfrac{(1 - \phi)\beta q + (\phi - \beta + \phi\beta)p_h}{\phi p_h + (1 - \phi)p_l}$,概率产品会抢占低质量产品 l 的市场份额,此时 θ 在 $[0, \theta_1^*]$(θ_1^* 为消费者购买概率产品与低质量产品无差异偏好临界点)范围内的消费群体会选择购买低质量产品 l,θ 在 $[\theta_1^*, \theta_{hl}]$ 范围内的消费群体会选择购买概率产品 hl,θ 在 $[\theta_h, 1]$ 范围内的消费群体会选择购买高质量产品 h。

(2)若满足 $\phi > \dfrac{\beta}{1+\beta}$,且 $\alpha > \dfrac{(\phi-\beta+\phi\beta)(\beta q - p_l)+(1-\phi)\beta^2 q}{[\phi p_h+(1-\phi)p_l]\beta}$,概率产品会抢占高质量产品 h 的市场份额,此时 θ 在 $[0,\theta_l]$ 范围内的消费群体会选择购买低质量产品 l,θ 在 $[\theta_{hl},\theta_2^*]$(θ_2^* 为消费者购买概率产品与高质量产品无差异偏好临界点)范围内的消费群体会选择购买概率产品 hl,θ 在 $[\theta_2^*,1]$ 范围内的消费群体会选择购买高质量产品 h。

证明 在零售商采取概率销售策略时,当满足条件 $\phi < \dfrac{\beta}{1+\beta}$ 时,由于此时购买概率产品 hl 的群体为满足 $\theta < \theta_{hl}$ 的消费者,而如果存在 $\theta_{hl} < \theta_h$[通过计算可得,此时 $\alpha > \dfrac{(1-\phi)\beta q+(\phi-\beta+\phi\beta)p_h}{\phi p_h+(1-\phi)p_l}$],则表明购买概率产品 hl 效用大于 0 的消费群体来源于两部分,一部分为不会购买正价产品的消费群体,另一部分为购买低质量产品 l 效用大于 0 的消费群体(并未涉及购买高质量产品 h 效用大于 0 的消费群体)。很明显,此时概率产品 hl 会抢占一部分低质量产品 l 的市场份额。通过求解可得,购买概率产品 hl 和低质量产品 l 无差异的偏好临界点为 $\theta_1^* = \dfrac{\phi\beta q+\phi\alpha p_h+[(1-\phi)\alpha-1]p_l}{(\phi+\phi\beta)q}$,由此可知,购买低质量产品 l、概率产品 hl、高质量产品 h 的消费群体偏好 θ 的取值范围。同理推导可证命题 2 第(2)部分,证毕。

由命题 2 可得如下推论 2。

推论 2 当零售商采取概率销售策略时,若满足条件 $\phi < \dfrac{\beta}{1+\beta}$ 且 $\alpha < \dfrac{(1-\phi)\beta q+(\phi-\beta+\phi\beta)p_h}{\phi p_h+(1-\phi)p_l}$,或 $\phi > \dfrac{\beta}{1+\beta}$ 且 $\alpha < \dfrac{(\phi-\beta+\phi\beta)(\beta q-p_l)+(1-\phi)\beta^2 q}{[\phi p_h+(1-\phi)p_l]\beta}$,概率产品不仅抢占低质量产品 l 的市场,而且抢占高质量产品 h 的市场。此时 θ 在 $[0,\theta_1^*]$ 范围内的消费群体会选择购买低质量产品 l,θ 在 $[\theta_1^*,\theta_2^*]$ 范围内的消费群体会选择购买概率产品 hl,θ 在 $[\theta_2^*,1]$ 范围内的消费群体会选择购买高质量产品 h,并且这三种产品占据整个消费市场。

从上述分析可以看出,在零售商采取概率销售策略的过程中,概率产品中高质量产品与低质量产品存在一个组合比例临界值(即 $\phi^* = \dfrac{\beta}{1+\beta}$)。当 $\phi < \phi^*$ 时,此时由于概率产品组合中低质量产品所占比例更大,随着概率产品价格

下降(即 α 值变小),相比较高质量产品 h,概率产品更容易抢占低质量产品市场,其与低质量产品 l 的竞争会更加激烈;当 $\phi > \phi^*$ 时,此时由于高质量产品在概率产品组合中的比例有所增加,概率产品逐步会抢占更多高质量产品市场,其与高质量产品的竞争也会更加激烈。

以上分析表明,在零售商实施概率销售的过程中,当概率产品中异质性产品组合比例不同时,其可能会面对四种不同产品市场结构,即概率产品抢占低质量产品市场、抢占高质量产品市场、既抢占低质量产品市场又抢占高质量产品市场(包括 $\phi < \phi^*$ 与 $\phi > \phi^*$ 两种)四种情形。且从零售商总销售量来看,前两种情形下总销售量 $d_t < 1$,后面两种情形下总销售量 $d_t = 1$。考虑到不同产品市场结构下消费群体决策行为有所变化,零售商概率销售策略也将受到一定的影响,接下来将分别对其展开相关分析。

4.1.3　模型构建与分析

为了更系统地了解零售商概率销售问题,本部分不仅对该问题本身展开研究,还对零售商采用传统销售策略情形进行分析。在零售商运营过程中,不管是传统销售策略情形,还是概率销售策略情形,假定其均基于自身利润最大化考虑,同时确定高质量产品 h 及低质量产品 l 的销售价格。

(1)零售商传统销售策略(简称为 TS 情形)

当零售商采取传统销售策略时,其销售产品只有两种,一种为低质量产品 l,另一种为高质量产品 h。此时偏好 θ 在 $[0, \theta_l]$ 上的消费群体选择购买低质量产品 l,偏好 θ 在 $[\theta_h, 1]$ 上的消费群体选择购头高质量产品 h,通过求解可得,低质量产品 l 的销售量为 $d_l^{TS} = 1 - \dfrac{p_l}{\beta q}$,高质量产品 h 的销售量为 $d_h^{TS} = 1 - \dfrac{p_h}{q}$。由此可知,传统销售情形下零售商利润函数为:

$$\pi_r^{TS} = (p_h - \eta q_h^2) d_h^{TS} + (p_l - \eta q_l^2) d_l^{TS} \qquad (4-1)$$

利用极值条件求解可得零售商低质量产品 l 及高质量产品 h 的最优销售价格为:$p_l^{TS} = \dfrac{\beta q + \eta \beta^2 q^2}{2}$,$p_h^{TS} = \dfrac{q + \eta q^2}{2}$。将其代入 d_l^{TS}、d_h^{TS} 及 π_r^{TS},可以得到零售商低质量产品 l 的销售量、高质量产品 h 的销售量及其利润。

(2)零售商概率销售策略

概率销售策略下零售商利润函数:

$$\pi_r = (p_h - \eta q_h^2)d_h + (\alpha p_h - \eta q_h^2)\phi d_{hl} + (p_l - \eta q_l^2)d_l + (\alpha p_l - \eta q_l^2)(1-\phi)d_{hl}$$

$$(4-2)$$

其中：第一部分为正价销售高质量产品获得的利润，第二部分为通过概率销售高质量产品获得的利润，第三部分为正价销售低质量产品获得的利润，第四部分为通过概率销售低质量产品获得的利润。

抢占低质量产品市场情形（简称为 L 情形）：

在概率产品抢占低质量产品市场情形下，三种产品销售量为：

$$d_l^L = \int_0^{\theta_l^*} d\theta = \frac{\phi\beta q + \phi\alpha p_h + (\alpha - \alpha\phi - 1)p_l}{(\phi + \phi\beta)q} \tag{4-3}$$

$$d_{hl}^L = \int_{\theta_l^*}^{\theta_{hl}} d\theta = \frac{\beta\phi\alpha p_h + (\beta\alpha - \beta\phi\alpha + \phi - \beta + \phi\beta)p_l - \phi\beta q}{(\phi - \beta + \phi\beta)(\phi + \phi\beta)q} \tag{4-4}$$

$$d_h^L = \int_{\theta_h}^1 d\theta = \frac{q - p_h}{q} \tag{4-5}$$

将 d_l^L、d_{hl}^L、d_h^L 分别代入式（4-2），并对其关于 p_h、p_l 求一阶导数，令其等于 0，求解可得如下等式：

$$d_h^L + (p_h - \eta q_h^2)\frac{\partial d_h^L}{\partial p_h} + \alpha\phi d_{hl}^L + (\alpha p_h - \eta q_h^2)\phi \frac{\partial d_{hl}^L}{\partial p_h} + (p_l - \eta q_l^2)\frac{\partial d_l^L}{\partial p_h} + (\alpha p_l - $$

$$\eta q_l^2)(1-\phi)\frac{\partial d_{hl}^L}{\partial p_h} = 0 \tag{4-6}$$

$$(\alpha p_h - \eta q_h^2)\phi \frac{\partial d_{hl}^L}{\partial p_l} + d_l^L + (p_l - \eta q_l^2)\frac{\partial d_l^L}{\partial p_l} + \alpha(1-\phi)d_{hl}^L + (\alpha p_l - \eta q_l^2)(1-\phi)$$

$$\frac{\partial d_{hl}^L}{\partial p_l} = 0 \tag{4-7}$$

将式（4-6）、式（4-7）联立求解，可得概率产品抢占低质量产品市场情形下低质量产品 l 及高质量产品 h 的最优销售价格分别为：

$$p_l^L = \frac{A_1 A_5 - A_3 A_2}{A_2^2 - A_1 A_4} \tag{4-8}$$

$$p_h^L = \frac{A_3 A_4 - A_2 A_5}{A_2^2 - A_1 A_4} \tag{4-9}$$

其中：$A_1 = -2(\phi^2 + 2\phi^2\beta - \phi\beta - \phi\beta^2 + \phi^2\beta^2 - \phi^2\beta\alpha^2)$

$A_2 = 2(\beta\alpha - \beta\phi\alpha + \phi - \beta + \beta\phi)\alpha\phi$

$A_3 = (\phi^2 + 2\phi^2\beta - \phi\beta - \phi\beta^2 + \phi^2\beta^2 - \beta\phi^2\alpha)(q + \eta q^2) - \phi^2\alpha\eta\beta^2 q^2$

$$A_4 = -2\big[\phi - \beta + \beta\phi - (\alpha - \phi\alpha)(2\phi - 2\beta + 2\beta\phi + \beta\alpha - \beta\phi\alpha)\big]$$

$$A_5 = \big[\phi - \beta + \beta\phi - (1 - \phi)(\phi\alpha + \phi - \beta + \beta\phi)\big]\eta\beta^2 q^2 - (\beta\phi\alpha - \beta\phi^2\alpha$$
$$+ \phi^2 - \beta\phi + \beta\phi^2)\eta q^2 + (\phi - \beta + \beta\phi - \alpha + \phi\alpha)\beta\phi q$$

将 p_l^L、p_h^L 代入 d_l^L、d_h^L、d_{hl}^L 及 π_r^L,可得零售商低质量产品 l 的销售量、高质量产品 h 的销售量、概率产品 hl 的销售量及其利润。

抢占高质量产品市场情形(简称为 H 情形):

在概率产品抢占高质量产品市场情形下,三种产品销售量(d_l^H、d_{hl}^H 及 d_h^H)的求解过程与抢占低质量产品市场情形相似,在此不再进行赘述。将其代入式(4 - 2),通过求解得概率产品抢占高质量产品市场情形下低质量产品 l 及高质量产品 h 的最优销售价格分别为:

$$p_l^H = \frac{C_1 D_3 - C_3 D_1}{C_2 D_1 - C_1 D_2} \tag{4 - 10}$$

$$p_h^H = \frac{C_3 D_2 - C_2 D_3}{C_2 D_1 - C_1 D_2} \tag{4 - 11}$$

其中:$C_1 = 2\big[(2\phi - 2\beta + 2\phi\beta - \phi\alpha)\alpha\phi - \phi + \beta - \phi\beta\big]$

$C_2 = (1 - \phi)(2\phi - 2\beta + 2\phi\beta - 2\phi\alpha)\alpha$

$C_3 = (1 - \phi)(\phi - \beta + \phi\beta + \alpha\phi\beta)q + \big[(1 - \phi\alpha)(\phi - \beta + \phi\beta) - \phi(\phi - \beta$
$+ \phi\beta - \phi\alpha)\big]\eta q^2 - (1 - \phi)(\phi - \beta + \phi\beta - \phi\alpha)\eta\beta^2 q^2$

$D_1 = 2(\phi - \beta + \phi\beta - \alpha\phi)\alpha\beta$

$D_2 = -2\big[(1 + \beta)(\phi - \beta + \phi\beta) + (1 - \phi)\beta\alpha^2\big]$

$D_3 = \big[(1 + \beta)(\phi - \beta + \phi\beta) + (1 - \phi)\beta\alpha\big](\beta q + \eta\beta^2 q^2) + (1 - \phi)\alpha\beta^2 \eta q^2$

将 p_l^H、p_h^H 代入 d_l^H、d_h^H、d_{hl}^H 及 π_r^H,可得零售商低质量产品 l 的销售量、高质量产品 h 的销售量、概率产品 hl 的销售量及其利润。

既抢占低质量产品市场又抢占高质量产品市场情形(简称为 HL 情形):

由第三部分分析可知,当满足 $\phi < \dfrac{\beta}{1+\beta}$ 且 $\alpha < \dfrac{(1-\phi)\beta q + (\phi - \beta + \phi\beta)p_h}{\phi p_h + (1-\phi)p_l}$ 或

$\phi > \dfrac{\beta}{1+\beta}$ 且 $\alpha < \dfrac{(\phi - \beta + \phi\beta)(\beta q - p_l) + (1-\phi)\beta^2 q}{[\phi p_h + (1-\phi)p_l]\beta}$ 两种条件时,概率产品均既抢占低质量产品市场又抢占高质量产品市场。考虑到上述两种条件下博弈模型表达式完全相同,在模型求解过程中,为了避免重复计算,只进行一次计算。将三种产品市场需求(d_l^{HL}、d_{hl}^{HL} 及 d_h^{HL})分别代入式(4 - 2),通过求解可得此情形

下低质量产品 l 及高质量产品 h 的最优销售价格分别为:

$$p_l^{HL} = \frac{E_1 F_3 - E_3 F_1}{E_2 F_1 - E_1 F_2} \qquad (4-12)$$

$$p_h^{HL} = \frac{E_3 F_2 - E_2 F_3}{E_2 F_1 - E_1 F_2} \qquad (4-13)$$

其中:$E_1 = 2(2\phi\alpha - \phi\alpha^2 - 1)$

$E_2 = (4 - 4\phi - 2\alpha + 2\phi\alpha)\alpha$

$E_3 = (1 - \phi)(q - \eta\beta^2 q^2 + \eta q^2)$

$F_1 = (4 - 2\alpha)\phi\alpha$

$F_2 = 2(2\alpha - 2\phi\alpha - \alpha^2 + \phi\alpha^2 - 1)$

$F_3 = \phi(\beta q + \eta\beta^2 q^2 - \eta q^2)$

将 p_l^{HL}、p_h^{HL} 代入 d_l^{HL}、d_h^{HL}、d_{hl}^{HL} 及 π_r^{HL},可得零售商低质量产品 l 的销售量、高质量产品 h 的销售量、概率产品 hl 的销售量及其利润。

由于模型较为复杂,很难通过数理推导对不同产品市场结构下零售商运营情况进行比较分析,此部分内容将在算例部分展开分析。

4.1.4　算例分析

本部分将通过采用 matlab 软件对不同产品市场结构下零售商运营过程进行仿真分析。主要分析概率产品折扣系数 α、概率产品组合比例系数 ϕ 及质量系数 β 等参数变化对零售商运营的影响。

(1)概率产品价格折扣系数 α 影响分析

本部分主要是为了探寻概率产品价格折扣系数 α 对零售商运营的影响,为零售商如何确定概率产品折扣系数提供决策依据。相关参数取值为:$\beta = 0.9$,$q = 25$,$\eta = 0.02$。通过计算可得:$\frac{\beta}{1+\beta} = 0.47$。所以,在进行算例分析时,对于 $\phi < \frac{\beta}{1+\beta}$ 情形,不妨令 $\phi = 0.3$,而 $\phi > \frac{\beta}{1+\beta}$ 情形,则令 $\phi = 0.7$。

对于 $\phi = 0.3$ 情形,当 α 在 $(0, 0.46]$ 上变化时,从算例分析结果可知,满足条件 $\alpha < \frac{(1-\phi)\beta q + (\phi - \beta + \phi\beta)p_h}{\phi p_h + (1-\phi)p_l}$,此时概率产品既抢占低质量产品市场又抢占高质量产品市场 $(d_t = 1)$;当 α 在 $(0.46, 1)$ 上变化时,存在 $\alpha > \frac{(1-\phi)\beta q + (\phi - \beta + \phi\beta)p_h}{\phi p_h + (1-\phi)p_l}$,此时概率产品仅抢占了低质量产品市场 $(d_t < 1)$。

同理可知,对于 $\phi = 0.7$ 情形,当 α 在 $(0, 0.46]$ 上时,概率产品既抢占低质量产品市场又抢占高质量产品市场;当 α 在 $(0.46, 1)$ 上时,概率产品仅抢占高质量产品市场,算例分析结果见图 4-1—图 4-4。图上附加说明:$L + HL$ 情形 $(\phi = 0.3)$,即在 $\phi = 0.3$ $(\phi < \phi^*)$ 条件下,概率产品抢占低质量产品市场与既抢占低质量产品市场又抢占高质量产品市场两种情形;$H + HL$ 情形 $(\phi = 0.7)$,即在 $\phi = 0.7$ $(\phi > \phi^*)$ 条件下,概率产品抢占高质量产品市场与既抢占低质量产品市场又抢占高质量产品市场两种情形。

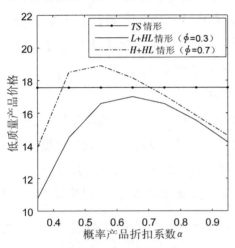

图 4-1 概率产品折扣系数变化对低质量
产品价格的影响

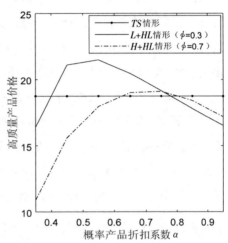

图 4-2 概率产品折扣系数变化对高质量
产品价格的影响

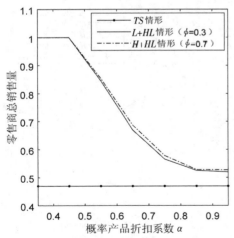

图 4-3 概率产品折扣系数变化对零售商
总销售量的影响

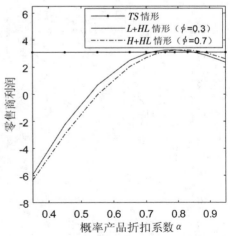

图 4-4 概率产品折扣系数变化对零售商
利润的影响

从图4-1—图4-4可以看出,在零售商采取概率销售策略情形下,随着 α 取值变小,即随着概率产品降价幅度的增加,不管是 $\phi = 0.3$ 情形还是 $\phi = 0.7$ 情形,高质量产品及低质量产品价格先上升后下降,产品总销售量有所增加,直至覆盖整个产品市场($d_t = 1$);从零售商利润变化来看,呈现先增加后减少的变化,当零售商产品占据整个市场时,利润甚至为负值。将其与传统销售策略情形比较可以发现,概率销售策略情形下零售商获得的利润只是在 α 取值处于某个区间上会大于传统销售策略情形,而当 α 取其他值时则小于传统销售策略情形。上述研究结果表明,与传统销售策略相比,当零售商采取概率销售策略时,其可以占据更大的市场份额,但并一定能给其带来更多利润,若其期望获取更多的利润,很明显,如何定价概率产品就显得非常关键。

(2)概率产品组合比例系数 ϕ 影响分析

本部分主要分析概率产品组合比例系数 ϕ 变化对零售商概率销售策略的影响,所得结论可以为零售商如何确定概率产品中不同质量产品组合比例提供参考依据。参数取值为: $\beta = 0.9, q = 25, \eta = 0.02$。对于概率产品抢占低质量产品市场及抢占高质量产品市场两种情形,令 $\alpha = 0.75$,而概率产品既抢占低质量产品市场又抢占高质量产品市场情形,则令 $\alpha = 0.45$。由于 $\phi = \dfrac{\beta}{1+\beta} = 0.47$ 是概率产品组合分界点,所以在开展算例分析时,对于 $\phi < 0.47$ 情形,不妨令 $\phi \in [0.2, 0.45]$,而 $\phi > 0.47$ 情形,令 $\phi \in [0.5, 0.85]$。算例分析结果见图4-5—图4-8。

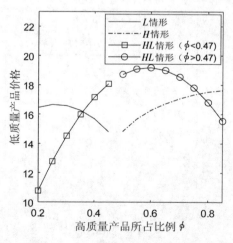 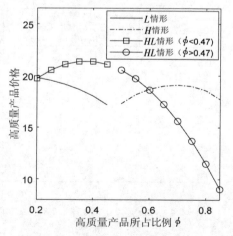

图4-5 高质量产品所占比例变化对
　　　　低质量产品价格的影响

图4-6 高质量产品所占比例变化对
　　　　高质量产品价格的影响

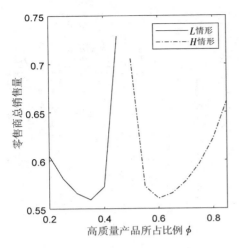

图 4 - 7　高质量产品所占比例变化对
零售商总销售量的影响

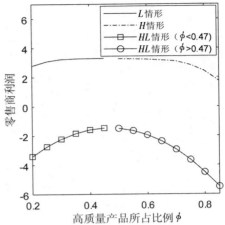

图 4 - 8　高质量产品所占比例变化对
零售商利润的影响

从图 4 - 5—图 4 - 8 可以看出,随着概率产品中高质量产品所占比例的增加,概率产品与低质量产品及高质量产品在销售过程中的竞争程度会有所变化,因此低质量产品和高质量产品价格会受到一定影响,且由于四种情形下产品市场结构有所不同,其受到影响也会不一样;从零售商总销售量变化来看,概率产品抢占低质量产品市场及抢占高质量产品市场两种情形均呈现先减少后增加的变化趋势,且总体来看,两种情形下均是在接近 $\phi = 0.47$ 时,零售商总销售量更大;最后,从零售商利润变化曲线可以看出,四种情形下均是在 $\phi = 0.47$ 时,零售商利润达到最大。上述研究表明,对于零售商而言,不管是总销售量还是利润,均能在 ϕ 取值接近 0.47 时达到更优状态,而 ϕ 取值接近 0.47 意味着消费者通过购买概率产品得到低质量产品或高质量产品不确定性高,也就是说,通过提升消费者购买概率产品的不确定性,对于零售商实施概率销售策略会更加有利。

（3）质量系数 β 影响分析

本部分主要分析质量系数 β 对零售商概率销售策略的影响,研究结果为零售商以何种质量产品组合成概率产品提供决策依据。参数取值为:$q = 25$,$\eta = 0.02$,$\beta \in [0.3,1]$。对于 $\phi < \dfrac{\beta}{1+\beta}$ 情形,令 $\phi = 0.3$,而 $\phi > \dfrac{\beta}{1+\beta}$ 情形,则令 $\phi = 0.7$;概率产品抢占低质量产品市场及抢占高质量产品市场情形,令 $\alpha = 0.45$,概率产品既抢占低质量产品市场又抢占高质量产品市场情形,则令 $\alpha = 0.75$。

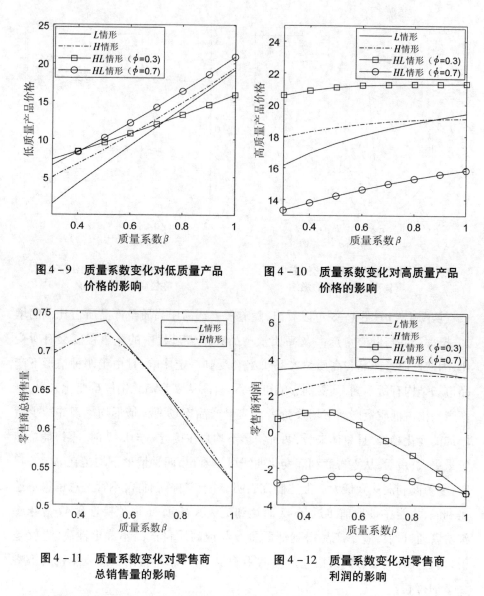

图4-9　质量系数变化对低质量产品
　　　　价格的影响

图4-10　质量系数变化对高质量产品
　　　　价格的影响

图4-11　质量系数变化对零售商
　　　　总销售量的影响

图4-12　质量系数变化对零售商
　　　　利润的影响

　　从图4-9—图4-12可以看出,随着质量系数β取值的增加,即低质量产品质量提升,此时由于低质量产品成本相应会有所增加,使得四种情形下低质量产品价格均有所上涨,而高质量产品作为低质量产品替代者,其价格也会出现一定的上涨,但上涨速率明显小于低质量产品价格;而从零售商总销售量及利润变化来看,均呈现先增加后减少的变化趋势。以上研究表明,在零售商进行异质性产品概率销售时,低质量产品与高质量产品质量差距不宜过大或过小(β取值在0.6左右),质量差距过大意味着两种产品界限过于明确,而质量差距过小则意味着两种产品界限不够清晰,这样都不利于零售商通过概率销售策略来扩大市场规模及提升自身利润。

4.1.5　本节小结

基于消费者偏好视角,本部分将消费群体划分为低质量产品消费群体、高质量产品消费群体及概率产品消费群体三部分,同时考虑概率产品中异质性产品组合比例的影响,分析了概率产品抢占低质量产品市场、抢占高质量产品市场及既抢占低质量产品市场又抢占高质量产品市场等不同产品市场结构下零售商概率销售问题,得到如下主要结论:(1)与传统销售策略相比,零售商采用概率销售策略有助于刺激消费,提高产品总销售量,但受概率产品定价的影响,其获得的利润有可能增加或减少;(2)概率产品中异质性产品组合比例变化对零售商实施概率销售策略将产生一定的影响,且对于四种产品市场结构中的任何一种,高质量产品所占比例与低质量产品所占比例越接近,即消费者购买概率产品得到低质量产品或高质量产品不确定性越高,零售商采用概率销售策略就越有利;(3)在由两种异质性产品组合的概率产品中,两者质量差距越大或越小都不利于零售商开展概率销售策略。本部分所设计的模型只是分析了零售商与消费者之间的博弈关系,并未将其延伸到供应链上游企业(比如供应商等),当供应链上游企业参与其中时,博弈关系将变得更加复杂,后续将进一步对该问题进行深入分析,以便得到更加系统的研究结论。

4.2　情境2:考虑权力结构影响

虽然学者们对产品概率销售问题进行了一定的研究,但很少围绕供应链不同权力结构展开,当供应链处于不同权力结构时,从已有研究来看,首先受到影响的是供应链成员决策行为(比如产品批发价格、边际利润、销售价格等),其次影响需求,最后影响供应链成员及整体收益。基于上述考虑,本部分研究不同权力结构下供应链概率销售问题,相比较已有研究,可以更系统地解决如下问题:(1)不同权力结构下供应链成员如何决策产品(包括正价产品和概率产品)批发价格和边际利润;(2)找出不同权力结构下消费者对产品不完全匹配敏感程度及概率产品中不同产品组合比例(两大重要概率销售因素)对供应链成员决策行为的影响差异;(3)探寻何种运营环境有利于供应链成员实施概率销售策略及不同权力结构情形的差异。

4.2.1　问题描述与模型假设

考虑由单一制造商和单一零售商所组成的供应链。制造商生产产品 1 和产品 2（一般称为正价产品），通过零售商进行销售，假定两种产品功能完全相同，且属于同一档次，不同之处主要体现在部分特征方面，比如颜色、外形、图案、包装等。在产品销售过程中，零售商采用概率销售策略，即不仅销售产品 1 和产品 2，还销售由产品 1 和产品 2 组成的概率产品，记概率产品为产品 0。为了探讨此背景下供应链概率销售问题，特作如下假设：

（1）假定制造商的生产成本为 c_m，参照文献［112］，不失一般性，令 $c_m = 0$，这样有助于简化模型求解，且与 $c_m > 0$ 相比，此时产品批发价格会下降，边际利润会上升，但对三种不同权力结构的比较分析不会产生实质性影响；考虑到产品 1 和产品 2 属于同一档次产品，不妨假定两种产品批发价格相同，记为 w。

（2）零售商以相同价格销售产品 1 和产品 2，记为 p，概率产品 0 的销售价格记为 p_0；为了便于后续求解，令 $p = w + m$，$p_0 = w + m_0$，m 为产品 1 和产品 2 的边际利润，m_0 为概率产品 0 的边际利润，且从现实情况来看，一般概率产品都存在降价销售（因为当销售价格更高时，概率产品 0 就失去了其购买吸引力，此时消费者会在产品 1 和产品 2 中选择偏好更大的进行购买），所以相比较产品 1 和产品 2 的边际利润，概率产品 0 的边际利润会更低，即存在：$m > m_0 > 0$。

（3）假定概率产品 0 中产品 1 所占的比例为 ϕ，产品 2 所占的比例为 $1 - \phi$，不失一般性，借鉴文献［113］，假定 $\phi > \dfrac{1}{2}$（由于产品 1 和产品 2 销售具有对称性）；ϕ 越大，表明概率产品中两种产品所占比例差距越大，消费者购买概率产品不确定性就越低。

（4）假定消费者对产品偏好服从 Hotelling 模型（文献［113］均采用该模型分析概率销售问题），产品 1 位于坐标轴 0 点，产品 2 位于坐标轴 1 点，消费者均匀分布在［0,1］坐标轴上，产品 1 和产品 2 的功能价值均为 1。当消费者处于坐标轴上 x 点时，购买产品 1 和产品 2 获得的预期价值分别为：

$$v_1 = 1 - tx \tag{4-14}$$

$$v_2 = 1 - t(1 - x) \tag{4-15}$$

其中：t 为单位匹配成本，表示消费者对产品不完全匹配的敏感程度，$t > 0$。结

合式(4 – 14)、式(4 – 15)可知,消费者购买概率产品 0 获得的预期价值为:

$$v_0 = \phi(1 - tx) + (1 - \phi)\left[1 - t(1 - x)\right] \tag{4 – 16}$$

(5)假定每个消费者至多只能购买一个产品,且产品市场容量为 1。

其他相关符号说明:制造商利润记为 π_m,零售商利润记为 π_r,产品 1、产品 2 及概率产品 0 需求量分别记为 d_1、d_2、d_0,零售商总需求量记为 d_t;MS 为制造商占主导权情形,RS 为零售商占主导权情形,NS 为制造商和零售商权力均衡情形。

4.2.2　产品市场分布情况分析

借鉴文献[113],由上述假设可知,消费者购买产品 1 获得的净效用为 $u_1 = 1 - tx - p$,消费者购买产品 2 获得的净效用为 $u_2 = 1 - t(1 - x) - p$,消费者购买概率产品 0 获得的净效用为 $u_0 = \phi(1 - tx) + (1 - \phi)\left[1 - t(1 - x)\right] - p_0$。

对于单个消费者而言,当其获得的净效用为正时,才会选择购买产品,可得消费者购买产品 1 的位置临界点为 $x_1 = \dfrac{1 - w - m}{t}$,即满足条件 $x < x_1$ 时,消费者购买产品 1 获得的净效用会大于 0,此时会考虑购买该产品;消费者购买产品 2 的位置临界点为 $x_2 = \dfrac{t + w + m - 1}{t}$,即满足条件 $x > x_2$ 时,消费者购买产品 2 获得的净效用大于 0,此时才会考虑购买该产品;消费者购买概率产品 0 的位置临界点为 $x_0 = \dfrac{\phi t - t - w - m_0 + 1}{(2\phi - 1)t}$,即满足条件 $x < x_0$ 时,消费者购买概率产品 0 获得的净效用大于 0,此时才会考虑购买该产品。

为了更加清晰地了解消费群体的市场分布情况,先对 x_1、x_2 的大小做比较分析,得到如下命题 1。

命题 1　在零售商销售产品 1 和产品 2 的过程中,其选择采用的概率销售策略应满足条件为:$x_1 < x_2$,即 $t > 2(1 - w - m)$(记为条件 C_1)。

证明　从消费者市场分布情况来看,当 $x_1 > x_2$ 时,通过求解可得 $t < 2(1 - w - m)$,此时产品 1 和产品 2 占据了整个市场,由于消费者均能够购买产品,零售商不需要采用概率销售策略扩大市场;当 $x_1 < x_2$ 时,即 $t > 2(1 - w - m)$,此时产品 1 和产品 2 只占据了部分市场,零售商会考虑通过概率销售策略扩大市场。

接下来在研究零售商概率销售策略时,均是在假定 $x_1 < x_2$ 的条件下展开。由命题1可得如下推论1。

推论1 在零售商采取概率销售策略时,位置 $x \in [x_1, x_2]$ 的消费群体是零售商采取概率销售策略所争取的目标市场。

由上述可知,概率销售策略下零售商产品分布情况如下图 4-13 所示:

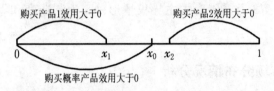

图 4-13 零售商不同产品市场分布情况

从图 4-13 可以看出,当 $x_0 > x_2$ 时,产品1、产品2及概率产品0完全覆盖消费市场(即 $d_t = 1$),通过求解可知,此时需要满足条件 $t < 2(1 - w - m) + \frac{m - m_0}{\phi}$;当 $x_0 < x_2$ 时,即 $t > 2(1 - w - m) + \frac{m - m_0}{\phi}$(记为条件 C_2),此时产品1、产品2及概率产品0不完全覆盖消费市场(即 $d_t < 1$)。考虑到实际情况中产品完全覆盖情形相对较少,而多数情况是不完全覆盖市场情形,所以接下来分析不同权力结构下供应链概率销售策略时,仅针对不完全市场覆盖情形,不对产品覆盖整个市场情形展开分析。

由于 $m > m_0$,综合条件 C_1 和条件 C_2 可知,接下来在研究不完全市场覆盖下供应链概率销售策略时,只需要满足条件 C_2(即 $t > 2(1 - w - m) + \frac{m - m_0}{\phi}$)就行。

通过计算可得,购买产品1和概率产品0无差异位置临界点为:$x_{01} = \frac{\phi t + m - m_0 - t}{2t(\phi - 1)}$。可知位置 $x \in (0, x_{01})$ 的消费群体购买产品1,位置 $x \in (x_{01}, x_0)$ 的消费群体购买概率产品0,位置 $x \in (x_2, 1)$ 的消费群体购买产品2。所以,不完全市场覆盖下产品1、产品2及概率产品0的需求量分别为:

$$d_1 = \frac{\phi t + m - m_0 - t}{2t(\phi - 1)} \tag{4-17}$$

$$d_2 = \frac{1 - w - m}{t} \tag{4-18}$$

$$d_0 = \frac{(2m + t + 2w - 2)\phi - m - m_0 - t - 2w + 2}{2t(2\phi - 1)(1 - \phi)} \tag{4-19}$$

4.2.3　模型构建与分析

为了更系统地了解供应链概率销售问题,本部分将对制造商占主导权、零售商占主导权及制造商与零售商权力均衡三种情形展开分析。概率销售策略下制造商和零售商利润分别为:

$$\pi_m = w(d_0 + d_1 + d_2) \tag{4-20}$$

$$\pi_r = m(d_1 + d_2) + m_0 d_0 \tag{4-21}$$

(1)制造商占主导权情形

在制造商占主导权情形下,供应链决策过程为:制造商首先确定产品批发价格 w,零售商在观察到制造商决策后,确定产品 1 和产品 2 的边际利润 m 及概率产品 0 的边际利润 m_0。双方构成 Stackelberg 博弈,根据逆向归纳法,其博弈过程为:

对式(4-21)分别关于 m、m_0 求一阶导数,令其等于 0,联立求解可得此情形下零售商产品 1 和产品 2 及概率产品 0 的最优边际利润为: $m^{MS} = \dfrac{1-w}{2}$, m_0^{MS} $= \dfrac{1-w+\phi t-t}{2}$。将 m^{MS}、m_0^{MS} 代入式(4-20),对其关于 w 求一阶导数,令其等于 0,求解可得此情形下制造商最优产品批发价格为:

$$w^{MS} = \frac{\phi t + 2\phi - 2t + 1}{4\phi} \tag{4-22}$$

将 w^{MS} 代入 m^{MS}、m_0^{MS} 中可得:

$$m^{MS} = \frac{2\phi + 2t - \phi t - 1}{8\phi} \tag{4-23}$$

$$m_0^{MS} = \frac{4\phi^2 t - 2\phi + 2t - \phi t - 1}{8\phi} \tag{4-24}$$

结合式(4-17—4-19)、式(4-22—4-24),可得此情形下零售商总需求量为:

$$d_t^{MS} = \frac{1 - 2t + 2\phi + \phi t - \phi^2 t}{(2\phi - 1)t} \tag{4-25}$$

结合式(4-20—4-24),求解可得此情形下制造商利润 π_m^{MS} 和零售商利

润 π_r^{MS}。

（2）零售商占主导权情形

在零售商占主导权情形下,供应链决策过程:零售商首先确定产品 1 和产品 2 的边际利润及概率产品 0 的边际利润,制造商观察到零售商决策后,制定产品批发价格。双方构成 Stackelberg 博弈,博弈过程为:

对式(4 - 20)关于 w 求一阶导数,令其等于 0,求解可得制造商最优产品批发价格为: $w^{RS} = \dfrac{m + 2\phi + \phi t - 2\phi m - m_0 - t}{4\phi}$。将 w^{RS} 代入式(4 - 21),并对其分别关于 m、m_0 求一阶导数,令其等于 0,联立求解可得此情形下零售商产品 1 和产品 2 及概率产品 0 的最优边际利润为:

$$m^{RS} = \frac{1}{2} \tag{4-26}$$

$$m_0^{RS} = \frac{1 + \phi t - t}{2} \tag{4-27}$$

将 m^{RS}、m_0^{RS} 代入 w^{RS} 中可得:

$$w^{RS} = \frac{\phi t + 2\phi - t}{8\phi} \tag{4-28}$$

结合式(4 - 17—4 - 19)、式(4 - 26—4 - 28),可得此情形下零售商总需求量为:

$$d_t^{RS} = \frac{\phi t + 2\phi - t}{4t(2\phi - 1)} \tag{4-29}$$

结合式(4 - 20—4 - 21)、式(4 - 26—4 - 28),求解可得此情形下制造商利润 π_m^{RS} 和零售商利润 π_r^{RS}。

（3）权力均衡情形

在制造商和零售商权力均衡情形下,供应链决策过程为:制造商确定产品批发价格 w,与此同时,零售商确定产品 1 和产品 2 的边际利润 m 及概率产品 0 的边际利润 m_0。双方构成 Nash 博弈,博弈过程为:

对式(4 - 20)关于 w 求一阶导数,令其等于 0,同时对式(4 - 21)分别关于 m、m_0 求一阶导数,令其等于 0。将上述三个方程联立求解可得制造商的最优产品批发价格及零售商产品 1、产品 2、概率产品 0 的最优边际利润为:

$$w^{NS} = \frac{\phi t + 2\phi - t}{6\phi} \tag{4-30}$$

$$m^{NS} = \frac{t + 4\phi - \phi t}{12\phi} \tag{4-31}$$

$$m_0^{NS} = \frac{6\phi^2 t - 7\phi t + 4\phi + t}{12\phi} \tag{4-32}$$

结合式(4-17—4-19)、式(4-30—4-32),可得此情形下零售商总需求量为:

$$d_t^{NS} = \frac{\phi t + 2\phi - t}{3t(2\phi - 1)} \tag{4-33}$$

结合式(4-20—4-21)、式(4-30—4-32),求解可得此情形下制造商利润 π_m^{NS} 和零售商利润 π_r^{NS}。

4.2.4 比较分析

本部分将对制造商占主导权、零售商占主导权及权力均衡三种情形进行比较分析。考虑到本书所研究的供应链概率销售策略是在满足条件 C_2(即 $t > 2(1 - w - m) + \frac{m - m_0}{\phi}$)情形下展开的,接下来将基于该条件对 t 的取值范围进行界定。对于制造商占主导权情形,将 w^{MS}、m^{MS}、m_0^{MS} 代入条件 C_2 可得: $t^{MS} > \frac{2\phi + 1}{7\phi - 2}$。同理可得,零售商占主导权及权力均衡两种情形下 t 的取值范围为: $t^{RS} > \frac{2\phi}{7\phi - 3}$, $t^{NS} > \frac{2\phi}{5\phi - 2}$。通过比较上述三种不同权力结构下 t 的取值范围可知,t 取值应该满足条件 $t > \frac{2\phi}{5\phi - 2}$(记为条件 C_3)。

命题2 三种不同权力结构下产品批发价格 w 的比较结果为:

(1)当 $0.5 < \phi < \frac{\sqrt{3}}{3}$ 时,存在 $w^{MS} < w^{RS}$;当 $\frac{\sqrt{3}}{3} < \phi < 1$ 时,若 $\frac{2\phi}{5\phi - 2} < t < \frac{2\phi + 2}{3 - \phi}$,存在 $w^{MS} > w^{RS}$,若 $t > \frac{2\phi + 2}{3 - \phi}$,则存在 $w^{MS} < w^{RS}$。

(2)当 $0.5 < \phi < \frac{\sqrt{33} - 1}{8}$ 时,存在 $w^{MS} < w^{NS}$;当 $\frac{\sqrt{33} - 1}{8} < \phi < 1$ 时,若 $\frac{2\phi}{5\phi - 2} < t < \frac{2\phi + 3}{4 - \phi}$,存在 $w^{MS} > w^{NS}$,若 $t > \frac{2\phi + 3}{4 - \phi}$,则存在 $w^{MS} < w^{NS}$。

(3)存在 $w^{RS} < w^{NS}$。

证明 由式(4-22)、式(4-28)可得：$w^{MS} - w^{RS} = \dfrac{\phi t + 2\phi - 3t + 2}{8\phi}$。对该式

求解可知，当 $t < \dfrac{2\phi + 2}{3 - \phi}$ 时，存在 $\phi t + 2\phi - 3t + 2 > 0$；当 $t > \dfrac{2\phi + 2}{3 - \phi}$ 时，则存在 $\phi t +$

$2\phi - 3t + 2 < 0$。考虑需要满足条件 C_3（即 $t > \dfrac{2\phi}{5\phi - 2}$），通过将 $\dfrac{2\phi}{5\phi - 2}$ 与 $\dfrac{2\phi + 2}{3 - \phi}$ 比

较可以发现，当 $0.5 < \phi < \dfrac{\sqrt{3}}{3}$ 时，存在 $\dfrac{2\phi}{5\phi - 2} > \dfrac{2\phi + 2}{3 - \phi}$，此时 t 取值范围为 $t >$

$\dfrac{2\phi}{5\phi - 2} > \dfrac{2\phi + 2}{3 - \phi}$，可知 $w^{MS} < w^{RS}$；当 $\dfrac{\sqrt{3}}{3} < \phi < 1$ 时，由于 $\dfrac{2\phi}{5\phi - 2} < \dfrac{2\phi + 2}{3 - \phi}$，所以当

$\dfrac{2\phi}{5\phi - 2} < t < \dfrac{2\phi + 2}{3 - \phi}$ 时，存在 $w^{MS} > w^{RS}$，当 $t > \dfrac{2\phi + 2}{3 - \phi}$ 时，则存在 $w^{MS} < w^{RS}$。

由式(4-22)、式(4-30)可得：$w^{MS} - w^{NS} = \dfrac{\phi t + 2\phi - 4t + 3}{12\phi}$。同理可求，当

$0.5 < \phi < \dfrac{\sqrt{33} - 1}{8}$ 时，存在 $w^{MS} < w^{NS}$；当 $\dfrac{\sqrt{33} - 1}{8} < \phi < 1$ 且 $\dfrac{2\phi}{5\phi - 2} < t < \dfrac{2\phi + 3}{4 - \phi}$

时，存在 $w^{MS} > w^{NS}$；当 $\dfrac{\sqrt{33} - 1}{8} < \phi < 1$ 且 $t > \dfrac{2\phi + 3}{4 - \phi}$ 时，则存在 $w^{MS} < w^{NS}$。由式

(4-28)、式(4-30)可得 $w^{RS} = \dfrac{3}{4} w^{NS}$，很明显可知，存在 $w^{RS} < w^{NS}$。证毕。

从命题 2 可以看出，对于不同权力结构供应链，制造商产品批发价格有所不同，当概率产品 0 中产品 1 和产品 2 组合比例差距较小或者消费者对产品不完全匹配敏感程度较高时，权力均衡情形下产品批发价格最高，制造商占主导权情形则最低；而产品 1 和产品 2 组合比例差距较大且消费者对产品不完全匹配敏感程度较低时，制造商占主导权情形下批发价格最高，零售商占主导权情形则最低。

命题 3 三种不同权力结构下产品 1 和产品 2 边际利润 m 比较结果为：

(1) 当 $0.5 < \phi < \dfrac{3 + \sqrt{105}}{24}$ 时，存在 $m^{MS} > m^{RS}$；当 $\dfrac{3 + \sqrt{105}}{24} < \phi < 1$ 时，若

$\dfrac{2\phi}{5\phi - 2} < t < \dfrac{2\phi + 1}{2 - \phi}$，存在 $m^{MS} < m^{RS}$，若 $t > \dfrac{2\phi + 1}{2 - \phi}$，则存在 $m^{MS} > m^{RS}$。

(2) 当 $0.5 < \phi < \dfrac{\sqrt{33} - 1}{8}$ 时，存在 $m^{MS} > m^{NS}$；当 $\dfrac{\sqrt{33} - 1}{8} < \phi < 1$ 时，若

$\dfrac{2\phi}{5\phi-2}<t<\dfrac{2\phi+3}{4-\phi}$，存在 $m^{MS}<m^{NS}$，若 $t>\dfrac{2\phi+3}{4-\phi}$，则存在 $m^{MS}>m^{NS}$。

（3）存在 $m^{RS}>m^{NS}$。

证明过程与命题 2 类似，证明略。

命题 4　三种不同权力结构下概率产品 0 的边际利润 m_0 比较结果为：

（1）当 $0.5<\phi<\dfrac{11+\sqrt{313}}{48}$ 时，存在 $m_0^{MS}>m_0^{RS}$；当 $\dfrac{11+\sqrt{313}}{48}<\phi<1$ 时，若

$\dfrac{2\phi}{5\phi-2}<t<\dfrac{6\phi+1}{3\phi+2}$，存在 $m_0^{MS}<m_0^{RS}$，若 $t>\dfrac{6\phi+1}{3\phi+2}$，则存在 $m_0^{MS}>m_0^{RS}$。

（2）当 $0.5<\phi<\dfrac{7+\sqrt{177}}{32}$ 时，存在 $m_0^{MS}>m_0^{NS}$；当 $\dfrac{7+\sqrt{177}}{32}<\phi<1$ 时，若

$\dfrac{2\phi}{5\phi-2}<t<\dfrac{14\phi+3}{11\phi+4}$，存在 $m_0^{MS}<m_0^{NS}$，若 $t>\dfrac{14\phi+3}{11\phi+4}$，则存在 $m_0^{MS}>m_0^{NS}$。

（3）存在 $m_0^{RS}>m_0^{NS}$。

证明过程与命题 2 类似，证明略。

从命题 3 和命题 4 可以看出，零售商占主导权情形下产品 1 和产品 2 及概率产品 0 的边际利润均大于权力均衡情形，而制造商占主导权情形在概率产品 0 中产品 1 和产品 2 组合比例差距较小或者消费者对产品不完全匹配敏感程度较高时边际利润最大，在产品 1 和产品 2 组合比例差距较大且消费者对产品不完全匹配敏感程度较低时最小。

命题 5　三种不同权力结构下零售商总需求量 d_t 比较结果为：

（1）当 $0.5<\phi<0.61$ 时，存在 $d_t^{MS}<d_t^{RS}$；当 $0.61<\phi<1$ 时，若 $\dfrac{2\phi}{5\phi-2}<t<$

$\dfrac{6\phi+4}{7+4\phi^2-3\phi}$，存在 $d_t^{MS}>d_t^{RS}$，若 $t>\dfrac{6\phi+4}{7+4\phi^2-3\phi}$，则存在 $d_t^{MS}<d_t^{RS}$。

（2）当 $0.5<\phi<0.62$ 时，存在 $d_t^{MS}<d_t^{NS}$；当 $0.62<\phi<1$ 时，若 $\dfrac{2\phi}{5\phi-2}<t<$

$\dfrac{4\phi+3}{5+3\phi^2-2\phi}$，存在 $d_t^{MS}>d_t^{NS}$，若 $t>\dfrac{4\phi+3}{5+3\phi^2-2\phi}$，则存在 $d_t^{MS}<d_t^{NS}$。

（3）存在 $d_t^{RS}<d_t^{NS}$。

证明过程与命题 2 类似，证明略。

命题 5 表明，当概率产品 0 中产品 1 和产品 2 组合比例差距较小或消费者对产品不完全匹配敏感程度较高时，权力均衡情形下供应链总需求量最大，制

造商占主导权情形则最小;而当产品 1 和产品 2 组合比例差距较大,且消费者对产品不完全匹配敏感程度较低时,制造商占主导权情形下供应链总需求量最大,此时零售商占主导权情形则最小。

接下来进一步分析 t、ϕ 等参数变化对三种不同权力结构下产品批发价格、产品 1 和产品 2 的边际利润及概率产品 0 的边际利润的影响,得到如下命题 6—11。

命题 6 三种不同权力结构下产品批发价格 w 均随着 t 值增加而下降,且从下降速率来看,制造商占主导权情形最大,权力均衡情形次之,零售商占主导权情形最小。

证明 对 w^{MS}、w^{RS}、w^{NS} 关于 t 求一阶导数可得:$\dfrac{\partial w^{MS}}{\partial t} = \dfrac{\phi - 2}{4\phi}$,$\dfrac{\partial w^{RS}}{\partial t} = \dfrac{\phi - 1}{8\phi}$,

$\dfrac{\partial w^{NS}}{\partial t} = \dfrac{\phi - 1}{6\phi}$。由于 $0.5 < \phi < 1$,所以存在:$\dfrac{\partial w^{MS}}{\partial t} < 0$,$\dfrac{\partial w^{RS}}{\partial t} < 0$,$\dfrac{\partial w^{NS}}{\partial t} < 0$。接下来

对 $\dfrac{\partial w^{MS}}{\partial t}$、$\dfrac{\partial w^{RS}}{\partial t}$、$\dfrac{\partial w^{NS}}{\partial t}$ 的大小进行比较,$\dfrac{\partial w^{MS}}{\partial t} - \dfrac{\partial w^{NS}}{\partial t} = \dfrac{\phi - 4}{12\phi}$,$\dfrac{\partial w^{NS}}{\partial t} - \dfrac{\partial w^{RS}}{\partial t} = \dfrac{\phi - 1}{12\phi}$,由

上述式子很明显可以看出 $\dfrac{\partial w^{MS}}{\partial t} < \dfrac{\partial w^{NS}}{\partial t}$,$\dfrac{\partial w^{NS}}{\partial t} < \dfrac{\partial w^{RS}}{\partial t}$,整理可得:$\dfrac{\partial w^{MS}}{\partial t} < \dfrac{\partial w^{NS}}{\partial t} <$

$\dfrac{\partial w^{RS}}{\partial t}$。证毕。

命题 7 零售商占主导权情形下 m 不受 t 值变化影响,制造商占主导权及权力均衡两种情形下 m 随 t 值增加而增加,且相比较而言,制造商占主导权情形增加速率更大。

证明过程与命题 6 类似,证明略。

命题 8 制造商占主导权情形下 m_0 随 t 值增加而增加,零售商占主导权及权力均衡两种情形下 m_0 随 t 值增加而减少,且相比较而言,零售商占主导权情形减少速率更大。

证明过程与命题 6 类似,证明略。

命题 6 表明,随着消费者对产品不完全匹配敏感程度增加,产品 1、产品 2 及概率产品 0 的需求量都会有所下降[结合式(4 - 17—4 - 19)可以看出]。此时制造商会采取降低产品批发价方式,促使零售商降低产品销售价格,从而缓解需求量下降的压力,且从三种不同权力结构所受影响程度来看,制造商占主导权情形下产品批发价格下降速率最大。命题 7 和命题 8 表明,零售商为了应对需求量下降给其所获利润带来的影响,会对产品边际利润进行调整,且三种

不同权力结构下调整策略会不同。

命题 9　随着 ϕ 取值增加,三种不同权力结构下 w 均会有所上升,且从上升速率来看,当 $\frac{2\phi}{5\phi-2}<t<\frac{3}{4}$ 时,制造商占主导权情形最大,权力均衡情形次之,零售商占主导权情形最小;当 $t>\frac{3}{4}$ 时,权力均衡情形最大,制造商占主导权情形次之,零售商占主导权情形最小。

证明过程与命题 6 类似,证明略。

命题 10　零售商占主导权情形下 m 不受 ϕ 值变化的影响,制造商占主导权及权力均衡两种情形下 m 随 ϕ 值增加而减少,且当 $\frac{2\phi}{5\phi-2}<t<\frac{3}{4}$ 时,权力均衡情形减少速率更大;当 $t>\frac{3}{4}$ 时,制造商占主导权情形减少速率更大。

证明过程与命题 6 类似,证明略。

命题 11　零售商占主导权及权力均衡两种情形下 m_0 随 ϕ 值增加而增加,且相比较而言,零售商占主导权情形增加速率更大,对于制造商占主导权情形,存在下列几种情况:

(1)当 $\frac{(216+\sqrt{1302})^{1/3}}{12}<\phi<\frac{\sqrt{2}}{2}$ 且 $\frac{2\phi}{5\phi-2}<t<\frac{1}{2-4\phi^2}$,或 $\frac{\sqrt{2}}{2}<\phi<1$ 时,m_0 随 ϕ 值增加而增加。

(2)当 $0.5<\phi<\frac{(216+\sqrt{1302})^{1/3}}{12}$,或 $\frac{(216+\sqrt{1302})^{1/3}}{12}<\phi<\frac{\sqrt{2}}{2}$ 且 $t>\frac{1}{2-4\phi^2}$ 时,m_0 随 ϕ 值增加而减少。

证明过程与命题 6 类似,证明略。

命题 9 表明,随着概率产品中两种产品组合比例差距扩大,制造商产品批发价格会有所上升,且当消费者对产品不完全匹配敏感程度不同时,三种不同权力结构下产品批发价格上升速率也会不同。

命题 10 表明,不同权力结构下产品 1 和产品 2 的边际利润受概率产品中两种产品组合比例变化的影响是不同的,当消费者对产品不完全匹配敏感程度较低时,权力均衡情形受到影响更大;当消费者对产品不完全匹配敏感程度较高时,制造商占主导权情形受到影响更大。

命题 11 表明,随着概率产品中两种产品组合比例差距扩大,零售商占主导权及权力均衡两种情形下边际利润会增加。对于制造商占主导权情形,当两种产品组合比例差距较小时,边际利润会减少;当两种产品组合比例差距较大时,边际利润会增加;当两种产品组合比例差距居中时,其呈现正向变化还是反向变化及变化速率大小与消费者对产品不完全匹配敏感程度有关。

对于三种不同权力结构下制造商利润、零售商利润及供应链总利润,考虑到模型相对复杂,将在后续部分通过算例进行比较分析。

4.2.5 算例分析

本部分将借助于 matlab 软件分析 t、ϕ 等参数变化给制造商、零售商及供应链整体利润所产生的影响,同时对三种不同权力结构进行比较分析,从而更加系统地了解供应链概率销售策略。算例分析包括两部分:(1)分析消费者对产品不完全匹配敏感程度 t 变化给供应链成员企业及供应链整体运营所产生的影响。对于算例分析中 t 的取值范围,结合本书条件 C_3,参考 Netessine 和 Tang[114] 在概率销售和模糊销售中的常用设定,令 $t \in [0.82, 1.04]$;$\phi = 0.8$。算例分析结果见图 4–14—图 4–16。(2)分析概率产品中两种产品组合比例参数 ϕ 变化对供应链成员企业及供应链整体运营所产生的影响,为企业以何种比例组合成概率产品提供决策参考依据。参数取值:$\varphi \in [0.66, 0.85]$,$t = 1.02$。算例分析结果见图 4–17—图 4–19。

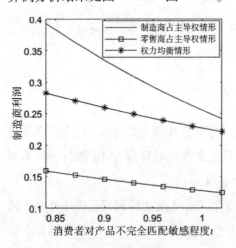

图 4–14　不完全匹配敏感程度变化对制造商利润的影响

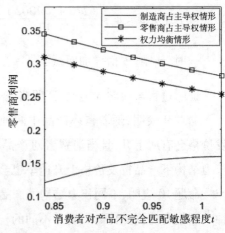

图 4–15　不完全匹配敏感程度变化对零售商利润的影响

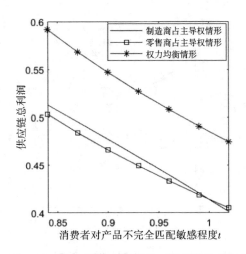

图 4-16 不完全匹配敏感程度变化对供应链总利润的影响

图 4-14—图 4-16 首先揭示了制造商占主导权情形对制造商有利,零售商占主导权情形对零售商有利,而权力均衡情形对供应链整体运营更有利。其次,随着消费者对产品不完全匹配敏感程度的增加,对于三种不同权力结构情形,除了零售商利润在制造商占主导情形下有所增加外,其他情形下制造商利润、零售商利润及供应链总利润均有所下降。也就是说,总体而言,制造商、零售商及供应链整体均受到不利影响。最后,从影响程度来看,对于制造商而言,自身占主导权情形受到不利影响最大,权力均衡情形次之,零售商占主导权情形最小;对于零售商而言,制造商占主导权情形下其运营会更有利,而自身占主

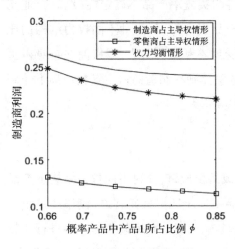

图 4-17 产品 1 所占比例变化对制造商利润的影响

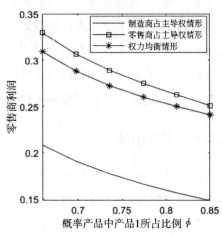

图 4-18 产品 1 所占比例变化对零售商利润的影响

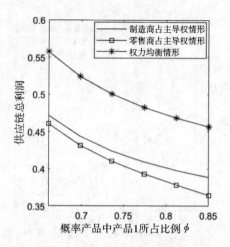

图4-19　产品1所占比例变化对供应链总利润的影响

导权情形受到不利影响最大,权力均衡情形次之;对于供应链整体而言,权力均衡情形受到不利影响最大,制造商占主导权情形次之,零售商占主导权情形最小。

　　由图4-17—图4-19可知,ϕ值越大,表明消费者购买概率产品不确定性越低,此时三种不同权力结构下制造商利润、零售商利润及供应链总利润均会有所降低,也就是说,消费者购买概率产品不确定性降低对供应链实施概率销售策略不利。因此,为了提升概率销售策略实施效果,供应链成员企业在实施概率销售过程中,应考虑如何提升消费者购买概率产品不确定性(结合企业实际销售情况,可以考虑同质产品或异质产品组合)。从三种不同权力结构的比较可以发现,制造商在权力均衡情形下受到不利影响最大,零售商在自身占主导权情形下受到不利影响最大,而供应链整体则在制造商占主导权情形下受到不利影响最小,其他两种情形所受影响差异不大。

4.2.6　本节小结

　　本部分针对由制造商和零售商所组成的供应链,探讨不同权力结构下产品概率销售问题,侧重于分析消费者对产品不完全匹配敏感程度、概率产品组合比例等因素变化给供应链运营所产生的影响,并对三种不同权力结构进行比较分析。与文献[113]一样,都是基于Hotelling模型对概率销售问题展开了研究,且文献[113]研究表明,在零售商实施概率销售策略过程中,消费者对产品不匹配敏感程度及概率产品组合比例变化均对其实施概率销售效果产生影响,这与本部分研究结论一致。但由于文献[113]只涉及了零售商与消费者之间的博弈,并未考虑零售商所处的供应链权力结构环境,本部分通过进一步研究发现,当零售商处于不同的供应链权力结构时,其实施概率销售效果所受影响程度是不一样的(零售商自身占主导权情形所受影响最大)。除上述结论外,与已有研究相比,本部分研究不同权力结构下供应链概率销售问题,还得到如下主要结论:

(1)若概率产品中两种产品组合比例差距较小或者消费者对产品不完全匹配敏感程度较高,权力均衡情形下批发价格最高;若两种产品组合比例差距较大且消费者对产品不完全匹配敏感程度较低,制造商占主导权情形下批发价格最高。

(2)零售商占主导权情形下产品边际利润大于权力均衡情形,制造商占主导权情形则在两种产品组合比例差距较小或者消费者对产品不完全匹配敏感程度较高时最大。

(3)消费者对产品不完全匹配敏感程度的增加或两种产品组合比例差距扩大对制造商和供应链整体运营不利,且在不同权力结构情形下受到不利影响会不同。

本部分所设计的模型是基于消费者完全理性假设,但现实中消费者针对一些不确定性产品进行购买决策时往往会受一些心理因素影响,比如损失厌恶、预期后悔等,这些会影响到供应链概率销售策略实施效果,后续将进一步对该问题进行深入研究。

4.3　情境3:考虑产品分配时机与权力结构影响

概率销售按分配时机不同,主要有两种模式:模式一,企业在销售初期出售概率产品,比如乐高公司"抽抽乐"、MR. WISH 幸运盒子等,由于较早给消费者分配概率产品,故称为早分配概率销售模式;模式二,企业在销售初期仅出售现有产品,等现有产品需求揭示后,销售后期出售概率产品,比如美国 Hotwire 旅游网站,由于较晚给消费者分配概率产品,故称为晚分配概率销售模式。

目前较少有文献同时关注早与晚分配概率销售问题,而在具体实施概率销售过程中,选择早分配还是晚分配概率销售模式,是企业需要解决的首要问题。

鉴于此,本部分探讨不同权力结构下零售商概率销售模式的选择问题,与已有研究不同之处在于:(1)已有研究主要从库存管理角度,而本部分从产品组合比例、消费者对产品不完全匹配敏感度两个重要概率销售因素着手,揭示零售商选择早与晚分配概率销售模式条件;(2)比较不同权力结构下早与晚分配概率销售运营情况,找出不同权力结构下零售商选择概率销售模式的差异。

4.3.1 问题描述与模型假设

针对由一个制造商和一个零售商组成的供应链,假定制造商生产功能、档次完全相同的产品 A、产品 B,两者主要区别在于部分特征方面,比如图案、款式、颜色等。零售商从制造商处购买这两种产品,采用概率销售方式进行销售,即以正价销售产品 A、B,以降价销售由产品 A 和 B 组合的概率产品 G。本书在探讨零售商对早分配与晚分配概率销售模式的选择时,考虑零售商占主导权、制造商占主导权、权力均衡三种情形,三种权力结构下零售商和制造商决策顺序如图 4 - 20 所示。

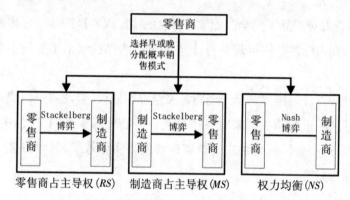

图 4 - 20　不同权力结构下制造商和零售商决策顺序

模型中相关符号及含义见下表 4 - 1:

表 4 - 1　符号及相应含义

符号	含义	符号	含义	符号	含义
ϕ	产品 A 所占比例	v_A	购买产品 A 预期价值	x_{G1}	购买概率产品 G 位置临界点(早分配)
t	单位匹配成本	v_B	购买产品 B 预期价值	x_{G2}	购买概率产品 G 位置临界点(晚分配)

续表 4 - 1

符号	含义	符号	含义	符号	含义
w	产品批发价格	v_G	购买概率产品 G 预期价值	x_{GA}	产品 A、G 无差异位置临界点(早分配)
m	产品 A 或 B 边际利润	u_A	购买产品 A 获得的净效用	d_A	产品 A 需求量
m_G	概率产品边际利润	u_B	购买产品 B 获得的净效用	d_B	产品 B 需求量
p	产品 A 或 B 销售价格	u_G	购买概率产品 G 获得的净效用	d_G	概率产品 G 需求量
p_G	概率产品销售价格	x_A	购买产品 A 位置临界点	π_m	制造商利润
v	产品销售后期价值	x_B	购买产品 B 位置临界点	π_r	零售商利润

为了便于对上述问题展开分析,特作如下假设:

(1)与文献[115]一样,不失一般性,假定制造商生产成本为常量且标准化为 0;由于产品 A 和产品 B 属于同一档次,假定两产品批发价格相同。

(2)在产品销售过程中,产品 A 和 B 销售价格相同,且高于概率产品销售价格(否则消费会直接选择偏好更大的产品 A 或 B),即存在:$p > p_G$。

(3)与文献[52]一样,假定 $\frac{1}{2} < \phi < 1$(产品 A 和产品 B 销售具有对称性)。

(4)与文献[52]一样,本部分采用 Hotelling 模型,假定产品 A 位于坐标轴 0 点,产品 B 位于坐标轴 1 点,消费者均匀分布在[0,1]坐标轴上。在销售初期,假定产品 A 和 B 价值为 1,在销售后期,假定产品 A 和 B 价值为 v,且满足 $0 < v \leq 1$。v 越接近 1,表明产品价值随时间下降越少,该产品越倾向于功能性产品;v 越接近 0,表明产品价值随时间下降越多,该产品越倾向于革新性产品。

对于坐标轴上 x 点消费者,销售初期购买产品 A、B 及概率产品 G 获得的预期价值为:$v_A = 1 - tx, v_B = 1 - t(1-x), v_G^E = \phi(1-tx) + (1-\phi)[1-t(1-x)]$。销售后期购买概率产品 G 获得的预期价值为:$v_G^L = \phi(v-tx) + (1-\phi)[v - t(1-x)]$。其中:$t$ 为单位匹配成本,$t > 0$,t 越大,表明消费者对产品不完全匹配敏感度越高。

(5)假定每个消费者至多只能购买一个产品,且产品市场容量为 1。

4.3.2 产品市场分布情况分析

参考文献[52],可知消费者购买产品 A、B 获得的净效用为:$u_A = 1 - tx - p$,

$u_B = 1 - t(1 - x) - p$。当消费者购买产品获得的净效用大于0时才会购买,可知购买产品A、B位置临界点为:$x_A = \dfrac{1 - p}{t}$,$x_B = \dfrac{t + p - 1}{t}$。比较 x_A 和 x_B 大小,当 $x_A > x_B$ 时,产品A、B覆盖整个消费市场,零售商不需要采用概率销售扩大市场;当 $x_A < x_B$,即 $t > 2(1 - p)$(条件 C_1)时,产品A、B只覆盖部分消费市场,零售商会考虑采用概率销售扩大市场。为了保证研究具有现实意义,本部分假定 $x_A < x_B$。

(1)早分配概率销售模式:此模式下消费者购买概率产品G获得的预期净效用为 $u_G^E = \phi(1 - tx) + (1 - \phi)[1 - t(1 - x)] - p_G$,求解得购买概率产品G位置临界点为 $x_{G1} = \dfrac{\phi t - t - p_G + 1}{(2\phi - 1)t}$,零售商产品市场分布情况如图4-21所示。由图4-21可知,当 $x_{G1} < x_B$ 时,产品A、B及概率产品G只覆盖部分消费市场,即满足条件 $t^E > \dfrac{2\phi(1 - p) + p - p_G}{\phi}$(条件 C_2);当 $x_{G1} > x_B$ 时,产品A、B及概率产品G覆盖全部消费市场。考虑到完全市场覆盖情形较少,本部分仅针对不完全市场覆盖情形展开。综合条件 C_1 和 C_2 可知,接下来分析早分配概率销售问题时只需满足条件 C_2。

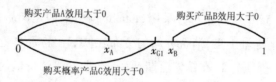

图4-21　零售商产品市场分布情况

由图4-21可知,对于位置 $x \in (0, x_A)$ 的消费者会在产品A和概率产品G之间进行购买选择,求解可得两者无差异位置临界点为:$x_{GA} = \dfrac{p - p_G + \phi t - t}{2t(\phi - 1)}$。可知产品A、概率产品G及产品B的需求量分别为:$d_A^E = x_{GA}$,$d_G^E = x_{G1} - x_{GA}$,$d_B^E = 1 - x_B$。

(2)晚分配概率销售模式:令 $v_G^L = 0$,可得晚分配概率销售下消费者购买概率产品位置临界点为:$x_{G2} = \dfrac{\phi t - t - p_G + v}{(2\phi - 1)t}$。由于此模式下概率产品分配给消费者是在产品A和产品B需求揭示后,所以产品A、概率产品G及产品B需求量分别为:$d_A^L = x_A$,$d_G^L = x_{G2} - x_A$,$d_B^L = 1 - x_B$。此外,考虑本部分仅针对不完全市场覆盖情形,所以需要满足条件: $t^L > \dfrac{2\phi(1-p)+p-p_G+v-1}{\phi}$（条件 C_3）。

4.3.3　模型构建与分析

制造商及零售商利润函数分别为: $\pi_m = w(d_A + d_B + d_G)$, $\pi_r = (p-w)(d_A + d_B) + (p_G - w)d_G$。接下来对三种不同权力结构展开分析。

（1）零售商占主导权情形

此情形下零售商先确定产品 A、B 的销售价格 p 及概率产品的销售价格 p_G,制造商观察到其决策后,确定批发价格 w,双方构成 Stackelberg 博弈。令 $p = w + m$, $p_G = w + m_G$, m 为产品 A、B 的边际利润, m_G 为概率产品 G 的边际利润。

早分配概率销售模式:将 d_A^E、d_G^E、d_B^E 代入式 π_m、π_r,根据逆向归纳法,求解得到引理 1。

引理 1　当采用早分配概率销售模式时,零售商占主导权下最优策略解为:

$$w^{E/RS} = \frac{\phi t + 2\phi - t}{8\phi} , \quad p^{E/RS} = \frac{\phi t + 6\phi - t}{8\phi} , \quad p_G^{E/RS} = \frac{4\phi^2 t + (6-3t)\phi - t}{8\phi}。\text{（证明见附录）}$$

将上述最优策略解代入早分配概率销售模式下零售商利润函数可得 $\pi_r^{E/RS}$。

晚分配概率销售模式:将 d_A^L、d_B^L、d_G^L 代入 π_m、π_r,根据逆向归纳法,求解得到引理 2。

引理 2　当采用晚分配概率销售模式时,零售商占主导权下最优策略解为:

$$w^{L/RS} = \frac{2\phi^2 t - (5t + 6 - 2v)\phi + 3(t - v + 1)}{(2\phi - 17)\phi} , \quad p^{L/RS} = \frac{(2-t)\phi^2 - (t + v + 13)\phi + 2(t - v + 1)}{(2\phi - 17)\phi} ,$$

$$p_G^{L/RS} = \frac{(4 - 8t)\phi^2 + (6t - 8v - 6)\phi + 2(t - v + 1)}{(2\phi - 17)\phi}。\text{（与引理 1 证明过程类似,略）}$$

将上述最优策略解代入晚分配概率销售模式下零售商利润函数可得 $\pi_r^{L/RS}$。

（2）制造商占主导权情形

此情形下制造商先确定产品批发价格 w,零售商观察到其决策后,确定产品 A、B 的销售价格 p 及概率产品的销售价格 p_G,双方构成 Stackelberg 博弈。

早分配概率销售模式:根据逆向归纳法求解得到引理 3。

引理 3　当采用早分配概率销售模式时,制造商占主导权下最优策略解为:

$$w^{E/MS} = \frac{\phi t + 2\phi - t}{4\phi} , \quad p^{E/MS} = \frac{\phi t + 6\phi - t}{8\phi} , \quad p_G^{E/MS} = \frac{4\phi^2 t - 3\phi t + 6\phi - t}{8\phi}。$$

将上述最优策略解代入早分配概率销售模式下零售商利润函数可得 $\pi_r^{E/MS}$。

晚分配概率销售模式:根据逆向归纳法求解得到引理4。

引理4　当采用晚分配概率销售模式时,制造商占主导权下最优策略解为:

$$w^{L/MS} = \frac{(5t-2v+6)\phi - 2\phi^2 t - 3(t-v+1)}{8\phi}, \quad p^{L/MS} = \frac{(16-2t)\phi^2 - (7t+58+2v)\phi + 9(t-v+1)}{8\phi(2\phi-9)},$$

$$p_G^{L/MS} = \frac{4\phi^3 t + (20+4v-36t)\phi^2 + (23t-32v-28)\phi + 9(t-v+1)}{8\phi(2\phi-9)}。$$

将上述最优策略解代入晚分配概率销售模式下零售商利润函数可得 $\pi_r^{L/MS}$。

(3)制造商与零售商权力均衡情形

此情形下制造商确定产品批发价格 w,与此同时,零售商确定产品 A、B 的销售价格 p 及概率产品的销售价格 p_G,双方构成 Nash 博弈。

早分配概率销售模式:利用函数极值方法求解,得到引理5。

引理5　当采用早分配概率销售模式时,权力均衡下最优策略解为:$w^{E/NS} = \dfrac{\phi t + 2\phi - t}{6\phi}$,$p^{E/NS} = \dfrac{\phi t + 8\phi - t}{12\phi}$,$p_G^{E/NS} = \dfrac{6\phi^2 t + (8-5t)\phi - t}{12\phi}$。

将上述最优策略解代入早分配概率销售模式下零售商利润函数可得 $\pi_r^{E/NS}$。

晚分配概率销售模式:利用函数极值方法求解,得到引理6。

引理6　当采用晚分配概率销售模式时,权力均衡下最优策略解为:$w^{L/NS} = \dfrac{2\phi^2 t - (5t-2v+6)\phi + 3(t-v+1)}{\phi(2\phi-13)}$,$p^{L/NS} = \dfrac{(2-t)\phi^2 - (9+v)\phi + t - v + 1}{\phi(2\phi-13)}$,$p_G^{L/NS}$

$$= \frac{(4-6t)\phi^2 + (5t-6v-4)\phi + t - v + 1}{\phi(2\phi-13)}。$$

将上述最优策略解代入晚分配概率销售模式下零售商利润函数可得 $\pi_r^{L/NS}$。

4.3.4　比较分析

首先,针对两种概率销售模式,比较三种不同权力结构下制造商、零售商的定价决策,得到命题 1、2。

命题1　当采用早分配概率销售模式时,存在 $w^{E/MS} > w^{E/NS} > w^{E/RS}$;当采用晚分配概率销售模式时,存在 $w^{L/MS} > w^{L/NS} > w^{L/RS}$。(证明见附录)

命题2　当采用早分配概率销售模式时,存在 $p^{E/MS} = p^{E/RS} > p^{E/NS}$,$p_G^{E/MS} = p_G^{E/RS} > p_G^{E/NS}$;当采用晚分配概率销售模式时,存在 $p^{L/RS} > p^{L/MS} > p^{L/NS}$,$p_G^{L/RS} > p_G^{L/MS}$

$> p_G^{L/NS}$。（与命题 1 证明过程类似，略）

命题 1 表明，两种概率销售模式下制造商占主导权情形批发价格最高，权力均衡情形次之，零售商占主导权情形最低。这主要是因为不同权力结构下制造商在供应链中地位不同，对供应链掌控能力不一样，当其占据主导权时，能主导与零售商的谈判，制定更高的产品批发价格，并从中获利；在权力均衡和零售商占主导权两种情形下，制造商地位下降，与零售商谈判能力变弱，批发价格相应也会更低。

命题 2 表明，当采用早分配概率销售时，从销售价格来看，制造商、零售商占主导权两种情形相等，大于权力均衡情形。这是因为在制造商占主导权或零售商占主导权下，均是一方占主导地位，占主导一方会利用其地位攫取更多利润，由于两种情形运营环境相似，其销售价格相同；权力均衡下双方势均力敌，无法主导供应链，竞争更加激烈，零售商会制定更低的产品销售价格来抢占市场，获取更多利润。晚分配与早分配概率销售所得结论稍不同，主要在于零售商占主导权下销售价格高于制造商占主导权情形。晚分配概率销售在后期开展，是为了处理产品库存。相比较制造商，零售商更接近消费者，自身占主导权下对库存处理能力更强，因此概率产品销售价格更高。由于产品之间的竞争性，产品 A、B 的销售价格相应也更高。

其次，对同一权力结构下制造商、零售商定价决策进行比较，得到命题 3、4。

命题 3　在零售商占主导权下，存在 $v_1 = \dfrac{16\phi^2 - 28\phi + 9}{14\phi^2 - 27\phi + 9}$，当 $v > v_1$ 时，$w^{E/RS}$ $< w^{L/RS}$；当 $v < v_1$ 时，$w^{E/RS} > w^{L/RS}$。在制造商占主导权下，存在 $v_2 = \dfrac{20\phi^2 + 9 - 4\phi^3 - 29\phi}{14\phi^2 - 27\phi + 9}$，当 $v > v_2$ 时，$w^{E/MS} < w^{L/MS}$；当 $v < v_2$ 时，$w^{E/MS} > w^{L/MS}$。在权力均衡下，存在 $v_3 = \dfrac{12\phi^2 - 20\phi + 6}{10\phi^2 - 19\phi + 6}$，当 $v > v_3$ 时，$w^{E/NS} < w^{L/NS}$；当 $v < v_3$ 时，$w^{E/NS}$ $> w^{L/NS}$。（证明见附录）

命题 4　零售商占主导权情形：（1）存在 $v_4 = \dfrac{2\phi^3 - \phi^2 + 29\phi - 12}{14\phi^2 + 22\phi - 12}$，当 $v < v_4$ 时，$p^{E/RS} > p^{L/RS}$；当 $v > v_4$ 时，$p^{E/RS} < p^{L/RS}$。（2）$p_G^{E/RS} > p_G^{L/RS}$。制造商占主导权情形：（1）存在 $v_5 = \dfrac{20\phi^3 - 32\phi^2 + 75\phi - 27}{14\phi^2 + 57\phi - 27}$，当 $v < v_5$ 时，$p^{E/MS} > p^{L/MS}$；当 $v > v_5$ 时，

$p^{E/MS} < p^{L/MS}$。(2)$p_G^{E/MS} > p_G^{L/MS}$。权力均衡情形:(1)存在 $v_6 = \dfrac{2\phi^3 - \phi^2 + 11\phi - 4}{10\phi^2 + 6\phi - 4}$,当 $v < v_6$ 时,$p^{E/NS} > p^{L/NS}$;当 $v > v_6$ 时,则 $p^{E/NS} < p^{L/NS}$。(2)$p_G^{E/NS} > p_G^{L/NS}$。(与命题 3 证明过程类似,略)

命题 3、4 表明,对于同一权力结构,当销售后期产品价值高于某一临界值时,晚分配概率销售下批发价格和产品 A、B 的销售价格更高;当低于该临界值时,早分配概率销售价格更高,而概率产品的销售价格,早分配概率销售高于晚分配概率销售。上述现象是综合影响的结果:一是晚分配概率销售在后期开展,产品价值会有一定程度的下降,与早分配概率销售相比,晚分配概率销售下概率产品的销售价格更低,且由于产品之间的竞争性,产品 A、B 的销售价格也更低;二是晚分配概率销售是在后期组合的概率产品,与产品 A、B 竞争程度低于早分配概率销售,出于该原因,晚分配概率销售下产品 A、B 的销售价格、概率产品的销售价格更高。

最后,比较同一权力结构下零售商实施概率销售的利润水平,得到命题 5。

命题 5 在三种不同权力结构下,对于任意给定的 ϕ 及 t,有如下结果:

(1)存在 $v^{RS} = \dfrac{(8 - 24t)\phi^2 + (32t + 12)\phi - 8(t+1) + \sqrt{2(\phi-1)(2\phi-17)(3\phi t - 2\phi - t)^2}}{24\phi - 8}$,当 $v > v^{RS}$时,$\pi^{E/RS} < \pi^{L/RS}$;当 $v < v^{RS}$时,$\pi^{E/RS} > \pi^{L/RS}$。

(2)存在 $v^{MS} = \dfrac{24\phi^3 t - 158\phi^2 t - 4\phi^2 + 158\phi t + 131\phi - 53t - 53 + \sqrt{L_1 t^2 + L_2 t + L_3}}{136\phi - 24\phi^2 - 54}$,当 $v > v^{MS}$ 时,$\pi^{E/MS} < \pi^{L/MS}$;当 $v < v^{MS}$ 时,$\pi^{E/MS} > \pi^{L/MS}$。其中:$L_1 = 1458 - 8856\phi^5 + 18186\phi^2 - 14348\phi^3 + 3896\phi^4 - 250\phi$,$L_2 = 192\phi^5 - 2144\phi^4 + 7280\phi^3 - 7272\phi^2 + 1944\phi$,$L_3 = 192\phi^5 - 928\phi^4 + 208\phi^3 + 360\phi^2$。

(3)存在 $v^{NS} = \dfrac{M_4 + \sqrt{(2\phi - 13)^2 (M_1 t^2 + M_2 t + M_3)}}{396\phi - 72\phi^2 - 132}$,当 $v > v^{NS}$ 时,$\pi^{E/NS} < \pi^{L/NS}$;当 $v < v^{NS}$ 时,$\pi^{E/NS} > \pi^{L/NS}$。其中:$M_1 = 84\phi^4 - 576\phi^3 + 811\phi^2 - 374\phi + 55$,$M_2 = -96\phi^4 + 624\phi^3 - 704\phi^2 + 176\phi$,$M_3 = 48\phi^4 - 192\phi^3 + 148\phi^2$,$M_4 = (72t - 24)\phi^3 - (468t - 72)\phi^2 + (528t + 234)\phi - 132(t+1)$。(证明见附录)

命题 5 表明,在三种不同权力结构下,对于任意给定的概率产品组合比例及消费者不完全匹配敏感度,零售商在选择概率销售模式时面临一条分界线。

该分界线表示零售商选择早分配与晚分配概率销售无差异,在分界线以下零售商偏向于选择早分配概率销售,在分界线以上零售商偏向于选择晚分配概率销售。

4.3.5　算例分析

结合前面约束条件 C_2 和 C_3,同时参考 Netessine[114] 在概率销售和模糊销售中的常用设定,令 $t \in [1.06, 1.2]$。图上符号说明:E/RS、E/MS、E/NS 分别表示早分配概率销售下零售商占主导权、制造商占主导权、权力均衡三种情形,L/RS、L/MS、L/NS 分别表示晚分配概率销售下零售商占主导权、制造商占主导权、权力均衡三种情形。

首先,分析不完全匹配敏感度变化对定价的影响。计算可得,当 $\phi = 0.75$ 时,$v_1 = 0.89$,$v_2 = 0.94$,$v_3 = 0.86$,$v_4 = 0.81$,$v_5 = 0.83$,$v_6 = 0.74$;结合命题3、4,考虑 v 高于和低于临界值两种情形,v 分别取 0.7 和 0.95,结果见图 4-22—图 4-24。

图 4-22—图 4-24 表明,消费者不完全匹配敏感度越高,批发价格、销售价格就越低。其原因为:消费者不完全匹配敏感度越高,其购买产品的预期价值受其影响就越大,购买产品获得的预期价值就越低,制造商和零售商定价就越低。对于不同权力结构下批发价格的比较,两概率销售模式下制造商占主导权

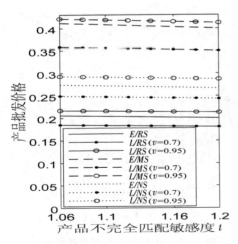

图 4-22　t 对批发价格的影响

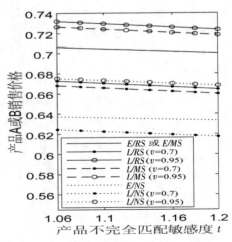

图 4-23　t 对产品 A、B 售价的影响

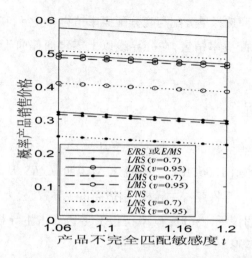

图 4 – 24　t 对概率产品售价的影响

情形最高,权力均衡情形次之,零售商占主导权情形最低;而当销售后期产品价值较低时,早分配概率销售的批发价格高于晚分配概率销售的批发价格,验证了命题 1、命题 3 的正确性。对于产品 A、B 及概率产品的销售价格,所得结论与命题 2、命题 4 具有一致性。

其次,分析概率产品组合比例对定价的影响,令 $v = 0.85$,$t = 1.14$,见图 4 – 25—图 4 – 27。

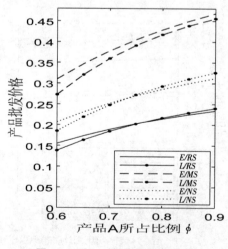

图 4 – 25　ϕ 对批发价格的影响

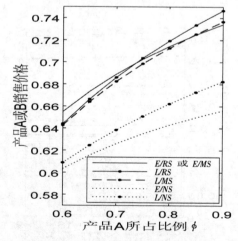

图 4 – 26　ϕ 对产品 A、B 售价的影响

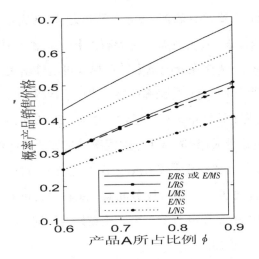

图 4 - 27 ϕ 对概率产品售价的影响

对图中同一权力结构下曲线相交或不相交进行说明:随 ϕ 变化,由命题 3、4 可知,临界值 v_1 到 v_6 发生了变化;算例分析时令 $v = 0.85$,相交说明随 ϕ 变化,v 取 0.85 出现了高于和低于临界值两种情形,不相交说明只出现了高于或低于其中一种情形。图 4 - 25—图 4 - 27 表明,随着产品 A 所占比例增加,批发价格、销售价格均上涨。主要原因是:ϕ 值越大,概率产品中产品 A 和 B 分配比例差距就越大,消费者购买概率产品时得到产品 A 或 B 的确定性增加,消费者购买欲望会增强,概率产品销售价格会上涨,批发价格及产品 A、B 销售价格相应也会上涨。

最后,分析 t、ϕ 变化对零售商概率销售模式选择的影响,见图 4 - 28—图 4 - 29。

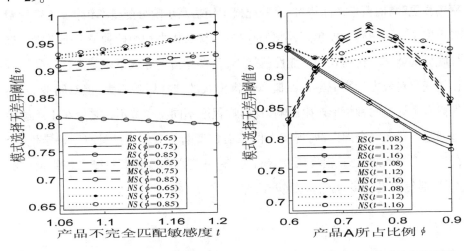

图 4 - 28 t 对概率销售模式选择的影响　　图 4 - 29 ϕ 对概率销售模式选择的影响

图 4 - 28 表明,消费者不完全匹配敏感程度越高,从无差异阈值变化来看,零售商占主导权情形变小,制造商占主导权及权力均衡两种情形变大。这表明,零售商占主导权下选择晚分配概率销售模式可能性增大,制造商占主导权及权力均衡两种情形选择晚分配概率销售模式可能性减小,且当 ϕ 取不同值时所得结论相近,表明上述结论具有一般性。图 4 - 29 表明,零售商占主导权下两产品组合比例差距越大,其选择晚分配概率销售模式可能性就越大;制造商占主导权下两产品组合比例差距较大或较小时,选择晚分配概率销售模式可能性更大,组合比例差距居中时,选择晚分配概率销售模式可能性更小;权力均衡下选择何种概率销售模式受其影响不大。比较发现不同 t 值下所得结论相近,说明上述结论具有一般性。

4.3.6　本节小结

基于三种权力结构,本节围绕概率产品分配时机,探讨零售商概率销售模式的选择问题。主要结论为:(1)对于两概率销售模式,制造商在不同权力结构下批发价格应不同,且其对供应链主导性越强,批发价格就越高;零售商销售价格除了早分配概率销售下制造商、零售商占主导权两种情形相同外,其他情形应不同,自身占主导权情形最高,权力均衡情形最低。(2)对于同一权力结构,当销售后期产品价值高于某一临界值时,晚分配概率销售下批发价格、正价产品(产品 A 或 B)销售价格高于早分配概率销售;当低于该临界值时,早分配概率销售更高,而概率产品售价,早分配概率销售高于晚分配概率销售。(3)消费者不完全匹配敏感程度越高,制造商占主导权及权力均衡两种情形下零售商选择晚分配概率销售模式的可能性就越小,其自身占主导权下就越大。产品组合比例变化对权力均衡下零售商概率销售模式的选择影响不大,但对制造商、零售商占主导权两种情形产生影响,且影响程度不同。本节不足之处在于所建模型假定消费者完全理性,而现实中由于消费者购买概率产品具有不确定性,会存在一定的预期后悔、损失厌恶等行为,有可能影响零售商对概率销售模式的选择,后续将进一步对该问题展开研究。

附录

引理 1 证明： 对 π_m 关于 w 求一阶、二阶导数，由于 $\dfrac{\partial^2 \pi_m}{\partial w^2} = \dfrac{4\phi}{(1-2\phi)t} < 0$，令

$\dfrac{\partial \pi_m}{\partial w} = 0$，求解得 $w^{E/RS} = \dfrac{(t + 2 - 2m)\phi + m - m_G - t}{4\phi}$。代入 π_r，对其关于 m、m_G 求

一阶、二阶导数，得到 Hessian 矩阵 $H(m, m_G) = \dfrac{2}{(2\phi - 1)(1 - \phi)t^2} > 0$，Hessian

矩阵为负定，且 $\dfrac{\partial^2 \pi_r}{\partial m^2} < 0$，可知 $\pi_r(m, m_G)$ 有极大值。联立 $\dfrac{\partial \pi_r}{\partial m} = 0$ 和 $\dfrac{\partial \pi_r}{\partial m_G} = 0$，求

解得 $m^{E/RS} = \dfrac{1}{2}$，$m_G^{E/RS} = \dfrac{\phi t - t + 1}{2}$。将 $m^{E/RS}$、$m_G^{E/RS}$ 代入 $w^{E/RS}$ 中可得 $w^{E/RS} =$

$\dfrac{\phi t + 2\phi - t}{8\phi}$，进一步求解得 p 和 p_G 策略解为 $p^{E/RS} = \dfrac{\phi t + 6\phi - t}{8\phi}$，$p_G^{E/RS} =$

$\dfrac{4\phi^2 t + (6 - 3t)\phi - t}{8\phi}$。证毕。

命题 1 证明： 当采用早分配概率销售时，求解得：$w^{E/MS} - w^{E/RS} = \dfrac{\phi t + 2\phi - t}{8\phi}$，

$w^{E/RS} - w^{E/NS} = -\dfrac{\phi t + 2\phi - t}{24\phi}$，$w^{E/MS} - w^{E/NS} = \dfrac{\phi t + 2\phi - t}{12\phi}$。结合第四部分 $w^{E/RS}$ 的表

达式可知，要保证 $w^{E/RS} > 0$，需满足条件 $\phi t + 2\phi - t > 0$，综合可得 $w^{E/MS} > w^{E/NS} >$

$w^{E/RS}$。当采用晚分配概率销售时，同理求解可得 $w^{L/MS} > w^{L/NS} > w^{L/RS}$。证毕。

命题 3 证明： $w^{L/RS} - w^{E/RS} = \dfrac{(14\phi^2 - 21\phi + 7)t - 4\phi^2 - 14\phi + 16v\phi - 24v + 24}{8\phi(2\phi - 17)}$，

从上式可知，当 $(14\phi^2 - 21\phi + 7)t - 4\phi^2 - 14\phi + 16v\phi - 24v + 24 < 0$ 时，$w^{E/RS} <$

$w^{L/RS}$。由于 $14\phi^2 - 21\phi + 7 < 0$，求解得 $t > \dfrac{2(2\phi^2 - 8v\phi + 7\phi + 12v - 12)}{14\phi^2 - 21\phi + 7}$（右边表

达式记为 t_1）。同理可知，当 $t < t_1$ 时，$w^{L/RS} < w^{E/RS}$。由于零售商占主导权下 t 应

满足条件 $t^{RS} > \dfrac{2\phi}{7\phi - 3}$（由条件 C_2 和 C_3 推导容易得到），将 t_1 与 $\dfrac{2\phi}{7\phi - 3}$ 大小进行

比较，$\dfrac{2\phi}{7\phi - 3} - t_1 = \dfrac{8[(14\phi^2 - 27\phi + 9)v - 16\phi^2 + 28\phi - 9]}{7(7\phi - 3)(2\phi - 1)(\phi - 1)}$。由于 $14\phi^2 - 27\phi + 9$

< 0，求解得临界点 $v_1 = \dfrac{16\phi^2 - 28\phi + 9}{14\phi^2 - 27\phi + 9}$。可知存在两种情形：（1）当 $v > v_1$ 时，

$\dfrac{2\phi}{7\phi-3}>t_1$,此时 $t>t_1$ 恒成立,即存在 $w^{E/RS}<w^{L/RS}$;(2)当 $v<v_1$ 时,$\dfrac{2\phi}{7\phi-3}<t_1$,若 $\dfrac{2\phi}{7\phi-3}<t<t_1$,则 $w^{E/RS}>w^{L/RS}$,若 $t_1<t$,则 $w^{E/RS}<w^{L/RS}$。

对于情形1,t 只需满足基本条件($t^{RS}>\dfrac{2\phi}{7\phi-3}$),其结论就成立。情形2中存在两个结论,其中一个结论,即 t 需满足条件 $\dfrac{2\phi}{7\phi-3}<t_1<t$。而该结论能否成立,取决于 t 值能否大于 t_1。从 $p_G^{L/RS}$ 表达式来看,要满足 $p_G^{L/RS}>0$,t 需满足条件 $t<\dfrac{2\phi^2-4\phi v-3\phi-v+1}{4\phi^2-3\phi-1}$(右边表达式记为 t_2)。用 t_1 减去 t_2 可得:$H=t_1-t_2=\dfrac{(8\phi^2-66\phi-17)v+12\phi^3-116\phi^2+117\phi+17}{(4\phi^2-3\phi-1)(7-14\phi)}$。对函数 H 关于 v 求一阶导数,容易得到 $\dfrac{\partial H}{\partial v}<0$,所以函数 H 是关于 v 的减函数。因此在 $v<v_1$ 条件下,$H(v)>H(v_1)=\dfrac{(3\phi-4)(2\phi-17)(2\phi-1)^2\phi}{(14\phi^2-27\phi+9)(4\phi^2-3\phi-1)(2\phi-1)}>0$,由此可知 $t_1>t_2$,也就是说,t 的取值会小于 t_1。因此,当 $v<v_1$ 时,仅能得到结论 $w^{E/RS}>w^{L/RS}$。对 $w^{E/MS}$ 与 $w^{L/MS}$、$w^{E/NS}$ 与 $w^{L/NS}$ 大小的比较,证明过程类似,略。

命题5证明:令 $\Delta\pi^{RS}=\pi^{L/RS}-\pi^{E/RS}=\dfrac{(96\phi-32)v^2+K_1v+K_2+K_3}{16\phi(2\phi-1)(17-2\phi)t}$,其中:$K_1=(192t-64)\phi^2-(256t-96)\phi+64(t+1)$,$K_2=(90t^2-56t+8)\phi^3-(165t^2+108t-60)\phi^2$,$K_3=(90t^2+228t)\phi-15t^2-64t-32$。由于 $0.5<\phi<1,t>0$,上式分母大于0,所以 $\Delta\pi^{MS}$ 大于0或小于0取决于分子 $A_1=(96\phi-32)v^2+K_1v+K_2+K_3$ 的大小。令 $A_1=0$,上述方程是关于 v 的一元二次方程,由于 $\Delta=2(\phi-1)(2\phi-17)(3\phi t-2\phi-t)^2>0$,可知其有两个不相等实根,求解得 $v_1^{RS}=\dfrac{(8-24t)\phi^2+(32t+12)\phi-8(t+1)+\sqrt{K_4}}{24\phi-8}$,$v_2^{RS}=\dfrac{(8-24t)\phi^2+(32t+12)\phi-8(t+1)-\sqrt{K_4}}{24\phi-8}$。其中:$K_4=2(\phi-1)(2\phi-17)(3\phi t-2\phi-t)^2$。所得解 v_1^{RS}、v_2^{RS} 是 $\Delta\pi^{MS}$ 是否大于0的分界点,即零售商选择早与晚分配概率销售模式存在两个分界点。从现实情况来看,概率产品销售利润为正值时,零售商才会考虑实施晚分配概率销售,求解得 v 需满足条件 $v>\dfrac{(2-6t)\phi^2+(8t+3)\phi-2(t+1)}{6\phi-2}$(记不等式右边为 v_3^{RS}),

而 $v_2^{RS} < \dfrac{(8-24t)\phi^2 + (32t+12)\phi - 8(t+1)}{24\phi - 8} = v_3^{RS} < v_1^{RS}$，所以解 v_2^{RS} 不符合现实意义。由此可知，当满足 $v > v_1^{RS}$ 时，$A_1 > 0$，此时 $\Delta\pi^{RS} > 0$，即 $\pi^{E/RS} < \pi^{L/RS}$；当满足 $v < v_1^{RS}$ 时，$\pi^{E/RS} > \pi^{L/RS}$。对 $\pi^{E/MS}$ 与 $\pi^{L/MS}$、$\pi^{E/NS}$ 与 $\pi^{L/NS}$ 大小的比较，证明类似，略。

第五章　公平关切下供应链运营管理

5.1　情境1:考虑企业社会责任影响

近年来,人们的生活水平得到了不断的提高,人们在购买产品的过程中,不仅关注产品的质量和价格,同时也对产品背后的企业社会责任给予一定的关注,比如食品安全、员工劳动权益保障、企业的环境保护、企业的慈善捐赠等。基于此,学术界与企业界也对其进行一定的研究,但更多的是针对生产企业的社会责任问题,而对供应链下游零售企业的社会责任问题关注较少。从现实情况来看,零售商作为直接服务于消费者的企业,其是否履行社会责任将对其品牌和形象产生一定的影响。比如,2013年5月,沃尔玛在南宁市的一家超市爆出用过期鸡蛋制造蛋糕,同年12月,又爆出其销售的牛肉存在肉质问题,经有关部门检测,竟发现是狐狸肉。上述事件发生以后,虽然沃尔玛高层宣布投入1亿元强化食品安全管理,但在很长时间内沃尔玛的食品安全饱受质疑,其品牌与形象也受到损害,进而影响其产品的销售。

已有研究虽对社会责任环境下两零售商的竞争问题进行了一定的研究,但其主要是针对零售商完全理性的假设情形,并未考虑到公平关切等行为因素所带来的影响。鉴于此,本部分通过引入公平关切行为因素,侧重于分析公平关切对零售商履行企业社会责任及两零售商竞争的影响,同时对选择履行社会责任的零售商公平关切及选择不履行社会责任的零售商公平关切两种情形做比较分析,从而为此背景下零售商的竞争提供决策参考。

5.1.1　问题描述与模型假设

在考虑公平关切的基础上,构建了两零售商之间的竞争博弈模型,且其中零售商1选择履行企业社会责任(corporate social responsibility,CSR),不妨记为CSR零售商,零售商2选择不履行企业社会责任,不妨记为NCSR零售商。在企业运营过程中,假定制造商生产某种产品A,并通过CSR零售商与NCSR零售商进行销售,而对于上述两零售商而言,会根据各自的市场需求情况向制造商订购一定量的产品,并以一定的产品价格销售给最终顾客,且由于其处于同一市场,相互之间存在一定程度的竞争。为了进一步对上述问题展开分析,特作如下假设:

(1)由于本部分侧重于分析公平关切给两零售商竞争所带来的影响,所以,假定两零售商在运营规模、运营效率等方面都非常接近,且相互之间实现了信息完全共享。

(2)假定 CSR 零售商的产品销售价格为 p_1,履行的社会责任水平为 r,其履行社会责任所承担的成本记为 $C(r)$。与已有文献一样,不妨令 $C(r) = \frac{1}{2}\eta r^2$,$\eta$ > 0,η 为社会责任成本系数,η 越大,表明 CSR 零售商履行社会责任的行为效率就越低,且从现实来看,企业履行社会责任方式的不同,其行为效率会有所不同,比如企业通过慈善捐赠方式履行社会责任的效率往往会高于企业通过节能减排方式。假定 NCSR 零售商的产品销售价格为 p_2。

(3)假定单位产品给顾客所带来的基础效用为 $\bar{u}$,且从现实情况来看,随着顾客对企业履行社会责任认可程度的增加,顾客更加倾向于购买 CSR 零售商的产品。假定顾客购买 CSR 零售商产品带来的额外效用为 u_e,u_e 是关于 r 的函数,记为 $u_e(r)$,相应的效用函数为 $u_e(r) = \theta r,\theta > 0,\theta$ 为顾客对企业履行社会责任的平均认可度。

(4)假定 CSR 零售商及 NCSR 零售商位于市场的两个不同位置,不失一般性,令其分别位于区间[0,1]坐标轴上的 0 点及 1 点,同时假定顾客位于坐标轴上的 X 点,且均匀地分布在该坐标轴上。

(5)从顾客的购买行为来看,顾客在对两零售商进行购买选择时,其选择的依据是其购买产品所带来的净效用的高低。假定顾客选择购买 CSR 零售商产品所获得的净效用为 $u_1 = \bar{u} + \theta r - p_1 - tX$,顾客选择购买 NCSR 零售商的产品所获得的净效用为 $u_2 = \bar{u} - p_2 - t(1 - X)$,$t > 0$,$t$ 为单位距离的运输成本。当 $u_1 > u_2$ 时,顾客选择购买 CSR 零售商产品;当 $u_1 < u_2$ 时,顾客选择购买 NCSR 零售商产品。而顾客选择购买 CSR 零售商与 NCSR 零售商的产品无差异条件为 $u_1 = u_2$,即 $X^* = \frac{\theta r - p_1 + p_2 + t}{2t}$,且 X^* 满足条件 $0 < X^* < 1$。由上述可知,CSR 零售商及 NCSR 零售商顾客分布情况如图 5-1 所示。

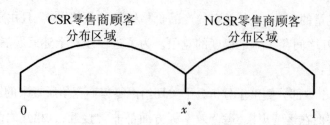

图 5 - 1　两零售商顾客分布情况

(6)假定市场容量为 1,CSR 零售商产品市场需求量为 q_1,NCSR 零售商产品市场需求量为 $q_2 = 1 - q_1$。

其他相关符号说明:CSR 零售商利润记为 π_1,NCSR 零售商利润记为 π_2,CSR 零售商公平关切下的效用记为 $U(\pi_1)$,NCSR 零售商公平关切下的效用记为 $U(\pi_2)$;上标 CF 为 CSR 零售商公平关切情形,上标 NCF 为 NCSR 零售商公平关切情形,上标 SCF 为 CSR 零售商与 NCSR 零售商同时具有公平关切情形。

由上述假设可知,CSR 零售商和 NCSR 零售商的产品需求量分别为:

$$q_1 = \int_0^{\frac{\theta r - p_1 + p_2 + t}{2t}} d\rho = \frac{\theta r - p_1 + p_2 + t}{2t} \tag{5-1}$$

$$q_2 = 1 - q_1 = \frac{t - \theta r + p_1 - p_2}{2t} \tag{5-2}$$

CSR 零售商和 NCSR 零售商的利润分别为:

$$\pi_1 = \frac{p_1(\theta r - p_1 + p_2 + t)}{2t} - \frac{1}{2}\eta r^2 \tag{5-3}$$

$$\pi_2 = \frac{p_2(t - \theta r + p_1 - p_2)}{2t} \tag{5-4}$$

考虑到零售商的公平关切行为特征,假定公平关切下零售商的效用为:

$$U(\pi_i) = \pi_i - \lambda(\pi_j - \pi_i) \tag{5-5}$$

其中:$i,j = 1,2,i \neq j,\lambda \geq 0,\lambda$ 为公平关切系数;当 $\lambda = 0$ 时,表明零售商为公平中性,且 λ 越大,表明零售商公平关切程度越高。

5.1.2　模型构建与分析

由于本部分假定 CSR 零售商与 NCSR 零售商在运营规模及运营效率等方面较为接近,所以两零售商在竞争中势均力敌,双方构成 Nash 博弈,其决策过程为:CSR 零售商确定产品销售价格 p_1 及所履行的企业责任水平 r,与此同时,

NCSR 零售商确定产品销售价格 p_2。接下来将对 CSR 零售商公平关切和 NCSR 零售商公平关切两种情形展开探讨,同时进行比较分析。

（1）CSR 零售商公平关切情形

当 CSR 零售商具有公平关切行为时,假定其公平关切系数记为 λ_1,由式（5-5）可得其公平关切下的效用为:

$$U(\pi_1) = (\lambda_1 + 1)\left[\frac{p_1(\theta r - p_1 + p_2 + t)}{2t} - \frac{1}{2}\eta r^2\right] - \frac{\lambda_1 p_2(t - \theta r + p_1 - p_2)}{2t}$$

$$(5-6)$$

接下来对 CSR 零售商公平关切情形下两零售商的决策行为展开研究,由此得到如下命题1:

命题1 在 CSR 零售商公平关切情形下,当满足条件 $0 < \theta < 2\sqrt{t\eta}$ 时,函数 $U(\pi_1)$ 的海塞矩阵为负定,其为严格凹函数,存在唯一最优产品销售价格 p_1^{CF} 和社会责任水平 r^{CF},使得 CSR 零售商效用达到最大。

证明 对式（5-6）分别关于 p_1、r 求一阶导数可得:$\dfrac{\partial U(\pi_1)}{\partial p_1} = \dfrac{-2(\lambda_1 + 1)p_1 + p_2 + (\lambda_1 + 1)\theta r + (\lambda_1 + 1)t}{2t}$,$\dfrac{\partial U(\pi_1)}{\partial r} = \dfrac{(\lambda_1 + 1)\theta p_1 + \lambda_1 \theta p_2 - 2(\lambda_1 + 1)t\eta r}{2t}$。

令 $A = \dfrac{\partial^2 U(\pi_1)}{\partial p_1^2} = -\dfrac{\lambda_1 + 1}{t}$,$B = \dfrac{\partial^2 U(\pi_1)}{\partial p_1 \partial r} = \dfrac{(\lambda_1 + 1)\theta}{2t}$,$C = \dfrac{\partial^2 U(\pi_1)}{\partial r^2} = -(\lambda_1 + 1)\eta$,由上述可知:$A < 0$,$AC - B^2 = \dfrac{(\lambda_1 + 1)^2(4t\eta - \theta^2)}{4t^2}$。很明显可以看出,当满足条件 $0 < \theta < 2\sqrt{t\eta}$ 时,存在 $AC - B^2 > 0$,此时函数 $U(\pi_1)$ 的海塞矩阵 $\begin{bmatrix} A & B \\ B & C \end{bmatrix}$ 为负定,其为严格凹函数,存在唯一最优产品销售价格 p_1^{CF} 和社会责任水平 r^{CF},使得 CSR 零售商效用达到最大化。证毕。

综上,CSR 零售商公平关切情形下 CSR 零售商的最优产品销售价格 p_1^{CF} 及社会责任水平 r^{CF} 分别满足下列等式:

$$-2(\lambda_1 + 1)p_1 + p_2 + (\lambda_1 + 1)\theta r + (\lambda_1 + 1)t = 0 \tag{5-7}$$

$$(\lambda_1 + 1)\theta p_1 + \lambda_1 \theta p_2 - 2(\lambda_1 + 1)t\eta r = 0 \tag{5-8}$$

对式（5-4）关于 p_2 求一阶、二阶导数可得:$\dfrac{\partial \pi_1}{\partial p_2} = \dfrac{p_1 - 2p_2 - \theta r + t}{2t}$,$\dfrac{\partial^2 \pi_1}{\partial p_2^2} = $

$-\dfrac{1}{t}$。由于 $t > 0$，所以存在 $\dfrac{\partial^2 \pi_1}{\partial p_2^2} < 0$，令 $\dfrac{\partial \pi_1}{\partial p_2} = 0$，求解可得 CSR 零售商公平关切情形下 CSR 零售商的最优产品销售价格满足下列等式：

$$-2p_2 + p_1 - \theta r + t = 0 \tag{5-9}$$

将式(5-7)、式(5-8)、式(5-9)联立，求解可得 CSR 零售商公平关切情形下两零售商的最优策略解为：

$$p_1^{CF} = \dfrac{(4\lambda_1 + 6)t^2\eta + 2\lambda_1 t\theta^2}{2(3 + 4\lambda_1)t\eta - (\lambda_1 + 1)\theta^2} \tag{5-10}$$

$$r^{CF} = \dfrac{(5\lambda_1 + 3)\theta t}{2(3 + 4\lambda_1)t\eta - (\lambda_1 + 1)\theta^2} \tag{5-11}$$

$$p_2^{CF} = \dfrac{6(\lambda_1 + 1)t^2\eta - 2(\lambda_1 + 1)t\theta^2}{2(3 + 4\lambda_1)t\eta - (\lambda_1 + 1)\theta^2} \tag{5-12}$$

将 p_1^{CF}、r^{CF}、p_2^{CF} 代入式(5-6)、式(5-4)，求解可得 CSR 零售商公平关切情形下 CSR 零售商的效用和 NCSR 零售商的利润。

(2) NCSR 零售商公平关切情形

当 NCSR 零售商具有公平关切行为时，假定其公平关切系数记为 λ_2，由式(5-5)可得其公平关切下的效用为：

$$U(\pi_2) = \dfrac{(\lambda_2 + 1)p_2(t - \theta r + p_1 - p_2)}{2t} - \lambda_2 \Big[\dfrac{p_1(\theta r - p_1 + p_2 + t)}{2t} - \dfrac{1}{2}\eta r^2\Big] \tag{5-13}$$

由于该情形下 CSR 零售商最优决策的求解过程与 CSR 零售商公平关切情形相似，在此不再进行赘述，且通过求解可以看出，当满足条件 $0 < \theta < 2\sqrt{t\eta}$ 时，NCSR 零售商的利润函数 π_1 的海塞矩阵为负定，其为严格凹函数，存在唯一最优产品销售价格 p_1^{NCF} 和社会责任水平 r^{NCF}，使得 NCSR 零售商利润达到最大化。此情形下 NCSR 零售商的最优产品销售价格 p_1^{NCF} 及社会责任水平 r^{NCF} 分别满足下列等式：

$$-2p_1 + p_2 + \theta r + t = 0 \tag{5-14}$$

$$\theta p_1 - 2t\eta r = 0 \tag{5-15}$$

对式 (5-13) 关于 p_2 求一阶、二阶导数可得：$\dfrac{\partial U(\pi_2)}{\partial p_2} = \dfrac{p_1 - 2(\lambda_2 + 1)p_2 - (\lambda_2 + 1)\theta r + (\lambda_2 + 1)t}{2t}$，$\dfrac{\partial^2 U(\pi_2)}{\partial p_2^2} = -\dfrac{\lambda_2 + 1}{t}$。由上式很明显

可知 $\dfrac{\partial^2 U(\pi_2)}{\partial p_2^2} < 0$，令 $\dfrac{\partial U(\pi_2)}{\partial p_2} = 0$，求解可得 NCSR 零售商公平关切情形下 NCSR 零售商的最优产品销售价格满足下列等式：

$$p_1 - 2(\lambda_2 + 1)p_2 - (\lambda_2 + 1)\theta r + (\lambda_2 + 1)t = 0 \qquad (5-16)$$

将式(5 - 14)、式(5 - 15)、式(5 - 16)联立，求解可得 NCSR 零售商公平关切情形下两零售商的最优策略解为：

$$p_1^{NCF} = \frac{6(\lambda_2 + 1)t^2\eta}{2(3 + 4\lambda_2)t\eta - (\lambda_2 + 1)\theta^2} \qquad (5-17)$$

$$r^{NCF} = \frac{3(\lambda_2 + 1)\theta t}{2(3 + 4\lambda_2)t\eta - (\lambda_2 + 1)\theta^2} \qquad (5-18)$$

$$p_2^{NCF} = \frac{(4\lambda_2 + 6)t^2\eta - 2(\lambda_2 + 1)t\theta^2}{2(3 + 4\lambda_2)t\eta - (\lambda_2 + 1)\theta^2} \qquad (5-19)$$

将 p_1^{NCF}、r^{NCF}、p_2^{NCF} 代入式(5 - 3)、式(5 - 13)，求解可得 NCSR 零售商公平关切情形下 CSR 零售商的利润和 NCSR 零售商的效用。

(3)CSR 零售商与 NCSR 零售商同时公平关切情形

当 CSR 零售商与 NCSR 零售商同时公平关切时，从两零售商最优决策的求解过程来看，CSR 零售商决策的求解过程与 CSR 零售商公平关切情形相同，NCSR 零售商决策的求解过程与 NCSR 零售商公平关切情形相似，在此不再进行赘述。

通过求解可得 CSR 零售商与 NCSR 零售商同时公平关切情形下两零售商的最优策略解为：

$$p_1^{SCF} = \frac{(4\lambda_1\lambda_2 + 4\lambda_1 + 6\lambda_2 + 6)t^2\eta + (2\lambda_1\lambda_2 + 2\lambda_1)t\theta^2}{(8\lambda_1\lambda_2 + 8\lambda_1 + 8\lambda_2 + 6)t\eta - (\lambda_1 + \lambda_2 + 1)\theta^2} \qquad (5-20)$$

$$r^{SCF} = \frac{(4\lambda_1\lambda_2 + 3\lambda_2 + 5\lambda_1 + 3)\theta t}{(8\lambda_1\lambda_2 + 8\lambda_1 + 8\lambda_2 + 6)t\eta - (\lambda_1 + \lambda_2 + 1)\theta^2} \qquad (5-21)$$

$$p_2^{SCF} = \frac{(\lambda_1 + 1)(4\lambda_2 + 6)t^2\eta - 2(\lambda_1 + 1)(\lambda_2 + 1)t\theta^2}{(8\lambda_1\lambda_2 + 8\lambda_1 + 8\lambda_2 + 6)t\eta - (\lambda_1 + \lambda_2 + 1)\theta^2} \qquad (5-22)$$

将 p_1^{SCF}、r^{SCF}、p_2^{SCF} 代入式(5 - 6)、式(5 - 10)，求解可得 CSR 零售商与 NCSR 零售商同时公平关切情形下 CSR 零售商和 NCSR 零售商的效用。

考虑到模型较为复杂，很难通过数理分析方法对三种不同公平关切情形下两零售商的竞争行为进行比较，因此，将在算例中对其展开研究。

5.1.3 算例分析

为了直观地反映公平关切背景下 CSR 零售商与 NCSR 零售商的竞争问题,有必要对其进行进一步的仿真分析。仿真部分的内容主要是分析零售商公平关切系数 λ、零售商履行社会责任的平均认可度 θ 及社会责任成本系数 η 等参数变化对三种不同公平关切情形下两零售商竞争的影响,同时做比较分析。

在进行仿真分析之前,先对 η、θ、t 等参数之间的关系进行相关界定。从前述部分分析可知,为了保证模型求解结果有意义,需要满足下列条件:(1)p_1^{CF}、r^{CF},p_2^{CF},p_1^{NCF},r^{NCF},p_2^{NCF},p_1^{SCF},r^{SCF},p_2^{SCF} 等均为正值;(2)$0 < X^* < 1$。而为了保证上述两个条件都成立,通过求解可知 η、θ、t 等参数之间的关系应满足的条件为:$0 < \theta < \sqrt{3t\eta}$。综合命题 1 对 θ 取值的要求,最终可得 η、θ、t 等参数取值应满足的条件为:$0 < \theta < \sqrt{2t\eta}$。接下来将在此条件下对三种不同公平关切情形下两零售商的竞争行为进行仿真分析。

(1)公平关切系数 λ 变化的影响分析

本部分将在其他参数不变的条件下,研究零售商公平关切系数变化对三种不同公平关切下两零售商竞争的影响,且考虑本部分侧重于分析三种不同公平关切下公平关切系数变化对两零售商竞争的影响差异,不妨假定 $\lambda = \lambda_1 = \lambda_2$,仿真分析结果见表 5-1。相关参数取值为:$\theta = 0.5$,$\eta = 0.4$,$t = 10$,$\lambda = [0 \quad 0.1 \quad 0.2 \quad 0.35 \quad 0.5 \quad 0.7 \quad 1.0]$。

表 5-1 公平关切系数 λ 变化对两零售商竞争的影响

λ		0	0.1	0.2	0.35	0.5	0.7	1.0
CSR 零售商公平关切情形	r^{CF}	0.6316	0.6500	0.6645	0.6812	0.6940	0.7069	0.7207
	p_1^{CF}	10.1053	9.5265	9.0698	8.5407	8.1388	7.7325	7.2973
	p_2^{CF}	9.8947	9.6007	9.3688	9.1000	8.8959	8.6895	8.4685
	$U(\pi_1^{CF})$	5.0260	4.8949	4.8017	4.7093	4.6551	4.6213	4.6214
	π_2^{CF}	4.8953	4.6087	4.3887	4.1405	3.9569	3.7754	3.5857
NCSR 零售商公平关切情形	r^{NCF}	0.6316	0.6128	0.5980	0.5809	0.5678	0.5546	0.5405
	p_1^{NCF}	10.1053	9.8050	9.5681	9.2937	9.0852	8.8744	8.6486
	p_2^{NCF}	9.8947	9.3036	8.8372	8.2969	7.8864	7.4715	7.0270
	π_1^{NCF}	5.0260	4.7318	4.5059	4.2511	4.0625	3.8762	3.6815
	$U(\pi_2^{NCF})$	4.8953	4.7436	4.6301	4.5081	4.4247	4.3522	4.2951

续表 5 - 1

λ		0	0.1	0.2	0.35	0.5	0.7	1.0
两零售商同时公平关切情形	r^{SCF}	0.6316	0.6312	0.6308	0.6303	0.6299	0.6295	0.6289
	p_1^{SCF}	10.1053	9.2751	8.6827	8.0562	7.6181	7.2049	6.7925
	p_2^{SCF}	9.8947	9.0582	8.4601	7.8262	7.3819	6.9617	6.5409
	$U(\pi_1^{SCF})$	5.0260	4.6156	4.3243	4.0190	3.8086	3.6141	3.4271
	$U(\pi_2^{SCF})$	4.8953	4.4725	4.1686	3.8437	3.6130	3.3909	3.1613

从表 5 - 1 可以看出,随着零售商公平关切程度的增加,从两零售商决策受到的影响来看,对于 CSR 零售商而言,其所履行的社会责任水平在 CSR 零售商公平关切情形下会有所上升,在 NCSR 零售商公平关切及两零售商同时公平关切两种情形下会有所下降,其产品销售价格在三种不同公平关切下均会有所下降;对于 NCSR 零售商而言,三种不同公平关切下其产品销售价格均会有所下降。上述研究表明,在履行社会责任零售商与不履行社会责任零售商竞争的过程中,其中任何一方公平关切程度的增加均会带来产品销售价格的下降。而从零售商所履行的社会责任水平来看,零售商自身公平关切程度的增加会带来其上升,竞争对手公平关切程度的增加则会带来其下降,且当两零售商都具有公平关切行为时,由于竞争对手的公平关切行为对其所履行的社会责任水平影响更大,所以此时零售商所履行的社会责任水平会有所下降。接下来通过图 5 - 2 比较分析不同情形下公平关切对两零售商效用的影响。图中相关符号说明:*CF* 情形表示 CSR 零售商公平关切情形,*NCF* 情形表示 NCSR 零售商公平关切情形,*SCF* 情形表示两零售商同时公平关切情形。

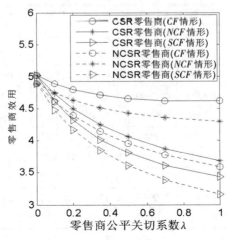

图 5 - 2　零售商公平关切系数变化对三种不同公平关切下两零售商效用的影响

从图 5 - 2 可以看出,随着公平关切程度的增加,三种不同公平关切下两零售商的效用均有所下降,且通过比较可以发现,不管是 CSR 零售商还是 NCSR 零售商,两零售商同时公平关切情形下其效用下降最快,竞争对手公平关切情形次之,而自身公平关切情形下其效用则下降最慢。这表明,在履行社会责任零售商与不履行社会责任零售商竞争的过程中,其中任何一方公平关切行为的存在均会对两者经营产生不利的影响。且相比较自身公平关切,竞争对手公平关切下其受到的不利影响会更加明显,而当两者同时具有公平关切行为时,由于公平关切的双重影响,两零售商受到的不利影响均最大。最后,比较同一公平关切情形下两零售商效用受到的影响可以发现,NCSR 零售商公平关切情形下 CSR 零售商效用下降得更快,CSR 零售商公平关切及两零售商同时公平关切两种情形下 NCSR 零售商效用下降得更快。因此,从两者竞争来看,随着公平关切程度的增加,对于选择履行社会责任的零售商而言,其在竞争对手公平关切下竞争更不利,而对于选择不履行社会责任的零售商而言,其在竞争对手公平关切及两零售商同时公平关切两种情形下竞争更不利。

(2)零售商履行社会责任平均认可度 θ 变化的影响分析

本部分将在其他参数不变的条件下,研究顾客对零售商履行社会责任的平均认可度 θ 变化对三种不同公平关切下两零售商竞争的影响,见表 5 - 2。相关参数取值为:$\lambda_1 = \lambda_2 = 0.5, \eta = 0.4, t = 10, \theta = [0.5 \quad 1.0 \quad 1.5 \quad 1.75 \quad 2.0 \quad 2.25 \quad 2.5]$。

表 5 - 2　零售商履行社会责任平均认可度 θ 变化对两零售商竞争的影响

θ		0.5	1.0	1.5	1.75	2.0	2.25	2.5
CSR 零售商公平关切情形	r^{CF}	0.6940	1.4286	2.2526	2.7184	3.2353	3.8187	4.4898
	p_1^{CF}	8.1388	8.5714	9.3515	9.9029	10.5882	11.4368	12.4898
	p_2^{CF}	8.8959	8.5714	7.9863	7.5728	7.0588	6.4224	5.6327
	$U(\pi_1^{CF})$	4.6551	4.8980	5.3092	5.5792	5.8910	6.2405	6.6177
	π_2^{CF}	3.9569	3.6735	3.1891	2.8674	2.4913	2.0623	1.5863
NCSR 零售商公平关切情形	r^{NCF}	0.5678	1.1688	1.8430	2.2242	2.6471	3.1244	3.6735
	p_1^{NCF}	9.0852	9.3506	9.8294	10.1677	10.5882	11.1090	11.7551
	p_2^{NCF}	7.8864	7.5325	6.8942	6.4431	5.8824	5.1880	4.3265
	π_1^{NCF}	4.0625	4.0985	4.1515	4.1797	4.2042	4.2181	4.2312
	$U(\pi_2^{NCF})$	4.4247	3.9669	3.1831	2.6614	2.0502	1.3505	0.5703

续表 5 – 2

θ		0.5	1.0	1.5	1.75	2.0	2.25	2.5
两零售商同时公平关切情形	r^{SCF}	0.6299	1.2903	2.0168	2.4190	2.8571	3.3411	3.8835
	p_1^{SCF}	7.6181	7.9839	8.6345	9.0875	9.6429	10.3190	11.1408
	p_2^{SCF}	7.3819	7.0161	6.3655	5.9125	5.3571	4.6810	3.8592
	$U(\pi_1^{SCF})$	3.8086	3.9841	4.2743	4.4597	4.6684	4.8946	5.1285
	$U(\pi_2^{SCF})$	3.6130	3.1985	2.4980	2.0380	1.5051	0.9026	0.2388

从表 5 – 2 可以看出,随着零售商履行社会责任平均认可度的提高,三种不同公平关切下 CSR 零售商的社会责任水平及产品销售价格均有所上升,NCSR 零售商产品销售价格有所下降,且通过对三种不同公平关切情形的比较可以发现,对于 CSR 零售商而言,自身公平关切下其所履行的社会责任水平最高,两零售商同时公平关切情形次之,NCSR 零售商公平关切下其所履行的社会责任水平则最低。而从产品销售价格来看,两零售商同时公平关切下其产品销售价格最低,通过对其他两种公平关切情形的比较可以发现,当 $\theta < 2$ 时,NCSR 零售商公平关切情形更高,当 $\theta = 2$ 时,两种公平关切情形相等,当 $\theta > 2$ 时,CSR 零售商公平关切情形则更高;对于 NCSR 零售商而言,CSR 零售商公平关切情形产品销售价格最高,NCSR 零售商公平关切情形次之,两零售商同时公平关切情形则最低。上述研究表明,对于履行社会责任的零售商而言,通过提高顾客对社会责任的平均认可度,有助于提升零售商的社会责任水平,且其自身公平关切下效果会愈加明显;对于不履行社会责任的零售商而言,出于竞争的压力,会通过降低产品销售价格的方式来应对。接下来将通过图 5 – 3 比较分析零售商履行社会责任平均认可度对两零售商效用的影响。由表 5 – 2 相关数据可得如图 5 – 3。

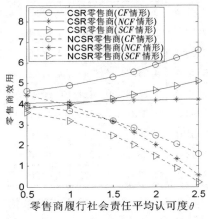

图 5 – 3 零售商履行社会责任平均认可度变化对三种不同公平关切下两零售商效用的影响

从图 5-3 可以看出,随着顾客对零售商履行社会责任平均认可度的提高,三种不同公平关切下 CSR 零售商效用有所上升,NCSR 零售商效用有所下降,且通过对三种不同公平关切情形的比较可以发现,不管是 CSR 零售商还是 NCSR 零售商,自身公平关切情形下其效用变化最快,两者同时公平关切情形次之,其竞争对手公平关切情形变化最慢。以上研究表明,顾客对零售商履行社会责任平均认可度的提高对履行社会责任的零售商经营有利,而对不履行社会责任的零售商经营不利。相比较而言,不管是履行社会责任的零售商,还是不履行社会责任的零售商,当其自身公平关切时,其经营受到有利或不利影响程度均会更高。最后,从两零售商竞争来看,对于任何一种公平关切情形,顾客对零售商履行社会责任平均认可度越高,对履行社会责任的零售商竞争就越有利。

(3)社会责任成本系数 η 变化的影响分析

本部分将在其他参数不变的条件下,研究零售商社会责任成本系数 η 变化对三种不同公平关切下两零售商竞争的影响,见表 5-3。相关参数取值为:$\lambda_1 = \lambda_2 = 0.5, \theta = 0.5, t = 10, \eta = \begin{bmatrix} 0.1 & 0.2 & 0.3 & 0.4 & 0.5 & 0.7 & 1.0 \end{bmatrix}$。

表 5-3　零售商社会责任成本系数 η 变化对两零售商竞争的影响

	η	0.1	0.2	0.3	0.4	0.5	0.7	1.0
CSR 零售商公平关切情形	r^{CF}	2.8571	1.4013	0.9283	0.6940	0.5542	0.3950	0.2760
	p_1^{CF}	8.5714	8.2803	8.1857	8.1388	8.1108	8.0790	8.0552
	p_2^{CF}	8.5714	8.7898	8.8608	8.8959	8.9169	8.9408	8.9586
	$U(\pi_1^{CF})$	4.8980	4.7357	4.6819	4.6551	4.6391	4.6207	4.6070
	π_2^{CF}	3.6735	3.8630	3.9257	3.9569	3.9755	3.9969	4.0128
NCSR 零售商公平关切情形	r^{NCF}	2.3377	1.1465	0.7595	0.5678	0.4534	0.3232	0.2258
	p_1^{NCF}	9.3506	9.1720	9.1139	9.0852	9.0680	9.0485	9.0339
	p_2^{NCF}	7.5325	7.7707	7.8481	7.8864	7.9093	7.9354	7.9548
	π_1^{NCF}	4.0985	4.0748	4.0667	4.0625	4.0600	4.0572	4.0550
	$U(\pi_2^{NCF})$	3.9669	4.2732	4.3743	4.4247	4.4548	4.4892	4.5150
两零售商同时公平关切情形	r^{SCF}	2.5806	1.2698	0.8421	0.6299	0.5031	0.3587	0.2508
	p_1^{SCF}	7.9839	7.7381	7.6579	7.6181	7.5943	7.5673	7.5470
	p_2^{SCF}	7.0161	7.2619	7.3421	7.3819	7.4057	7.4327	7.4530
	$U(\pi_1^{SCF})$	3.9841	3.8672	3.8281	3.8086	3.7969	3.7835	3.7734
	$U(\pi_2^{SCF})$	3.1985	3.4754	3.5672	3.6130	3.6404	3.6718	3.6953

从表 5-3 可以看出,随着零售商社会责任成本系数的增加,即 CSR 零售商履行社会责任效率下降,从两零售商决策来看,三种不同公平关切下 CSR 零售

商的社会责任水平及产品销售价格均会有所下降,而 NCSR 零售商的产品销售价格有所上升。此情形表明,在两零售商竞争的过程中,对于履行社会责任的零售商而言,其履行社会责任的效率越低,其愿意履行的社会责任水平就会越低,且考虑社会责任水平下降会带来其产品销售量下降,此时,其会采取降价的方法缓解销售量下降的压力;对于不履行社会责任的零售商而言,则会通过提高产品销售价格来获取更多的利润。接下来将通过图 5 - 4 比较分析零售商履行社会责任成本系数变化对两零售商效用的影响。由表 5 - 3 相关数据可得如图 5 - 4。

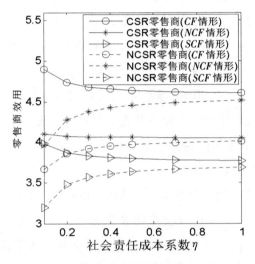

图 5 - 4 社会责任成本系数变化对三种不同公平关切下两零售商效用的影响

从图 5 - 4 可以看出,随着 CSR 零售商履行社会责任效率下降,三种不同公平关切下 CSR 零售商效用有所下降,NCSR 零售商效用有所上升,且从效用变化速度来看,不管是 CSR 零售商还是 NCSR 零售商,自身公平关切情形下其效用变化最快,两者同时公平关切情形次之,其竞争对手公平关切情形变化最慢。以上研究表明,零售商履行社会责任效率的下降对履行社会责任的零售商经营不利,而对不履行社会责任的零售商经营则有利,且相比较而言,不管是履行社会责任的零售商,还是不履行社会责任的零售商,当其自身公平关切时,其经营受到不利或有利的影响程度均会更高。最后,从两零售商竞争来看,对于任何一种公平关切情形,零售商履行社会责任效率越低,对履行社会责任的零售商竞争就越不利。

5.1.4 本节小结

本节以零售商是否履行社会责任为切入点，探讨了公平关切背景下两零售商的竞争问题，分析了公平关切系数、顾客对零售商履行社会责任的平均认可度、社会责任成本系数等参数变化给两零售商竞争所带来的影响，同时对三种不同公平关切情形做了比较分析，得到如下主要结论：

（1）在两零售商竞争的过程中，随着公平关切程度的增加，三种不同公平关切下两零售商的产品销售价格均会有所下降，且当零售商选择履行社会责任时，其所履行的社会责任水平在自身公平关切下会有所上升，在竞争对手公平关切及两零售商同时公平关切两种情形下会有所下降。除此之外，从零售商效用变化可以看出，两零售商在经营中均会受到不利的影响，且均在两零售商同时公平关切情形下受到不利影响程度更高。最后，通过对两者的竞争比较可以发现，选择履行社会责任的零售商在其竞争对手公平关切下竞争更不利，而选择不履行社会责任的零售商则在竞争对手公平关切及两零售商同时公平关切两种情形下竞争更不利。

（2）随着零售商履行社会责任平均认可度的提高，对于三种不同公平关切情形，履行社会责任零售商的社会责任水平及产品销售价格均有所上升，而不履行社会责任零售商的产品销售价格均会有所下降。从零售商效用变化可以看出，此情形对履行社会责任零售商的经营有利，而对不履行社会责任零售商的经营则不利，且均在自身公平关切下受到有利或不利影响程度更高。最后，从两零售商的竞争来看，零售商履行社会责任平均认可度的提高对履行社会责任零售商竞争会更加有利。

（3）随着零售商履行社会责任效率的下降，三种不同公平关切情形下履行社会责任零售商的社会责任水平及产品销售价格均会有所下降，而不履行社会责任零售商的产品销售价格均有所上升，并从零售商效用变化可以看出，履行社会责任零售商的经营会受到不利影响，而不履行社会责任零售商的经营则会更加有利，且两者均在自身公平关切下受到不利或有利影响程度更高。最后，从两零售商竞争来看，零售商履行社会责任效率下降对不履行社会责任的零售商竞争更有利。

本部分研究结论尽管对于公平关切背景下考虑企业社会责任的两零售商

竞争决策具有一定参考价值,但尚存在不足之处,比如模型的构建是基于完全信息对称情形,且主要是针对两零售商的竞争问题,并未涉及多个零售商竞争情况,这些将在后续工作中展开研究。

5.2　情境2:考虑权力结构影响

随着电子商务的快速发展,越来越多的企业意识到通过电子商务渠道销售其产品的重要性,比如,IBM、HP 等一些知名企业,除了通过传统零售企业销售其产品外,都相继开辟了电子商务渠道,且从现实来看,采用双渠道模式也取得了一定的成功。当然,由于电子商务渠道的引入,它对传统零售渠道也带来了一定的冲击,从而引发渠道之间的冲突。以服装行业为例,从其经营来看,由于电子商务渠道的存在,众多实体门店当下已变成了网店的"试衣间",一些服装品牌,如佐丹奴、美特斯邦威等,近年来都出现了实体门店大量倒闭的现象。以上表明,研究双渠道博弈问题非常重要。已有文献在研究双渠道博弈问题时,虽然考虑了公平关切行为影响,但并未针对不同权力结构情形展开,而已有大量文献表明,不同权力结构下供应链成员企业的决策行为会发生变化。所以,不同权力结构下公平关切对供应链运营影响有何变化,值得进一步展开相关研究。

5.2.1　问题描述与模型假设

在考虑公平关切的基础上,本部分构建了传统零售企业与电子商务企业博弈模型,并假定电了商务企业为公平中性,而传统零售企业具有公平关切行为特征。在供应链运营过程中,假定制造商生产某种产品,同时通过传统零售企业与电子商务企业两种渠道进行销售。由于传统零售企业与电子商务企业拥有统一的市场,它们之间存在竞争,且当其面临的渠道权力结构不同时,两者之间竞争的博弈行为也会有所不同。针对上述问题,特作如下假设:

(1)假定制造商以相同的批发价格 w 向传统零售企业与电子商务企业销售产品,不失一般性,令 $w=0$,这样有助于简化模型的求解,但对模型后续结果的分析不会产生实质性的影响。

(2)假定传统零售企业单位产品的销售成本为 c,且以价格 p_r 将产品销售给最终顾客。

(3)假定电子商务企业单位产品的销售成本为 c_e,为了便于对传统零售企业与电子商务企业销售效率进行比较,不妨令 $c_e = kc, k > 0$, k 为电子商务企业相对于传统零售企业的销售效率参数。当 $k = 1$ 时,表明电子商务企业销售效率与传统零售企业相同,且 k 越大,表明相比较传统零售企业,电子商务企业的销售效率越低。电子商务企业以价格 p_e 将产品销售给最终顾客。

(4)在双渠道博弈过程中,其各自市场需求不仅受自身价格的影响,而且还受到其竞争渠道价格的影响,不妨对传统零售企业与电子商务企业的需求函数作如下假定:

$$q_r = ua - p_r + \beta p_e \tag{5-23}$$

$$q_e = (1 - u)a - p_e + \beta p_r \tag{5-24}$$

其中: q_r 为传统零售企业需求量, q_e 为电子商务企业需求量; a 为产品的整体市场规模; β 为渠道交叉价格弹性系数,且满足条件 $0 < \beta < 1$,即竞争渠道销售价格对本渠道需求量的影响会小于本渠道销售价格对本渠道需求量的影响; u 为传统零售企业所占市场份额, $1 - u$ 为电子商务企业所占市场份额。

从现实情况来看,不同权力结构下双渠道所占据的市场份额会有所不同。一般而言,当传统零售企业占据主导权时,传统零售企业所占据的市场份额会大于电子商务企业的市场份额;当电子商务企业占据主导权时,电子商务企业所占据的市场份额会大于传统零售企业的市场份额,而双渠道权力均衡情形下两者的市场份额会较为接近。所以,不妨令三种不同权力结构下传统零售企业所占据的市场份额分别记为 u^{RS}、u^{ES}、u^{RE},上标 RS 为传统零售企业占主导权情形,上标 ES 为电子商务企业占主导权情形,上标 RE 为双渠道权力均衡情形。

传统零售企业及电子商务企业的利润分别为:

$$\pi_r = (p_r - c)(ua - p_r + \beta p_e) \tag{5-25}$$

$$\pi_e = (p_e - kc)[(1 - u)a - p_e + \beta p_r] \tag{5-26}$$

其中: π_r 为传统零售企业利润, π_e 为电子商务企业利润。

考虑到传统零售企业具有公平关切行为特征,假定公平关切下传统零售企业效用为:

$$U(\pi_r) = \pi_r - \lambda(\pi_e - \pi_r) \tag{5-27}$$

其中: $U(\pi_r)$ 为公平关切下传统零售企业效用; λ 为公平关切系数, $\lambda \geq 0$,当 $\lambda = 0$ 时,表明传统零售企业为公平中性,且 λ 越大,表明传统零售企业公平关切程度越高。

5.2.2 模型构建与分析

（1）传统零售企业占主导权情形

当传统零售企业占据主导地位时，双方构成 Stackelberg 博弈，其决策过程为：传统零售企业首先确定产品销售价格 p_r，电子商务企业观察到其决策后确定产品销售价格 p_e。根据逆向归纳法，其求解过程如下：

对式（5-26）关于 p_e 求一阶、二阶导数可得：

$$\partial \pi_e / \partial p_e = -2p_e + (1 - u^{RS})a + \beta p_r + kc \tag{5-28}$$

$$\partial^2 \pi_e / \partial p_e^2 = -2 \tag{5-29}$$

由于存在 $\partial^2 \pi_e / \partial p_e^2 < 0$，所以，令 $\partial \pi_e / \partial p_e = 0$，求解可得电子商务企业的最优产品销售价格为：

$$p_e^{RS} = \frac{(1 - u^{RS})a + \beta p_r + kc}{2} \tag{5-30}$$

将 p_e^{RS} 代入式（5-27），并对其关于 p_r 求一阶、二阶导数可得：

$$\partial U(\pi_r) / \partial p_r = \frac{L_1 a + L_2 c - (4 + 4\lambda - \lambda\beta^2 - 2\beta^2)p_r}{2} \tag{5-31}$$

$$\partial^2 U(\pi_r) / \partial p_r^2 = -\frac{4 + 4\lambda - \lambda\beta^2 - 2\beta^2}{2} \tag{5-32}$$

其中：$L_1 = 2\lambda u^{RS} + 2u^{RS} + \beta - \beta u^{RS}$；

$L_2 = \beta k - \beta^2 + 2 + 2\lambda\beta k - \lambda\beta^2 + 2\lambda$。

由于 $0 < \beta < 1$，从式（5-32）可知，存在 $\partial^2 U(\pi_r) / \partial p_r^2 < 0$，所以，令 $\partial U(\pi_r) / \partial p_r = 0$，求解可得传统零售企业占主导权情形下其最优产品销售价格为：

$$p_r^{RS} = \frac{L_1 a + L_2 c}{4 + 4\lambda - \lambda\beta^2 - 2\beta^2} \tag{5-33}$$

将 p_r^{RS} 代入式（5-30），求解可得传统零售企业占主导权情形下电子商务企业的最优产品销售价格为：

$$p_e^{RS} = \frac{(1 - u^{RS})a + kc}{2} + \frac{\beta(L_1 a + L_2 c)}{2(4 + 4\lambda - \lambda\beta^2 - 2\beta^2)} \tag{5-34}$$

将式（5-23）、式（5-24）代入式（5-26）、式（5-27），求解可得传统零售企业占主导权情形下电子商务企业利润及传统零售企业效用。

（2）电子商务企业占主导权情形

当电子商务企业占据主导地位时，双方构成 Stackelberg 博弈，其决策过程为：电子商务企业首先确定产品销售价格 p_e，传统零售企业观察到其决策后确定产品销售价格 p_r。其求解过程如下：

对式（5-27）关于 p_r 求一阶、二阶导数可得：

$$\partial U(\pi_r)/\partial p_r = (\lambda u^{ES} + u^{ES})a + \beta p_e + (\lambda + 1 + \lambda \beta k)c - (2\lambda + 2)p_r \quad (5-35)$$

$$\partial U^2(\pi_r)/\partial p_r^2 = -2\lambda - 2 \quad (5-36)$$

由式（5-36）可以看出，存在 $\partial U^2(\pi_r)/\partial p_r^2 < 0$，所以，令 $\partial U(\pi_r)/\partial p_r = 0$，求解可得传统零售企业的最优产品销售价格为：

$$p_r^{ES} = \frac{(\lambda u^{ES} + u^{ES})a + \beta p_e + (\lambda + 1 + \lambda \beta k)c}{2\lambda + 2} \quad (5-37)$$

将 p_r^{ES} 代入式（5-26），并对其关于 p_e 求一阶、二阶导数可得：

$$\partial \pi_e/\partial p_e = \frac{M_1 a - 2(2\lambda + 2 - \beta^2)p_e + M_2 c}{2\lambda + 2} \quad (5-38)$$

$$\partial^2 \pi_e/\partial p_e^2 = -\frac{2\lambda + 2 - \beta^2}{\lambda + 1} \quad (5-39)$$

其中：$M_1 = 2\lambda + 2 - 2\lambda u^{ES} - 2u^{ES} + \lambda \beta u^{ES} + \beta u^{ES}$；

$M_2 = \lambda \beta + \beta + \lambda \beta^2 k + 2\lambda k + 2k - \beta^2 k$。

由于 $\lambda > 0, 0 < \beta < 1$，从式（5-39）可知，存在 $\partial^2 \pi_e/\partial p_e^2 < 0$，所以，令 $\partial \pi_e/\partial p_e = 0$，求解可得电子商务企业占主导权情形下电子商务企业的最优产品销售价格为：

$$p_e^{ES} = \frac{M_1 a + M_2 c}{2(2\lambda + 2 - \beta^2)} \quad (5-40)$$

将 p_e^{ES} 代入式（5-37），求解可得电子商务企业占主导权情形下传统零售企业的最优产品销售价格为：

$$p_r^{ES} = \frac{(\lambda u^{ES} + u^{ES})a + (\lambda + 1 + \lambda \beta k)c}{2\lambda + 2} + \frac{\beta(M_1 a + M_2 c)}{2(2\lambda + 2)(2\lambda + 2 - \beta^2)} \quad (5-41)$$

将式（5-40）、式（5-41）代入式（5-26）、式（5-27），求解可得电子商务企业占主导权情形下电子商务企业利润及传统零售企业效用。

（3）双渠道权力均衡情形

当双渠道权力均衡时，双方构成 Nash 博弈，其决策过程为：传统零售企业与电子商务企业同时制定决策,即分别确定产品销售价格 p_r 及 p_e。由于该情形下传统零售企业决策的求解过程与电子商务企业占主导权情形相似,电子商务企业决策的求解过程与传统零售企业占主导权情形相似,在此不再进行赘述。

双渠道权力均衡情形下传统零售企业及电子商务企业的最优产品销售价格分别为:

$$p_r^{RE} = \frac{(\lambda u^{RE} + u^{RE})a + \beta p_e + (\lambda + 1 + \lambda\beta k)c}{2\lambda + 2} \tag{5-42}$$

$$p_e^{RE} = \frac{(1 - u^{RE})a + \beta p_r + kc}{2} \tag{5-43}$$

将式(5-42)、式(5-43)联立求解可得传统零售企业及电子商务企业的最优产品销售价格分别为:

$$p_r^{RE} = \frac{N_1 a + N_2 c}{4\lambda + 4 - \beta^2} \tag{5-44}$$

$$p_e^{RE} = \frac{(1 - u^{RE})a + kc}{2} + \frac{\beta(N_1 a + N_2 c)}{2(4\lambda + 4 - \beta^2)} \tag{5-45}$$

其中: $N_1 = \beta - \beta u^{RE} + 2\lambda u^{RE} + 2u^{RE}$;

$N_2 = 2\lambda + 2 + 2\lambda\beta k + \beta k$。

将式(5-44)、式(5-45)代入式(5-26)、式(5-27),求解可得双渠道权力均衡情形下电子商务企业利润及传统零售企业效用。

5.2.3　比较分析

在考虑传统零售企业公平关切的基础上,探讨电子商务企业效率变化(即销售效率参数 k 取值的变化)对三种不同权力结构下双渠道博弈的影响,同时做比较分析,得如下命题1、命题2、命题3。

命题1　在双渠道博弈的过程中, k 值的增加(即电子商务企业相对于传统零售企业销售效率的下降)将给传统零售企业及电子商务企业定价带来以下影响:

①对于传统零售企业,随着 k 值的增加,三种不同权力结构下其产品销售价格都有所增加,但从增速来看,传统零售企业占主导权情形其增速最大,双渠道权力均衡情形次之,电子商务企业占主导权情形最小。

②对于电子商务企业,随着 k 值的增加,三种不同权力结构下其产品销售

价格都有所增加，但从增速来看，传统零售企业占主导权情形其增速最大，电子商务企业占主导权情形次之，双渠道权力均衡情形最小。

证明 （1）要确定 k 值变化对不同权力结构下传统零售企业产品销售价格 p_r 的影响，只要分别对式（5-33）、式（5-41）、式（5-44）关于 k 求一阶导数，通过求解可得：$\partial p_r^{RS}/\partial k = \dfrac{(2\lambda\beta+\beta)c}{4+4\lambda-\lambda\beta^2-2\beta^2}$，$\partial p_r^{ES}/\partial k = \dfrac{(2\lambda\beta+\beta-\frac{1}{2}\beta^3)c}{4+4\lambda-2\beta^2}$，$\partial p_r^{RE}/\partial k = \dfrac{(2\lambda\beta+\beta)c}{4+4\lambda-\beta^2}$。由于 $0<\beta<1,\lambda>0$，所以很明显存在：$\partial p_r^{RS}/\partial k>0$，$\partial p_r^{ES}/\partial k>0$，$\partial p_r^{RE}/\partial k>0$。由此可知，三种不同权力结构下传统零售企业产品销售价格随着 k 值的增加均有所增加。

要比较三种不同权力结构下传统零售企业产品销售价格随 k 值增加的速度，只要对 $\partial p_r^{RS}/\partial k$、$\partial p_r^{ES}/\partial k$ 及 $\partial p_r^{RE}/\partial k$ 的大小进行比较。通过比较很容易看出 $\partial p_r^{RS}/\partial k>\partial p_r^{RE}/\partial k$，接下来对 $\partial p_r^{ES}/\partial k$、$\partial p_r^{RE}/\partial k$ 进行比较，通过求解可得：$\partial p_r^{RE}/\partial k - \partial p_r^{ES}/\partial k = \dfrac{\beta^3-\frac{1}{2}\beta^5}{(4+4\lambda-\beta^2)(4+4\lambda-2\beta^2)}$。由上式明显可以看出：$\partial p_r^{RE}/\partial k - \partial p_r^{ES}/\partial k>0$，即存在 $\partial p_r^{RE}/\partial k>\partial p_r^{ES}/\partial k$。综上可知：$\partial p_r^{RS}/\partial k>\partial p_r^{RE}/\partial k>\partial p_r^{ES}/\partial k$。所以，从传统零售企业销售价格的增速来看，传统零售企业占主导权情形其增速最大，电子商务企业占主导权情形次之，双渠道权力均衡情形最小。证毕。

（2）要确定 k 值变化对不同权力结构下电子商务企业产品销售价格 p_e 的影响，与上述证明过程相类似。先对式（5-34）、式（5-40）、式（5-45）关于 k 求一阶导数可得：$\partial p_e^{RS}/\partial k = \dfrac{(2+2\lambda-\frac{1}{2}\beta^2+\frac{1}{2}\lambda\beta^2)c}{4+4\lambda-\lambda\beta^2-2\beta^2}$，$\partial p_e^{ES}/\partial k = \dfrac{(2+2\lambda-\beta^2+\lambda\beta^2)c}{4+4\lambda-2\beta^2}$，$\partial p_e^{RE}/\partial k = \dfrac{(2+2\lambda+\lambda\beta^2)c}{4+4\lambda-\beta^2}$。由于 $0<\beta<1,\lambda>0$，所以很明显可以看出：$\partial p_e^{RS}/\partial k>0$，$\partial p_e^{ES}/\partial k>0$，$\partial p_e^{RE}/\partial k>0$。由此可知，三种不同权力结构下电子商务企业产品销售价格均有所增加。要比较三种不同权力结构下电子商务企业产品销售价格增速的大小，只要对 $\partial p_e^{RS}/\partial k$、$\partial p_e^{ES}/\partial k$ 及 $\partial p_e^{RE}/\partial k$ 的大小进行比较，用 $\partial p_e^{RS}/\partial k$ 减去 $\partial p_e^{ES}/\partial k$ 及 $\partial p_e^{ES}/\partial k$ 减去 $\partial p_e^{RE}/\partial k$ 可得：

$$\partial p_e^{RS}/\partial k - \partial p_e^{ES}/\partial k = \dfrac{(2+2\lambda-\beta^2+\lambda^2\beta^2)\beta^2 c}{(4+4\lambda-\lambda\beta^2-2\beta^2)(4+4\lambda-2\beta^2)} \tag{5-46}$$

$$\partial p_e^{ES}/\partial k - \partial p_e^{RE}/\partial k = \frac{(2+2\lambda-\beta^2-\lambda\beta^2)\beta^2 c}{(4+4\lambda-2\beta^2)(4+4\lambda-\beta^2)} \quad (5-47)$$

由式(5-46)、式(5-47)可以看出$\partial p_e^{RS}/\partial k - \partial p_e^{ES}/\partial k > 0$，$\partial p_e^{ES}/\partial k - \partial p_e^{RE}/\partial k > 0$，即存在$\partial p_e^{RS}/\partial k > \partial p_e^{ES}/\partial k > \partial p_e^{RE}/\partial k$。所以，从电子商务企业销售价格增速来看，传统零售企业占主导权情形增速最大，电子商务企业占主导权情形次之，双渠道权力均衡情形最小。

接下来在命题1的基础上，分析公平关切程度变化对三种不同权力结构下双渠道产品销售价格随k变化速度的影响，得命题2。

命题2 从产品销售价格随k值增加的增速来看，当传统零售企业具有公平关切行为时，随着其公平关切程度的增加，不管是传统零售企业还是电子商务企业，三种不同权力结构下其产品销售价格的增速均会有所上升。

证明 首先，确定公平关切程度λ变化对三种不同权力结构下传统零售企业产品销售价格随k变化速度的影响。对$\partial p_r^{RS}/\partial k$、$\partial p_r^{ES}/\partial k$及$\partial p_r^{RE}/\partial k$关于$\lambda$求一阶导数，为了便于求解，令$A_1 = \frac{(2\lambda\beta+\beta)c}{4+4\lambda-\lambda\beta^2-2\beta^2}$，$A_2 = \frac{(2\lambda\beta+\beta-\frac{1}{2}\beta^3)c}{4+4\lambda-2\beta^2}$，$A_3 = \frac{(2\lambda\beta+\beta)c}{4+4\lambda-\beta^2}$，通过求解可得：$\partial A_1/\partial\lambda = \frac{(4\beta-3\beta^3)c}{(4+4\lambda-\lambda\beta^2-2\beta^2)^2}$，$\partial A_2/\partial\lambda = \frac{(4\beta-2\beta^3)c}{(4+4\lambda-2\beta^2)^2}$，$\partial A_3/\partial\lambda = \frac{(4\beta-2\beta^3)c}{(4+4\lambda-\beta^2)^2}$。由于$0<\beta<1$，所以很明显可以看出：$\partial A_1/\partial\lambda > 0$，$\partial A_2/\partial\lambda > 0$，$\partial A_3/\partial\lambda > 0$。由此可知，当传统零售企业公平关切程度增加时，三种不同权力结构下传统零售企业产品销售价格随着k值的增加，其增加的速度将有所上升。

然后，确定公平关切程度λ变化对三种不同权力结构下电子商务企业产品销售价格随k变化速度的影响。对$\partial p_e^{RS}/\partial k$、$\partial p_e^{ES}/\partial k$及$\partial p_e^{RE}/\partial k$关于$\lambda$求一阶导数，为了便于求解，令$B_1 = \frac{(2+2\lambda-\frac{1}{2}\beta^2+\frac{1}{2}\lambda\beta^2)c}{4+4\lambda-\lambda\beta^2-2\beta^2}$，$B_2 = \frac{(2+2\lambda-\beta^2+\lambda\beta^2)c}{4+4\lambda-2\beta^2}$，$B_3 = \frac{(2+2\lambda+\lambda\beta^2)c}{4+4\lambda-\beta^2}$，求解可得：$\partial B_1/\partial\lambda = \frac{(2\beta^2-\frac{3}{2}\beta^4)c}{(4+4\lambda-\lambda\beta^2-2\beta^2)^2}$，$\partial B_2/\partial\lambda = \frac{(4\beta^2-2\beta^4)c}{(4+4\lambda-2\beta^2)^2}$，$\partial B_3/\partial\lambda = \frac{(2\beta^2-\beta^4)c}{(4+4\lambda-\beta^2)^2}$。从上述式子可以看出：$\partial B_1/\partial\lambda > 0$，

$\partial B_2/\partial \lambda > 0, \partial B_3/\partial \lambda > 0$。由此可知,当传统零售企业公平关切程度增加时,三种不同权力结构下电子商务企业产品销售价格随着 k 值的增加,其增加的速度将有所上升。证毕。

接下来在命题 2 的基础上,比较分析同一权力结构下公平关切程度变化对双渠道产品销售价格随 k 值变化速度的影响,得到如下命题 3。

命题 3 对于处于同一权力结构下的双渠道企业,不管是传统零售企业占主导权情形、电子商务企业占主导权情形,还是双渠道权力均衡情形,从产品销售价格随 k 值增加的增速来看,随着公平关切程度的增加,相比较电子商务企业,传统零售企业产品销售价格增速会上升得更快。

证明 要比较同一权力结构下公平关切程度变化对双渠道产品销售价格随 k 值变化速度的影响,只要用 $\partial A_1/\partial \lambda$ 减去 $\partial B_1/\partial \lambda$、$\partial A_2/\partial \lambda$ 减去 $\partial B_2/\partial \lambda$ 及

$\partial A_3/\partial \lambda$ 减去 $\partial B_3/\partial \lambda$,通过求解可得:$\partial A_1/\partial \lambda - \partial B_1/\partial \lambda = \dfrac{(2\beta - \beta^2)(2 - \frac{3}{2}\beta^2)c}{(4 + 4\lambda - \lambda\beta^2 - 2\beta^2)^2}$,

$\partial A_2/\partial \lambda - \partial B_2/\partial \lambda = \dfrac{(\beta - \beta^2)(4 - 2\beta^2)c}{(4 + 4\lambda - 2\beta^2)^2}$,$\partial A_3/\partial \lambda - \partial B_3/\partial \lambda = \dfrac{(2\beta - \beta^2)(2 - \beta^2)c}{(4 + 4\lambda - \beta^2)^2}$。

由上述式子可以看出:$\partial A_1/\partial \lambda - \partial B_1/\partial \lambda > 0$,$\partial A_2/\partial \lambda - \partial B_2/\partial \lambda > 0$,$\partial A_3/\partial \lambda - \partial B_3/\partial \lambda > 0$,即存在 $\partial A_1/\partial \lambda > \partial B_1/\partial \lambda$,$\partial A_2/\partial \lambda > \partial B_2/\partial \lambda$,$\partial A_3/\partial \lambda > \partial B_3/\partial \lambda$。所以,从产品销售价格随 k 值增加的增速来看,随着公平关切程度的增加,相比较电子商务企业,三种不同权力结构下传统零售企业产品销售价格的增速会上升得更快。证毕。

5.2.4 算例分析

上述部分只是分析了公平关切下电子商务效率对不同权力结构双渠道定价的影响,并未分析其对双渠道效用的影响,接下来将通过算例进行仿真分析。算例分析包括两部分:(1)分析电子商务效率参数 k 变化对不同权力结构双渠道效用的影响,同时做比较分析,见图 5 – 5、图 5 – 6。参数取值为:$a = 100$,$c = 10$,$\beta = 0.5$,$u^{RS} = 0.6$,$u^{ES} = 0.4$,$u^{RE} = 0.5$,$\lambda = 1$。(2)分析传统零售企业不同公平关切情形下电子商务效率参数 k 变化对双渠道效用的影响,同时做比较分析,见图 5 – 7、图 5 – 8、图 5 – 9。参数取值为:$a = 100$,$c = 10$,$\beta = 0.5$,$u^{RS} = 0.6$,$u^{ES} = 0.4$,$u^{RE} = 0.5$。

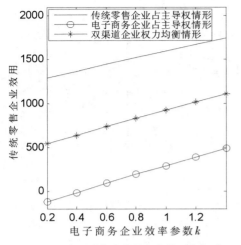

图5-5 电子商务企业效率参数 k 变化对不同权力结构下传统零售企业效用的影响

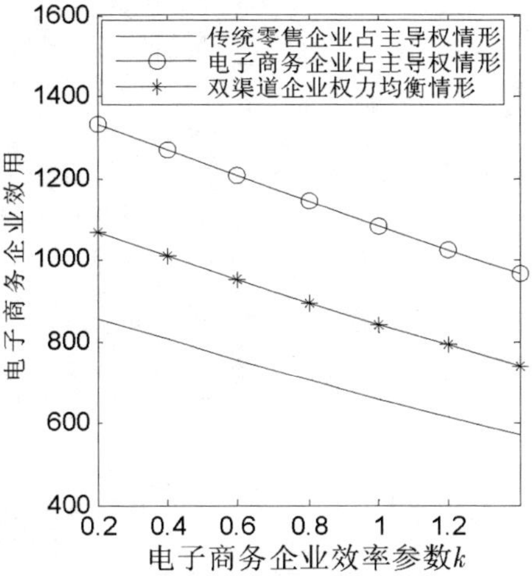

图5-6 电子商务企业效率参数 k 变化对不同权力结构下电子商务企业效用的影响

从图5-5可以看出,随着电子商务企业效率参数 k 取值的增加,三种不同权力结构下传统零售企业效用均有所增加,且通过比较可以发现,电子商务企业占主导权情形下其效用增加最快,双渠道权力均衡情形次之,传统零售企业占主导权情形最慢。这表明,电子商务企业相对传统零售企业的销售效率下降对传统零售企业运营有利,且当其面对电子商务企业占据主导权的市场时,其运营会更加有利。而从图5-6来看,电子商务企业相对传统零售企业的销售效率下降对三种不同权力结构下电子商务企业运营均会产生不利的影响,且通过比较可以发现,当其处于自身占据主导权的市场时,其运营会更加不利。

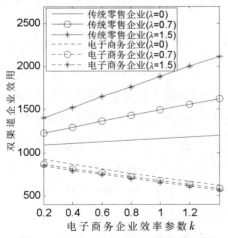

图5-7 电子商务企业效率参数 k 变化对传统零售企业占主导权下双渠道效用的影响

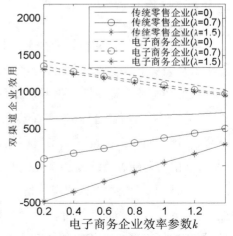

图5-8 电子商务企业效率参数 k 变化对电子商务企业占主导权下双渠道效用的影响

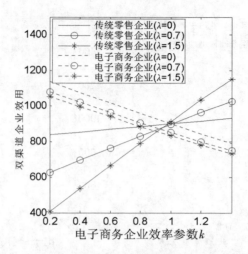

图5-9　电子商务企业效率参数 k 变化对双渠道权力均衡下双渠道效用的影响

从图5-7、图5-8、图5-9可以看出,对于三种不同权力结构下双渠道企业,当传统零售企业公平关切程度不同时,电子商务企业相对传统零售企业的销售效率下降对双渠道效用的影响也会有所不同。从传统零售企业效用变化来看,当其自身公平关切程度较高时,其效用增加得更快,而电子商务企业效用则在传统零售企业公平关切程度较低时减少得更快。以上研究表明,在双渠道的博弈过程中,随着电子商务企业相对传统零售企业的销售效率下降,传统零售企业运营在自身公平关切程度较高时受到有利影响更大,而电子商务企业运营则在传统零售企业公平关切程度较低时受到不利影响更大。

5.2.5　本节小结

本节在考虑传统零售企业公平关切的基础上,构建了双渠道博弈模型,分析了公平关切下电子商务企业效率对不同权力结构双渠道博弈的影响,同时就不同权力结构及传统零售企业不同公平关切情形做比较分析,得到如下主要结论:(1)在双渠道博弈过程中,随着电子商务企业相对传统零售企业的销售效率下降,三种不同权力结构下双渠道产品销售价格均有所增加,但增速会有所不同,且其增速会随着传统零售企业公平关切程度的增加而有所上升;通过对同一权力结构下双渠道产品销售价格增速的比较可以发现,相比较电子商务企业,传统零售企业产品销售价格的增速随公平关切程度的增加会上升得更快。(2)随着电子商务企业相对传统零售企业的销售效率下降,三种不同权力结构下传统零售企业的效用均有所增加,电子商务企业的效用均有所减少,且传统零售企业在电子商务企业占主导权情形下效用增加得更快,而电子商务企业则在此情形下效用减少得更快。(3)当传统零售企业公平关切程度不同时,电子商务企业相对传统零售企业的销售效率下降对双渠道效用影响也会有所不同,对于传统零售企业而言,其自身公平关切程度较高时效用增加得更快,而电子商务企业效用则在传统零售企业公平关切程度较低时减少得更快。

5.3 情境3:考虑公平关切参照点影响

在双渠道运营过程中,由于网店具有成本优势(据艾瑞公司的调查数据,与实体店相比,网店可以节省60%的运输成本和55%的营销成本),所以,相比较实体店,网店产品销售价格往往更低,这就使得大量消费者在享受实体店诸多服务之后,最终选择在网店进行购买(比如:在服装市场中,大量消费者享受实体店提供的服装展示和免费试穿等服务之后,选择在网店进行购买;在图书市场中,也存在很多的消费者在享受实体店的免费阅读服务后,选择通过网店进行购买),即消费者存在"搭便车"行为,且从现实情况来看,该行为加剧了双渠道的冲突。所以,有必要对消费者"搭便车"行为下双渠道运营决策展开研究,且从现实情况来看,当零售商表现出不同的公平关切行为时,双渠道成员企业间的博弈行为会进行调整,其运营策略也会发生变化。基于上述考虑,本部分考虑消费者"搭便车"行为对双渠道运营的影响,研究不同公平关切下双渠道运营问题,并侧重于对不同公平关切下消费者"搭便车"行为的影响做比较分析,所得结论可以为公平关切下双渠道企业运营提供更为系统的决策支持。

5.3.1 问题描述与模型假设

考虑由制造商、实体店及网店所组成的供应链系统,且假定实体店具有公平关切行为特征。在供应链运营过程中,制造商生产某种产品 A,同时通过实体店及网店两种渠道进行销售,由于两者处于同一市场,其相互之间存在竞争。从实际销售过程来看,实体店会利用自身优势,通过对产品展示、讲解、免费试用等促销方式吸引更多的顾客来购买该产品,但由于网店的存在,顾客会存在"搭便车"行为,此情形将削弱实体店促销努力的积极性,同时也会对双渠道决策产生一定的影响。针对上述问题,特作如下假设:

(1)假定制造商向实体店及网店以相同批发价格 w 销售同种产品,产品生

产成本为 c,与已有文献处理一样,令 $c=0$,这样有助于简化模型求解,但对后续结果分析不会产生实质性影响。

(2)假定实体店的促销努力水平为 s,促销努力成本为 $C(s)$,令 $C(s)=\frac{1}{2}\eta s^2, \eta>0, \eta$ 为努力成本系数;实体店的产品销售价格为 p_r,网店的产品销售价格为 p_e。

(3)考虑市场需求受产品销售价格及促销努力的影响,结合实际情况,假定实体店与网店的需求函数分别为:

$$q_r = u - p_r + \beta p_e + (1-\phi)\gamma s \quad\quad (5-48)$$

$$q_e = (1-u) - p_e + \beta p_r + \phi\gamma s \quad\quad (5-49)$$

其中:q_r 为实体店的需求量,q_e 为网店的需求量;u 为实体店所占市场份额,$1-u$ 为网店所占市场份额,产品市场规模为 1;β 为渠道交叉价格弹性系数,且满足条件 $0<\beta<1$,即竞争渠道销售价格对本渠道需求量的影响会小于本渠道销售价格对本渠道需求量的影响;γs 为促销努力所带来的产品销售量;ϕ 为具有"搭便车"行为的消费者比例,$0 \leqslant \phi \leqslant 1$。

相关符号说明:制造商利润记为 Π_m,实体店利润记为 Π_r,网店利润记为 Π_e,公平关切下实体店效用记为 $U(\Pi_r)$;上标 nf 为实体店无公平关切情形,上标 hf 为实体店横向公平关切情形,上标 zf 为实体店纵向公平关切情形。

基于上述假设可知制造商、实体店、网店的利润函数分别为:

$$\Pi_m = w[1 - (1-\beta)p_e - (1-\beta)p_r + \gamma s] \quad\quad (5-50)$$

$$\Pi_r = (p_r - w)[u - p_r + \beta p_e + (1-\phi)\gamma s] - \frac{1}{2}\eta s^2 \quad\quad (5-51)$$

$$\Pi_e = (p_e - w)[(1-u) - p_e + \beta p_r + \phi\gamma s] \quad\quad (5-52)$$

考虑到实体店的公平关切行为,假定公平关切下实体店的效用函数为:

$$U(\Pi_r) = \Pi_r - \lambda(\Pi_i - \Pi_r) \quad\quad (5-53)$$

其中:$i=e,m$,当 $i=e$ 时,表明实体店具有横向公平关切行为,当 $i=m$ 时,表明实体店具有纵向公平关切行为;λ 为公平关切系数,$\lambda \geqslant 0$,当 $\lambda=0$ 时,表明实体店为公平中性,且 λ 越大,表明实体店的公平关切程度越高。

5.3.2 模型构建与分析

在双渠道博弈的过程中,假定实体店与网店之间势均力敌,双方之间构成

Nash 博弈,即实体店与网店同时进行决策,实体店确定最优的产品销售价格 p_r 及促销努力水平 s,而网店确定最优的产品销售价格 p_e。接下来对实体店无公平关切、实体店横向公平关切及实体店纵向公平关切三种情形展开研究。

(1)实体店无公平关切情形

实体店无公平关切下双渠道博弈过程如下:

对式(5-41)分别关于 p_r、s 求一阶导数,并令其等于 0,求解可得实体店无公平关切下其最优的产品销售价格及促销努力水平分别满足下列等式:

$$-2p_r + ua + \beta p_e + (1-\phi)\gamma s + w = 0 \qquad (5-54)$$

$$-\eta s + (1-\phi)\gamma p_r - (1-\phi)\gamma w = 0 \qquad (5-55)$$

对式(5-42)关于 p_e 求一阶导数,并令其等于 0,求解可得实体店无公平关切下网店最优的产品销售价格满足下列等式:

$$-2p_e + (1-u)a + \beta p_r + \phi\gamma s + w = 0 \qquad (5-56)$$

将式(5-54)、式(5-55)、式(5-56)联立求解可得实体店无公平关切下双渠道的最优决策为:

$$p_r^{nf} = \frac{[2u + (1-u)\beta]\eta a + (\beta+2)\eta w - [\phi\beta + 2(1-\phi)](1-\phi)\gamma^2 w}{(4-\beta^2)\eta - [\phi\beta + 2(1-\phi)](1-\phi)\gamma^2}$$

$$(5-57)$$

$$s^{nf} = \frac{(1-\phi)\gamma p_r^{nf} - (1-\phi)\gamma w}{\eta} \qquad (5-58)$$

$$p_e^{nf} = \frac{(1-u)a + \beta p_r^{nf} + \phi\gamma s^{nf} + w}{2} \qquad (5-59)$$

将式(5-57)、式(5-58)、式(5-59)代入式(5-51)、式(5-52),即可求得实体店无公平关切下实体店及网店的利润。

(2)实体店横向公平关切情形

当实体店横向公平关切时,其公平关切下的效用为:

$$U(\Pi_r) = (\lambda+1)\left\{(p_r-w)[ua - p_r + \beta p_e + (1-\phi)\gamma s] - \frac{1}{2}\eta s^2\right\}$$

$$-\lambda\{(p_e-w)[(1-u)a - p_e + \beta p_r + \phi\gamma s]\} \qquad (5-60)$$

对式(5-60)分别关于 p_r、s 求一阶导数,并令其等于 0,求解可得实体店横向公平关切下其最优的产品销售价格及促销努力水平分别满足下列等式:

$$-2p_r + ua + \beta p_e + (1-\phi)\gamma s + w - \frac{\lambda\beta(p_e-w)}{\lambda+1} = 0 \qquad (5-61)$$

$$-\eta s + (1-\phi)\gamma p_r - (1-\phi)\gamma w - \frac{\lambda\phi\gamma(p_e - w)}{\lambda + 1} = 0 \qquad (5-62)$$

考虑到此情形下网店的决策优化过程与实体店无公平关切情形相同,在此不再进行赘述。实体店横向公平关切下网店最优的产品销售价格满足下列等式：

$$-2p_e + (1-u)a + \beta p_r + \phi\gamma s + w = 0 \qquad (5-63)$$

将式(5-61)、式(5-62)、式(5-63)联立求解可得实体店横向公平关切下双渠道的最优决策为：

$$p_r^{hf} = \frac{M_1 a + M_2 w}{2(\lambda+1)[4(\lambda+1)-\beta^2]\eta - 2(\lambda+1)[2\phi^2+2(\lambda+1)(1-2\phi)-(\lambda-1)(1-\phi)\phi\beta]\gamma^2}$$
$$\qquad (5-64)$$

$$s^{hf} = \frac{[2(\lambda+1)(1-\phi)-\lambda\phi\beta]\gamma p_r^{hf} - (1-u)\lambda\phi\gamma a + (3\lambda\phi-2\lambda+2\phi-2)\gamma w}{2(\lambda+1)\eta + \lambda\phi^2\gamma^2}$$
$$\qquad (5-65)$$

$$p_e^{hf} = \frac{(1-u)a + \beta p_r^{hf} + \phi\gamma s^{hf} + w}{2} \qquad (5-66)$$

其中：$M_1 = [2(\lambda+1)\eta + \lambda\phi^2\gamma^2][2(\lambda+1)u+(1-u)\beta] - [\phi\beta + 2(\lambda+1)(1-\phi)](1-u)\lambda\phi\gamma^2$；

$M_2 = [\phi\beta + 2(\lambda+1)(1-\phi)](3\lambda\phi-2\lambda+2\phi-2)\gamma^2 + [2(\lambda+1)\eta + \lambda\phi^2\gamma^2](4\lambda+2+\beta)$。

将式(5-64)、式(5-65)、式(5-66)代入式(5-60)、式(5-52),即可求得实体店横向公平关切下实体店效用及网店利润。

(3)实体店纵向公平关切情形

当实体店纵向公平关切时,其公平关切下的效用为：

$$U(\Pi_r) = (\lambda+1)\left\{(p_r-w)[ua-p_r+\beta p_e+(1-\phi)\gamma s] - \frac{1}{2}\eta s^2\right\}$$
$$-\lambda\{(w-c)[a-(1-\beta)p_e-(1-\beta)p_r+\gamma s]\} \qquad (5-67)$$

对式(5-67)分别关于 p_r、s 求一阶导数,并令其等于0,求解可得实体店纵向公平关切下其最优的产品销售价格及促销努力水平分别满足下列等式：

$$-2p_r + ua + \beta p_e + (1-\phi)\gamma s + w + \frac{\lambda(1-\beta)(w-c)}{\lambda+1} = 0 \qquad (5-68)$$

$$-\eta s + (1-\phi)\gamma p_r - (1-\phi)\gamma w - \frac{\lambda\gamma(w-c)}{\lambda+1} = 0 \qquad (5-69)$$

由于此情形下网店的决策优化过程与实体店无公平关切情形相同,所以,可得实体店纵向公平关切下网店最优的产品销售价格满足下列等式:

$$-2p_e + (1-u)a + \beta p_r + \phi\gamma s + w = 0 \qquad (5-70)$$

将式(5-68)、式(5-69)、式(5-70)联立求解可得实体店纵向公平关切下双渠道的最优决策为:

$$p_r^{zf} = \frac{(\lambda+1)[2u+(1-u)\beta]\eta a + L_1 w + L_2 c}{(\lambda+1)(4-\beta^2)\eta - (\lambda+1)[\phi\beta + 2(1-\phi)](1-\phi)\gamma^2} \qquad (5-71)$$

$$s^{zf} = \frac{(\lambda+1)(1-\phi)\gamma p_r^{zf} - (\lambda+1)(1-\phi)\gamma w - \lambda\gamma(w-c)}{(\lambda+1)\eta} \qquad (5-72)$$

$$p_e^{zf} = \frac{(1-u)a + \beta p_r^{zf} + \phi\gamma s^{zf} + w}{2} \qquad (5-73)$$

其中: $L_1 = (4\lambda - \lambda\beta + \beta + 2)\eta - (2\lambda - \lambda\phi + 1 - \phi)[\phi\beta + 2(1-\phi)]\gamma^2$;

$L_2 = \lambda\phi\beta\gamma^2 + 2\lambda(1-\phi)\gamma^2 - 2\lambda\eta(1-\beta)$。

将式(5-71)、式(5-72)、式(5-73)代入式(5-67)、式(5-52),即可求得实体店纵向公平关切下实体店效用及网店利润。

考虑模型的复杂性,本部分将在算例部分对实体店无公平关切、横向公平关切及纵向公平关切三种情形下双渠道的决策行为及效用做比较分析。

5.3.3 算例分析

本部分将采用 matlab 软件对实体店无公平关切、横向公平关切及纵向公平关切三种情形下双渠道的决策过程进行仿真,同时做比较分析。

(1)消费者"搭便车"行为变化的影响分析

此部分算例分析的目的主要是考虑消费者"搭便车"行为是动态的,比如电子商务的进一步发展有可能加剧消费者"搭便车"行为,且不同的行业消费者"搭便车"行为也会有所不同,所以本部分通过算例分析消费者"搭便车"行为的变化对双渠道决策行为及效用的影响,同时做比较分析,见图5-10—图5-14。参数取值为: $a=100, c=30, \eta=4, \beta=0.4, u=0.7, \gamma=1, w=40, \lambda=1, \phi \in [0,1]$。

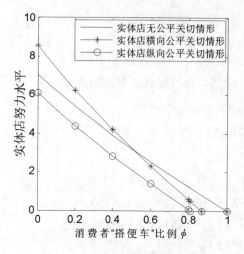

图 5 – 10　消费者"搭便车"比例变化
对实体店努力水平的影响

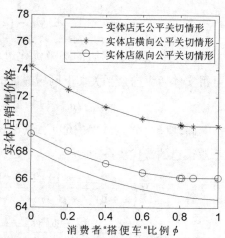

图 5 – 11　消费者"搭便车"比例变化
对实体店销售价格的影响

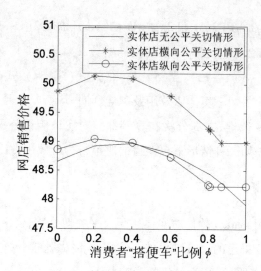

图 5 – 12　消费者"搭便车"比例变化对网店销售价格的影响

　　通过算例分析可以发现:对于实体店无公平关切情形,当 $\phi = 1$ 时,实体店的努力水平 $s^{nf} = 0$;对于实体店横向公平关切情形,当 $0.87 \leqslant \phi \leqslant 1$ 时,实体店的努力水平 $s^{hf} = 0$;对于实体店纵向公平关切情形,当 $0.81 \leqslant \phi \leqslant 1$ 时,实体店的努力水平 $s^{sf} = 0$。而当 $s = 0$ 时,从双渠道决策过程来看,实体店的决策就变成了只需要确定最优产品销售价格,这时双渠道博弈行为就演变成了单纯的价格博弈,且此情形下由于实体店不再付出任何促销努力,所以,消费者"搭便车"比例继续上升对双渠道博弈也不会产生影响。

除上述分析结果外,从图5-10、图5-11、图5-12可以看出,当满足条件 $0\leqslant\phi^{nf}<1$、$0\leqslant\phi^{hf}<0.87$、$0\leqslant\phi^{zf}<0.81$ 时,消费者"搭便车"行为变化对双渠道决策会产生一定的影响,且随着消费者"搭便车"比例的增加,对于实体店而言,会通过采取降低产品销售价格的方式来缓解消费群体的流失,同时基于促销努力成本的考虑,实体店的努力水平也会有所下降;而从网店的产品销售价格来看,呈现先增加后减少的变化,先增加是因为初期消费者"搭便车"比例增加会带来其需求量的放大,此时其会通过提高产品销售价格获取更多的利润,而后期由于实体店努力水平的下降,消费者"搭便车"比例增加带来需求量增加效果减弱,且迫于实体店降价压力,网店也会选择降低产品销售价格;最后,通过对三种公平关切情形的比较可以发现,横向公平关切下消费者"搭便车"的比例变化对实体店的销售价格、努力水平及网店的销售价格影响更大。

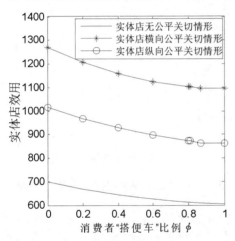

图5-13　消费者"搭便车"比例变化对实体店效用的影响

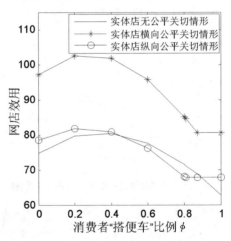

图5-14　消费者"搭便车"比例变化对网店效用的影响

从图5-13、图5-14可以看出,随着消费者"搭便车"比例的增加,三种不同公平关切下实体店的效用均有所下降,且实体店横向公平关切情形效用下降的速度最大,实体店纵向公平关切情形次之,实体店无公平关切情形最小,也就是说,消费者"搭便车"比例的增加对实体店的经营不利,且实体店横向公平关切情形下其受到的不利影响会愈加明显。而从网店的效用变化来看,呈现先增加后减少的变化趋势,也就是说,消费者"搭便车"比例越大对网店运营并不是越有利,其存在一个最佳的消费者"搭便车"比例使得网店效用达到最大。最后,通过比较也可以发现,实体店横向公平关切情形下网店效用受到消费者"搭便车"比例变化的影响会更大。

（2）制造商产品批发价格 w 变化的影响分析

本部分算例分析的目的主要是因为在对双渠道决策分析时,考虑到模型的复杂性,假定制造商的产品批发价格是固定不变的,而从现实情况来看,制造商同样也会根据市场情况对产品的批发价格进行调整,所以在此通过算例分析产品批发价格变化对双渠道决策及其效用的影响,同时做比较分析,见图 5 - 15—图 5 - 19。参数取值为:$a = 100, c = 30, \eta = 4, \beta = 0.4, u = 0.7, \gamma = 1, \phi = 0.3, \lambda = 1, w \in [35, 45]$。

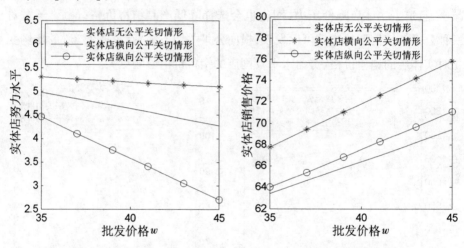

图 5 - 15　批发价格对实体店努力水平的影响　　图 5 - 16　批发价格对实体店销售价格的影响

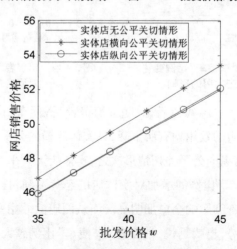

图 5 - 17　批发价格对网店销售价格的影响

从图 5 - 15、图 5 - 16、图 5 - 17 可以看出,当制造商提高产品批发价格时,从双渠道决策来看,对于实体店而言,为了应对产品批发价格的上涨,将采取提高产品销售价格的方式来应对,同时由于销售价格上涨的幅度低于批发价格上涨的幅度,所以实体店单位促销努力水平给其所带来的边际效用将有所下降,基于上述考虑,实体店会相应降低其努力水平。除此之外,通过对三种不同公平关切情形的比较可以发现,实体店的销售价格在横向公平关切情形下上升得更快,实体店的努力水平在纵向公平关切情形下下降得更快;对于网店而言,同样也会通过采取提高产品销售价格的方式来应对制造商批发价格的上涨,且在横向公平关切情形下其价格的上涨会更加明显。上述研究表明,制造商调整产品批发价格对双渠道决策会产生一定的影响,但实体店处于不同的公平关切情形下其所受影响也会有所不同。

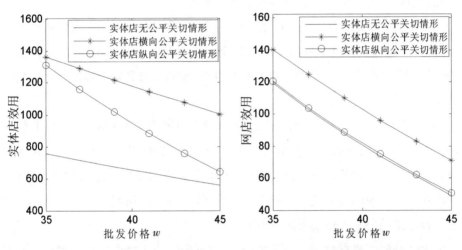

图5-18　批发价格对实体店效用的影响　　图5-19　批发价格对网店效用的影响

　　从图5-18、图5-19可以看出,随着制造商产品批发价格的上升,双渠道的效用均有所下降,对于实体店而言,其效用在纵向公平关切情形下下降得最快,横向公平关切情形次之,无公平关切情形最小,而从网店效用变化来看,三种不同公平关切情形下其效用下降的速度比较接近。也就是说,当制造商提高产品的批发价格时,双渠道经营均会受到不利的影响,且实体店在其自身横向公平关切情形下受到的不利影响最大,而网店则在三种不同的公平关切情形下受到的不利影响差别不大。

5.3.4　本节小结

　　在考虑消费者"搭便车"行为影响的基础上,本节构建了三种不同公平关切

情形下的双渠道博弈模型,研究此背景下双渠道决策问题,得到如下主要结论:

(1)在双渠道的博弈过程中,消费者"搭便车"行为对双渠道决策会产生一定的影响,但随着消费者"搭便车"比例上升到某一临界值(且三种不同公平关切情形下消费者"搭便车"比例的临界值有所不同)时,实体店将不再付出任何促销努力,双渠道博弈行为就演变成单存的价格博弈,此时消费者"搭便车"比例继续上升对双渠道决策也不会产生影响。

(2)从双渠道决策变化来看,随着消费者"搭便车"比例的增加,对于实体店而言,其产品销售价格及努力水平都有所下降,且两者均在横向公平关切情形下下降得更快,而从网店的产品销售价格变化来看,其呈现先上升后下降的变化,同样,其在横向公平关切情形下变化更快。

(3)从双渠道效用变化来看,消费者"搭便车"比例的增加对实体店经营不利,且实体店在横向公平关切情形下其受到的不利影响会愈加明显,而消费者"搭便车"比例增加对网店经营可能有利也可能不利,且其影响程度在横向公平关切情形下会更大。

(4)当制造商提高产品的批发价格时,实体店产品销售价格会上升,实体店努力水平会下降,网店销售价格也会上升,且不同的公平关切情形其变化速度也不一样。除此之外,制造商提高产品的批发价格对双渠道经营均不利,且实体店在其自身横向公平关切情形受到的不利影响最大,而网店受到的不利影响在三种不同的公平关切情形区别不大。

本部分研究尚存在诸多不足之处,比如所构建的双渠道运营模型只是针对完全信息对称情形,且只是研究了双渠道一方具有公平关切行为的问题,并未考虑双方同时具有公平关切行为的情形,以上都将是未来进一步研究的方向。

5.4 情境4:考虑公平关切信息不对称影响

公平关切是一种心理现象,双渠道供应链成员决策时往往不知晓链上其他成员企业的公平关切程度,即公平关切信息存在不对称性,而从已有研究来看,很少有文献对此背景下双渠道供应链运营问题展开研究。目前学者们关于信息不对称下双渠道供应链运营问题的研究,主要针对需求、成本、质量等信息不对称,且从研究结果来看,与信息对称情形相比,信息不对称下双渠道供应链运营会变得有所不同。鉴于此,本部分考虑公平关切信息不对称,研究双渠道供应链运营问题,并讨论如何设计激励合同促使双渠道供应链企业传递真实的公平关切信息。

5.4.1　模型描述与假设

考虑一个由单一制造商和单一实体零售商所组成的供应链,其中制造商开通了电子商务渠道,它将在市场与实体零售商之间展开竞争。假定制造商为公平中性,实体零售商具有公平关切行为,且从现实情况来看,在制造商与实体零售商的博弈过程中,由于公平关切程度是私有信息,实体零售商出于自身利益考虑会对其进行隐瞒。也就是说,制造商决策时往往很难知晓实体零售商准确的公平关切程度,此现状将对双渠道供应链运营产生影响。为了便于对上述问题展开分析,特作如下假设:

(1)假定制造商生产成本为 c_m,与已有文献一样处理,令 $c_m = 0$,这样有助于简化模型求解,但对后续模型结果的分析不会产生实质性影响。

(2)假定制造商给予实体零售商批发价格为 w,电子商务渠道和实体零售商产品销售价格分别为 p_e 和 p_r。

(3)在产品销售过程中,相比较实体零售商,制造商所开通的电子商务渠道会节省一定的渠道成本和销售成本,参照文献[38]。不妨假定电子商务渠道单位产品销售成本为 0,实体零售商单位产品销售成本为 c_r,且满足 $0 < c_r < p_r$,该条件保证实体零售商经营能获得一定的利润。

(4)假定电子商务渠道和实体零售商产品需求函数分别记为:

$$d_e = \delta - p_e + \beta p_r \qquad (5-74)$$

$$d_r = 1 - \delta - p_r + \beta p_e \qquad (5-75)$$

式中:δ 为电子商务渠道潜在的市场份额,$1 - \delta$ 为实体零售商潜在的市场份额,产品市场规模为 1;β 为渠道价格交叉弹性系数,反映消费者对渠道间价格差异的敏感程度,其值小于自身价格弹性系数,即满足条件 $0 < \beta < 1$。

从上述需求函数可知,当市场中仅存在实体零售商时,此时 $\beta = 0$,实体零售商需求量就变为 $d_r = 1 - \delta - p_r$,要保证 $d_r > 0$,则存在 $p_r < 1 - \delta$。

(5)考虑实体零售商公平关切行为,假定公平关切下实体零售商效用为 $U(\pi_r) = \pi_m - \lambda_t(\pi_e - \pi_r)$。其中,$\pi_m$ 为制造商利润,π_r 为实体零售商利润,$U(\pi_r)$ 为公平关切下实体零售商效用,λ_t 为实体零售商公平关切程度,$\lambda_t > 0$。

其他相关符号说明:上标 SI 表示信息对称情形,上标 AI 表示信息不对称情形,上标 IC 表示激励合同情形。

5.4.2 模型构建与分析

在双渠道供应链决策过程中,假定制造商为领导者,实体零售商为跟随者,制造商首先基于自身利润最大化确定产品批发价格 w 和电子商务渠道产品销售价格 p_e,实体零售商在观察到其决策后制定产品销售价格 p_r,双方构成 Stackelberg 博弈。

制造商和实体零售商利润分别为:

$$\pi_m = p_e d_e + w d_r \tag{5-76}$$

$$\pi_r = (p_r - w - c_r) d_r \tag{5-77}$$

公平关切下实体零售商效用为:

$$U(\pi_r) = (1 + \lambda_t)(p_r - w - c_r) d_r - \lambda_t (p_e d_e + w d_r) \tag{5-78}$$

(1)信息对称情形

在该情形下,制造商和实体零售商博弈过程建立在信息共享基础上。根据逆向归纳法,两者博弈过程如下:

对式(5-78)关于 p_r 求一阶导数,并令其等于 0,求解可得公平关切信息对称下实体零售商最优产品销售价格为:

$$p_r^{SI} = \frac{(1 - \delta + c_r)(\lambda_t + 1) + (2\lambda_t + 1)w + \beta p_e}{2 + 2\lambda_t} \tag{5-79}$$

将式(5-79)代入式(5-76),并对其关于 w、p_e 求一阶导数,令其等于 0,联立求解可得公平关切信息对称情形下最优产品批发价格和电子商务渠道销售价格为:

$$w^{SI} = \frac{[(\delta - c_r - 1)\beta^2 - 2\beta\delta + \delta + c_r - 1]\lambda_t - \beta^2 c_r - \beta\delta + \delta + c_r - 1}{2(\beta^2 - 1)(2\lambda_t + 1)} \tag{5-80}$$

$$p_e^{SI} = \frac{\beta\delta - \delta - \beta}{2(\beta^2 - 1)} \tag{5-81}$$

将式(5-80)、式(5-81)代入式(5-79)可得实体零售商最优产品销售价格为:

$$p_r^{SI} = \frac{(1 - \delta + c_r)\beta^2 - 2\beta\delta + 3\delta - c_r - 3}{4(\beta^2 - 1)} \tag{5-82}$$

将 w^{SI}、p_e^{SI}、p_r^{SI} 分别代入式(5-74)、式(5-75)、式(5-76)、式(5-78)可得公平关切信息对称下电子商务渠道销售量 d_e^{SI}、实体零售商销售量 d_r^{SI}、制造商利润 π_m^{SI} 及实体零售商效用 $U^{SI}(\pi_r)$。

(2)信息不对称情形

在信息不对称情形下,实体零售商为了追求更多利益,往往会隐瞒其真实的公平关切程度,并向制造商传递一个虚假的公平关切信息,假定实体零售商传递的公平关切值为 λ_f,且满足 $\lambda_f \geqslant 0$。制造商由于不知晓实体零售商真实的公平关切程度,假定其根据传递的公平关切值 λ_f 进行决策。

制造商决策过程:

基于实体零售商传递的公平关切值 λ_f,制造商认为公平关切下实体零售商效用应该为:

$$U^{AI}(\pi_r) = (1+\lambda_f)(p_r - w - c_r)d_r - \lambda_f(p_e d_e + w d_r) \tag{5-83}$$

根据逆向归纳法,对式(5-83)关于 p_r 求一阶导数,并令其等于0,求解可得制造商认为的实体零售商最优产品销售价格为:

$$p_r^{AI} = \frac{(1-\delta+c_r)(\lambda_f+1) + (2\lambda_f+1)w + \beta p_e}{2+2\lambda_f} \tag{5-84}$$

将式(5-84)代入式(5-76),并对其关于 w、p_e 求一阶导数,令其等于0,联立求解可得公平关切信息不对称情形下最优产品批发价格和电子商务渠道销售价格为:

$$w^{AI} = \frac{[(\delta-c_r-1)\beta^2 - 2\beta\delta + \delta + c_r - 1]\lambda_f - \beta^2 c_r - \beta\delta + \delta + c_r - 1}{2(\beta^2-1)(2\lambda_f+1)} \tag{5-85}$$

$$p_e^{AI} = \frac{\beta\delta - \delta - \beta}{2(\beta^2-1)} \tag{5-86}$$

实体零售商决策过程:

对于实体零售商而言,观察到制造商决策后,将根据其自身真实的公平关切程度 λ_t 进行决策。将式(5-85)、式(5-86)代入式(5-78),对其关于 p_r 求一阶导数,令其等于0,求解可得实体零售商最优产品销售价格为:

$$p_r^{AI} = \frac{\begin{aligned}&\{[2(-\delta+c_r+1)\lambda_t - \delta + 3c_r + 1]\lambda_f + 2(1-\delta)\lambda_t - \delta + c_r + 1\}\beta^2 + 3\delta - c_r - 3\\&+ [(6\delta-2c_r-6)\lambda_t + 5\delta - 3c_r - 5]\lambda_f + (4\delta-4)\lambda_t - (1+\lambda_t)(4\lambda_f+2)\beta\delta\end{aligned}}{4(\beta^2-1)(2\lambda_f+1)(1+\lambda_t)}$$

$$\tag{5-87}$$

将 w^{AI}、p_e^{AI}、p_r^{AI} 分别代入式（5－76）和式（5－78），求解可得公平关切信息不对称下电子商务渠道销售量 d_e^{AI}、实体零售商销售量 d_r^{AI}、制造商利润 π_m^{AI} 及实体零售商效用 $U^{AI}(\pi_r)$。

（3）信息对称与不对称两种情形比较分析

该部分主要对公平关切信息对称与不对称两种情形下双渠道供应链运营情况进行比较分析，得到以下主要研究结果。

命题 1 信息对称与不对称两种情形下双渠道供应链成员企业决策行为比较结果：（1）p_e^{AI} 与 p_e^{SI} 两者相等。（2）当 $\lambda_f > \lambda_t$ 时，存在 $w^{AI} < w^{SI}$；当 $\lambda_f < \lambda_t$ 时，存在 $w^{AI} > w^{SI}$。（3）当 $\lambda_f > \lambda_t$ 时，存在 $p_r^{AI} < p_r^{SI}$；当 $\lambda_f < \lambda_t$ 时，存在 $p_r^{AI} > p_r^{SI}$。

证明 将式（5－81）与式（5－86）进行比较，可知 p_e^{AI} 与 p_e^{SI} 相等。

令 $\Delta w = w^{AI} - w^{SI}$，通过求解可得：$\Delta w = \dfrac{(\lambda_t - \lambda_f)(1 - \delta - c_r)}{2(2\lambda_t + 1)(2\lambda_f + 1)}$。由于 $p_r < 1 - \delta$，$c_r < p_r$，可知 $c_r < 1 - \delta$，所以当 $\lambda_f > \lambda_t$ 时，存在 $\Delta w < 0$，即 $w^{AI} < w^{SI}$；当 $\lambda_f < \lambda_t$ 时，则存在 $w^{AI} > w^{SI}$。

令 $\Delta p_r = p_r^{AI} - p_r^{SI}$，通过求解可得：$\Delta p_r = \dfrac{(\lambda_t - \lambda_f)(1 - \delta - c_r)}{4(\lambda_t + 1)(2\lambda_f + 1)}$。同样可知，当 $\lambda_f > \lambda_t$ 时，存在 $\Delta p_r < 0$，即 $p_r^{AI} < p_r^{SI}$；当 $\lambda_f < \lambda_t$ 时，存在 $p_r^{AI} > p_r^{SI}$。证毕。

进一步对 Δw、Δp_r 关于 δ、c_r 求一阶导数，可得如下命题 2。

命题 2 参数 δ、c_r 变化对 Δw、Δp_r 的影响为：（1）当 $\lambda_f > \lambda_t$ 时，存在 $\dfrac{\partial \Delta w}{\delta} > 0$，$\dfrac{\partial \Delta w}{c_r} > 0$；当 $\lambda_f < \lambda_t$ 时，存在 $\dfrac{\partial \Delta w}{\delta} < 0$，$\dfrac{\partial \Delta w}{c_r} < 0$。（2）当 $\lambda_f > \lambda_t$ 时，存在 $\dfrac{\partial \Delta p_r}{\delta} > 0$，$\dfrac{\partial \Delta p_r}{c_r} > 0$；当 $\lambda_f < \lambda_t$ 时，存在 $\dfrac{\partial \Delta p_r}{\delta} < 0$，$\dfrac{\partial \Delta p_r}{c_r} < 0$。

证明略。

综合命题 1、2 可知，与信息对称情形相比较，公平关切信息不对称下电子商务渠道产品销售价格不会发生变化，而实体零售商产品销售价格和产品批发价格会有所变化。当实体零售商传递公平关切值高于真实值时，实体零售商产品销售价格及产品批发价格会下降；当传递公平关切值低于真实值时，则会有所上升。且两种情形下差距大小受电子商务渠道潜在市场份额、实体零售商销售成本等因素变化的影响。

命题 3　两种情形下产品销售量比较结果为:(1)当 $\lambda_f > \lambda_t$ 时,存在 $d_r^{AI} > d_r^{SI}$;当 $\lambda_f < \lambda_t$ 时,存在 $d_r^{AI} < d_r^{SI}$。(2)当 $\lambda_f > \lambda_t$ 时,存在 $d_e^{AI} < d_e^{SI}$;当 $\lambda_f < \lambda_t$ 时,存在 $d_e^{AI} > d_e^{SI}$。(3)当 $\lambda_f > \lambda_t$ 时,存在 $d^{AI} > d^{SI}$;当 $\lambda_f < \lambda_t$ 时,存在 $d^{AI} < d^{SI}$。

证明　要比较实体零售商两种情形下的销售量,不妨令 $\Delta d_r = d_r^{AI} - d_r^{SI}$,通过求解可得: $\Delta d_r = \dfrac{(\lambda_f - \lambda_t)(1 - \delta - c_r)}{4(1 + \lambda_t)(2\lambda_f + 1)}$。由于 $c_r < 1 - \delta$,所以,当 $\lambda_f > \lambda_t$ 时,存在 $\Delta d_r > 0$,即 $d_r^{AI} > d_r^{SI}$;当 $\lambda_f < \lambda_t$ 时,存在 $d_r^{AI} < d_r^{SI}$。接下来对两种情形下电子商务渠道销售量进行比较,通过求解可得: $\Delta d_e = d_e^{AI} - d_e^{SI} = -\dfrac{(\lambda_f - \lambda_t)(1 - \delta - c_r)\beta}{(8\lambda_f + 4)\lambda_t + 8\lambda_f + 4}$。同理可知,当 $\lambda_f > \lambda_t$ 时,存在 $d_e^{AI} < d_e^{SI}$;当 $\lambda_f < \lambda_t$ 时,存在 $d_e^{AI} > d_e^{SI}$。最后,对两种情形下双渠道产品销售量进行比较,通过求解可得: $\Delta d = \Delta d_r + \Delta d_e = \dfrac{(\lambda_f - \lambda_t)(1 - \delta - c_r)(1 - \beta)}{(8\lambda_f + 8)\lambda_t + 4\lambda_f + 4}$。由于 $1 - \beta > 0$, $c_r < 1 - \delta$,所以,当 $\lambda_f > \lambda_t$ 时,存在 $d^{AI} > d^{SI}$;当 $\lambda_f < \lambda_t$ 时,存在 $d^{AI} < d^{SI}$。证毕。

进一步对 Δd_r、Δd_e、Δd 关于 δ、c_r 求一阶导数,可得如下命题4。

命题 4　参数 δ、c_r 变化对 Δd_r、Δd_e、Δd 的影响为:(1)当 $\lambda_f > \lambda_t$ 时,存在 $\dfrac{\partial \Delta d_r}{\delta} < 0, \dfrac{\partial \Delta d_r}{c_r} < 0$;当 $\lambda_f < \lambda_t$ 时,存在 $\dfrac{\partial \Delta d_r}{\delta} > 0, \dfrac{\partial \Delta d_r}{c_r} > 0$。(2)当 $\lambda_f > \lambda_t$ 时,存在 $\dfrac{\partial \Delta d_e}{\delta} > 0, \dfrac{\partial \Delta d_e}{c_r} > 0$;当 $\lambda_f < \lambda_t$ 时,存在 $\dfrac{\partial \Delta d_e}{\delta} < 0, \dfrac{\partial \Delta d_e}{c_r} < 0$。(3)当 $\lambda_f > \lambda_t$ 时,存在 $\dfrac{\partial \Delta d}{\delta} < 0, \dfrac{\partial d}{c_r} < 0$;当 $\lambda_f < \lambda_t$ 时,存在 $\dfrac{\partial \Delta d}{\delta} > 0, \dfrac{\partial \Delta d}{c_r} > 0$。

证明略。

综合命题3、4可知,与信息对称情形相比较,公平关切信息不对称下实体零售商销售量、电子商务渠道销售量及产品总销售量均会有所变化,但变化有所不同。若实体零售商传递公平关切值高于真实值,实体零售商销售量及双渠道总销售量会增加,电子商务渠道销售量会减少;若实体零售商传递公平关切值低于真实值,实体零售商销售量及双渠道总销售量会减少,电子商务渠道销售量会增加。且两种情形下差距大小与电子商务渠道潜在市场份额、实体零售商销售成本等因素有关。

对于两种情形下制造商利润和实体零售商效用的比较,考虑到模型的复杂性,将在算例中进行分析。

5.4.3 激励合同设计分析

从已有文献研究来看,信息不对称将给不拥有信息的一方带来不利。在双渠道供应链运营过程中,制造商作为不拥有信息的一方。为了避免实体零售商传递不真实公平关切信息给其所带来的不利影响,假定围绕实体零售商传递的公平关切值 λ_f 设计一个激励合同 $S(\lambda_f)$,令 $S(\lambda_f) = A + k\lambda_f$,$A$ 为制造商给予实体零售商固定支付,k 为激励合同支付参数。此情形下制造商和实体零售商利润分别为:

$$\pi_m^{IC} = p_e d_e + w d_r - S(\lambda_f) \qquad (5-88)$$

$$\pi_r^{IC} = (p_r - w - c_r) d_r + S(\lambda_f) \qquad (5-89)$$

公平关切下实体零售商效用为:

$$U^{IC}(\pi_r) = (1 + \lambda_t)\left[(p_r - w - c_r)d_r + S(\lambda_f)\right] - \lambda_t\left[p_e d_e + w d_r - S(\lambda_f)\right]$$

$$(5-90)$$

在该情形下,双渠道供应链决策过程与信息不对称情形相似,制造商基于实体零售商传递的公平关切值 λ_f 进行决策,得到最优产品批发价格和电子商务渠道销售价格分别为:

$$w^{IC} = \frac{\left[(\delta - c_r - 1)\beta^2 - 2\beta\delta + \delta + c_r - 1\right]\lambda_h - \beta^2 c_r - \beta\delta + \delta + c_r - 1}{2(\beta^2 - 1)(2\lambda_h + 1)} \qquad (5-91)$$

$$p_e^{IC} = \frac{\beta\delta - \delta - \beta}{2(\beta^2 - 1)} \qquad (5-92)$$

将 w^{IC} 和 p_e^{IC} 代入式(5-90),对其关于 p_r 求一阶导数,令其等于 0,可得实体零售商最优产品销售价格为:

$$p_r^{IC} = \frac{\begin{array}{l}\left\{\left[2(-\delta + c_r + 1)\lambda_t - \delta + 3c_r + 1\right]\lambda_f + 2(1-\delta)\lambda_t - \delta + c_r + 1\right\}\beta^2 + 3\delta - c_r - 3 \\ + \left[(6\delta - 2c_r - 6)\lambda_t + 5\delta - 3c_r - 5\right]\lambda_f + (4\delta - 4)\lambda_t - (1 + \lambda_t)(4\lambda_f + 2)\beta\delta\end{array}}{4(\beta^2 - 1)(2\lambda_f + 1)(1 + \lambda_t)}$$

$$(5-93)$$

接下来对合同参数设定进行分析。将 w^{IC}、p_e^{IC}、p_r^{IC} 代入式 $U^{IC}(\pi_r)$,可知实体零售商效用完全取决于其传递的公平关切值 λ_f。根据显示原理[22],为了保证实体零售商传递真实的公平关切值,实体零售商效用 $U^{IC}(\pi_r)$ 应该在 $\lambda_f = \lambda_t$ 处取得最大。参照已有文献做法,通过求解 $\dfrac{\partial U^{IC}(\pi_r)}{\partial \lambda_f} = 0$,并令 $\lambda_f = \lambda_t$,可得激励合同参数 k 满足下列条件:

$$k^* = -\frac{(1-\delta-c_r)^2}{8(2\lambda_t+1)^2} \tag{5-94}$$

在合同具体实施过程中,要保证制造商愿意提供激励合同及实体零售商愿意接受激励合同,则制造商和实体零售商在该情形下获得收益必须不小于其保留收益,记制造商保留利润为 π_m^0,实体零售商保留效用为 $U^0(\pi_r)$。通过求解可得,要达到上述要求,激励合同中固定支出参数 A 需要满足下列条件:

$$A_d \leqslant A \leqslant A_u \tag{5-95}$$

其中: $A_d = \dfrac{\left[(c_r+2w^{IC}-p_r^{IC})\lambda_t+c_r+w^{IC}-p_r^{IC}\right]d_r^{IC}+\lambda_t p_e^{IC}d_e^{IC}-(2\lambda_t+1)\lambda_t k^*+U^0(\pi_r)}{1+2\lambda_t}$

$A_u = p_e^{IC}d_e^{IC}+w^{IC}d_r^{IC}-\lambda_t k^*-\pi_m^0$

由上面分析可得如下命题 5。

命题 5 当满足式(5-94)、式(5-95)时,激励合同不仅可以保证实体零售商传递真实的公平关切信息,还能实现制造商利润和实体零售商效用帕累托改进。

令 $\Delta A = A_u - A_d$,通过求解可得:

$$\Delta A = \frac{(\lambda_t p_r^{IC}-c_r+p_r^{IC}-\lambda_t c_r)d_r^{IC}+(\lambda_t+1)p_e^{IC}d_e^{IC}-(2\lambda_t+1)\pi_m^0-U^0(\pi_r)}{1+2\lambda_t}$$

$$\tag{5-96}$$

其中: ΔA 为激励合同中固定支付 A 的变动区间, ΔA 越大,表明制造商和实体零售商关于激励合同的谈判空间就越大; ΔA 越小,表明谈判空间就越小。从式(5-96)可以看出, ΔA 受诸多因素的影响,考虑到模型的复杂性,本部分将在算例中进行相关分析。

5.4.4　算例分析

为了进一步探索公平关切信息不对称对双渠道供应链运营的影响,本部分将借助 matlab 软件展开仿真分析。模型基础参数设置为: $\lambda_t = 1, c_r = 0.1, \beta =$

$0.3, \delta = 0.2, \lambda_f \in [0.2, 2]$。首先，通过算例分析了解信息不对称下实体零售商传递公平关切值 λ_f 变化对双渠道供应链运营的影响，仿真分析结果见图 5 – 20、图 5 – 21。

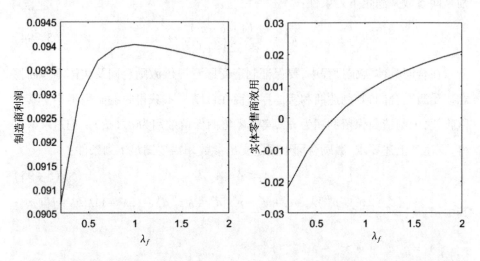

图 5 – 20　信息不对称下实体零售商传递　　图 5 – 21　信息不对称下实体零售商传递
公平关切值变化对制造商利润的影响　　　　公平关切值变化对实体零售商效用的影响

　　从图 5 – 20 可以看出，随着实体零售商传递的公平关切值增加，制造商利润呈现先增加后减少变化，且很明显可以看出，当实体零售商传递真实的公平关切值（即 $\lambda_f = \lambda_t = 1$）时，制造商利润达到最大。这表明，信息不对称下实体零售商谎报公平关切信息对制造商运营不利。从图 5 – 21 可以看出，实体零售商获得的效用会有所增加，且与传递真实公平关切值情形相比，实体零售商传递公平关切值小于真实值（即 $\lambda_f < \lambda_t$）时获得的效用更低，实体零售商传递公平关切值大于真实值（即 $\lambda_f > \lambda_t$）时获得的效用会更高，这意味着信息不对称下实体零售商能通过传递一个更高公平关切值获得更多效用。

　　由于实体零售商传递不真实公平关切信息会对制造商不利，制造商将通过激励合同促使实体零售商传递真实的公平关切值，接下来通过算例对激励合同的有效性进行验证。参照信息不对称下制造商和实体零售商获得收益，假定制造商保留利润 $\pi_m^0 = 0.0900$，实体零售商保留效用 $U^0(\pi_r) = 0.0090$，制造商固定支出 $A = 0.0080$，仿真分析结果见图 5 – 22、图 5 – 23。

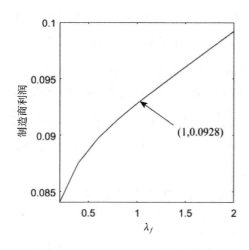

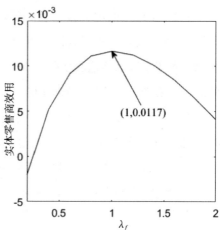

图 5 - 22 激励合同下实体零售商传递公平关切值变化对制造商利润的影响　**图 5 - 23 激励合同下实体零售商传递公平关切值变化对实体零售商效用的影响**

从图 5 - 22、图 5 - 23 可以看出,在激励合同下,随着实体零售商传递公平关切值增加,制造商利润会增加,实体零售商效用先增加后减少,且很明显可以看出,当实体零售商传递真实公平关切值(即 $\lambda_f = \lambda_t = 1$)时,效用达到最大,也就是说,激励合同能促使实体零售商传递真实的公平关切信息。除此之外,当实体零售商传递真实公平关切信息时,制造商获得的利润为 0.0928,实体零售商获得的效用为 0.0117,均大于两者保留收益,这满足制造商和实体零售商签订该激励合同条件,说明激励合同此时是有效的。

接下来进一步分析 λ_t、β 等参数变化对激励合同的影响,见表 5 - 4、表 5 - 5。

表 5 - 4　实体零售商真实公平关切值变化对激励合同下双渠道供应链运营的影响

λ_t	w^{IC}	p_e^{IC}	p_r^{IC}	激励合同参数		A 区间长度	π_m^{IC} 区间	$U^{IC}(\pi_r)$ 区间
				k	A 取值区间			
0.2	0.3725	0.2418	0.6975	- 0.0313	[0,0.0219]	0.0219	[0.0900,0.1179]	[0.0090,0.0481]
0.4	0.3447	0.2418	0.6975	- 0.0189	[0.0006,0.0184]	0.0178	[0.0900,0.1078]	[0.0090,0.0411]
0.6	0.3271	0.2418	0.6975	- 0.0127	[0.0039,0.0153]	0.0114	[0.0900,0.1014]	[0.0090,0.0341]
0.8	0.3148	0.2418	0.6975	- 0.0091	[0.0059,0.0128]	0.0070	[0.0900,0.0970]	[0.0090,0.0271]
1.0	0.3059	0.2418	0.6975	- 0.0068	[0.0071,0.0108]	0.0037	[0.0900,0.0937]	[0.0090,0.0201]
1.2	0.2990	0.2418	0.6975	- 0.0053	[0.0080,0.0092]	0.0012	[0.0900,0.0912]	[0.0090,0.0131]
1.318	0.2957	0.2418	0.6975	- 0.0046	[0.0083,0.0083]	0	0.0900	0.0090
>1.318	—			—	不存在			

表 5 - 4 首先揭示了激励合同的性质,它由固定转移支付和惩罚机制两部分组成,固定转移支付保证制造商和实体零售商收益不小于保留收益,惩罚机制保证实体零售商传递真实公平关切信息时效用达到最大。然后,随着实体零售商真实公平关切值的增加,A 的区间长度逐渐减小。这表明,制造商和实体零售商就合同参数 A 的谈判空间会缩小,谈判难度有所加大。且当 $\lambda_t > 1.318$ 时,A 取值区间不存在,即 A 的取值无法同时保证实体零售商和制造商获得收益不小于各自保留收益,此时两者无法达成合同。

表 5 - 5   渠道价格交叉弹性系数变化对激励合同下双渠道供应链运营的影响

| β | w^{IC} | p_e^{IC} | p_r^{IC} | 激励合同参数 | | A 区间长度 | π_m^{IC} 区间 | $U^{IC}(\pi_r)$ 区间 |
				k	A 取值区间			
< 0.275	—	—	—	—	不存在		—	—
0.275	0.2958	0.2272	0.6875	− 0.0068	[0.0053, 0.0053]	0	0.0900	0.0090
0.28	0.2977	0.2300	0.6894	− 0.0068	[0.0056, 0.0064]	0.0008	[0.0900, 0.0908]	[0.0090, 0.0113]
0.30	0.3059	0.2418	0.6975	− 0.0068	[0.0071, 0.0108]	0.0037	[0.0900, 0.0937]	[0.0090, 0.0201]
0.32	0.3146	0.2540	0.7063	− 0.0068	[0.0087, 0.0156]	0.0069	[0.0900, 0.0969]	[0.0090, 0.0296]
0.34	0.3241	0.2668	0.7157	− 0.0068	[0.0104, 0.0206]	0.0102	[0.0900, 0.1002]	[0.0090, 0.0397]
0.36	0.3343	0.2803	0.7259	− 0.0068	[0.0122, 0.0260]	0.0139	[0.0900, 0.1039]	[0.0090, 0.0506]
0.38	0.3453	0.2945	0.7369	− 0.0068	[0.0141, 0.0319]	0.0177	[0.0900, 0.1077]	[0.0090, 0.0622]

从表 5 - 5 可以看出,渠道价格交叉弹性系数越大,即消费者对渠道价格差异越敏感,制造商会越加倾向于提高产品批发价格,促使实体零售商提高销售价格,从而增强自身所开通的电子商务渠道竞争力,此举对消费者不利。从激励合同参数变化来看,k 值保持不变,A 区间长度有所增加,这表明制造商和实体零售商就激励合同谈判空间扩大。同样,从表 5 - 5 可以看出,当 $\beta < 0.275$ 时,激励合同参数 A 取值无法同时保证制造商和实体零售商获得收益不小于各自保留收益,此时激励合同是无效的。

5.4.5   本节小结

本节基于实体零售商公平关切行为,构建了双渠道供应链博弈模型,分析了公平关切信息对称与不对称两种情形下双渠道供应链决策问题,并对制造商如何设计激励合同促使实体零售商传递真实公平关切信息进行探讨,得到如下主要结论:(1)在信息不对称下,实体零售商传递不真实公平关切信息会对自身产品销售价格及制造商批发价格产生影响,但电子商务渠道销售价格不受影响;(2)与信息对称情形相比,若传递公平关切值低于真实值,实体零售商效用会减少,若高于真实值,效用会增加,而制造商利润在低于或高于真实值情形均减少,这表明,公平关切信息对实体零售商和制造商均存在一定的价值;(3)制造商设计的激励合同能促使实体零售商传递真实的公平关切信息,但从合同执行来看,实体零售商真实公平关切值及消费者对渠道价格差异敏感性均对合同能否达成产生影响。本节所设计模型只是考虑了实体零售商公平关切信息不对称问题,对于制造商公平关切信息不对称及两者同时公平关切信息不对称等情形并未展开研究,此情形下双渠道供应链运营将发生何种变化,有待于后续进一步研究。

第六章　不同类型供应链运营管理

6.1　绿色供应链运营管理

伴随着经济的快速发展,环境污染、生态破坏、资源浪费等问题日益严峻,各国政府不断出台相关政策与法律法规,促使经济发展方式向绿色化转型。比如,欧盟早在 2006 年就实施了《关于在电子电气设备中限制使用某些有害物质的指令》的规定,中国政府在 2017 年发布了《绿色制造——制造企业绿色供应链管理导则》国家标准等。在此背景下,越来越多的企业开始实施绿色供应链管理。比如:国内的海尔集团大力研发和生产绿色洗衣机、绿色冰箱等;苹果公司 2018—2019 年在 CSR 报告中加入了环境策略,要求供应商 100% 向绿色转型。

在供应链绿色发展过程中,产品设计和制造是其中重要环节,且随着消费者环保意识的增强,采用绿色发展策略已成为企业获取竞争力的有效手段。但从现实情况来看,由于绿色信息在企业与消费者之间不对称,企业为了获取更多利润,往往存在谎报绿色信息的行为,影响了消费者对绿色产品的信任,不利于绿色供应链发展。区块链技术作为近年发展起来的新型信任重构系统,具有非中心化、开放性、信息不可篡改等特征,将其应用在绿色供应链中,有助于绿色产品信息溯源化及透明化,能增强消费者对产品绿色度的信任。2019 年 10月,中共中央提出把区块链作为核心技术自主创新的重要突破口。2021 年 3月,全国两会明确将区块链技术列为数字经济重点产业。目前越来越多的企业采用区块链技术,比如:京东应用区块链技术对进口生鲜产品从源头至消费者全过程进行监控;马士基应用区块链技术对货运代理商、承运商、海关、港口等之间的交易进行管理。

目前关于绿色供应链运营管理问题的研究较多,但较少涉及区块链技术,以及针对不同权力结构展开。而从已有研究来看,不管是考虑区块链技术还是处于不同权力结构的情形,供应链成员企业的决策行为及获得收益均会不同。基于上述考虑,本部分探讨区块链技术下不同权力结构的绿色供应链运营问题,相比较已有研究,可以进一步解决如下问题:(1)区块链技术下不同权力结构绿色供应链如何决策产品批发价格、绿色度水平及销售价格;(2)找出不同权力结构下区块链技术对绿色供应链成员决策行为的影响的差异;(3)探寻绿色供应链应用区块链技术条件及不同权力结构情形的差异。

6.1.1　问题描述与模型假设

考虑由一个制造商和一个零售商组成的绿色供应链,制造商生产绿色产品,通过零售商销售给顾客。在绿色产品销售过程中,企业大力宣传其产品为绿色产品,由于信息的不透明,消费者在购买时会对产品绿色度持怀疑态度,这会影响其购买行为,进而对产品销售产生影响。绿色供应链应用区块链技术,可以为产品从生产到销售每个环节创建一个模块,这些模块清晰地记录着产品各个环节的信息,有助于提升供应链产品绿色信息的透明度。消费者则可以利用区块链中的时间戳追溯产品绿色信息,增强对绿色产品的信任度。为了便于探究绿色供应链区块链技术应用问题,特作如下假设:

(1)假定制造商生产成本为 c,为了简化模型,与已有文献一样处理,令 $c = 0$;制造商产品批发价格为 w,产品绿色度水平为 e,由于制造商生产绿色产品需要投入额外绿色成本,令 $C(e) = \dfrac{1}{2}\eta e^2$,其中 η 为绿色成本系数,$\eta > 0$。

(2)零售商以价格 p 将绿色产品销售给终端消费者。

(3)当绿色供应链不应用区块链技术时,假定制造商和零售商期间交易成本分别为 c_m、c_r,期间交易成本主要包括信息成本、绿色度溯源成本、谈判及签约成本等;当应用区块链技术后,区块链技术中的智能合约服务能降低期间交易成本,假定区块链技术对制造商和零售商期间交易费用的影响系数分别为 k_m、k_r,且满足条件:$0 < k_m, k_r < 1$。

(4)当应用区块链技术时,供应链会增加额外成本,假定单位产品应用区块链技术成本为 c_b,其中制造商分摊成本比例为 α,零售商分摊成本比例为 $1 - \alpha$,$0 \leq \alpha \leq 1$。

(5)从现实情况来看,绿色产品需求不仅受产品价格、产品绿色度水平的影响,还受消费者对产品绿色度偏好及绿色度信任的影响。当供应链不应用区块链技术时,假定产品需求函数为 $q_{nb} = a - p + \lambda\beta e$,其中:$a$ 为绿色产品市场规模,β 为消费者对产品绿色度偏好,λ 为消费者对产品绿色度信任系数,$0 < \lambda < 1$;当

供应链应用区块链技术时,由于消费者通过区块链技术能准确得知产品绿色度信息,假定消费者对产品绿色度信任系数 $\lambda = 1$,此时产品需求函数为:$q_b = a - p + \beta e$。

(6)假定制造商和零售商获得利润分别记为 π_m、π_r。

6.1.2 模型构建与分析

由上述假设可知,当供应链不应用区块链技术时,制造商和零售商利润函数分别为 $\pi_m^{nb} = (w - c_m)q_{nb} - \dfrac{1}{2}\eta e^2$,$\pi_r^{nb} = (p - w - c_r)q_{nb}$;当供应链应用区块链技术时,制造商和零售商利润函数分别为 $\pi_m^b = (w - k_m c_m - \alpha c_b)q_b - \dfrac{1}{2}\eta e^2$,$\pi_r^b = [p - w - k_r c_r - (1 - \alpha)c_b]q_b$。接下来对制造商占主导权、零售商占主导权及制造商与零售商权力均衡三种情形展开分析。

(1)制造商占主导权情形

在该情形下,制造商先确定产品批发价格 w 和产品绿色度水平 e,零售商在观察到其决策后,基于自身利润最大化确定产品销售价格 p,双方构成 Stackelberg 博弈。

当供应链未应用区块链技术时,根据逆向归纳法,通过求解得到命题 1:

命题 1 在制造商占主导权下,当未应用区块链技术时,供应链的最优策略解为:$w^{(1)} = \dfrac{2\eta(a + c_m - c_r) - c_m \lambda^2 \beta^2}{4\eta - \lambda^2 \beta^2}$,$e^{(1)} = \dfrac{(a - c_m - c_r)\lambda\beta}{4\eta - \lambda^2 \beta^2}$,$p^{(1)} = \dfrac{(3a + c_m + c_r)\eta - (c_m + c_r)\lambda^2 \beta^2}{4\eta - \lambda^2 \beta^2}$。

证明 对 π_r^{nb} 关于 p 求一阶、二阶导数,由于 $\dfrac{\partial^2 \pi_r^{nb}}{\partial p^2} = -2 < 0$,所以存在最优产品销售价格使零售商获得最大利润。令 $\dfrac{\partial \pi_r^{nb}}{\partial p} = 0$,求解得 $p^{(1)} = \dfrac{w + a + c_r + \lambda\beta e}{2}$,代入 π_m^{nb},对其分别关于 w、e 求一阶、二阶导数,得到 Hessian 矩阵 $H(w, e) = \dfrac{4\eta - \lambda^2 \beta^2}{4}$。所以,当 $\eta > \dfrac{\lambda^2 \beta^2}{4}$(结合后续产品需求量 $q^{(1)}$ 表达式可以看出,该条件是成立的)时,$H(w, e) > 0$,Hessian 矩阵为负定,可知 $\pi_m^{nb}(w, e)$

有极大值。联立 $\dfrac{\partial \pi_m^{nb}}{\partial w} = 0$ 和 $\dfrac{\partial \pi_m^{nb}}{\partial e} = 0$，求解得到最优产品批发价格 $w^{(1)}$ 和最优产品绿色度水平 $e^{(1)}$，将 $w^{(1)}$ 和 $e^{(1)}$ 代入可得最优产品销售价格 $p^{(1)}$。证毕。

结合命题1，进一步求解可得未应用区块链技术下绿色产品需求量为 $q^{(1)}$

$= \dfrac{(a - c_m - c_r)\eta}{4\eta - \lambda^2\beta^2}$；制造商和零售商最优利润分别为 $\pi_m^{(1)} = \dfrac{(a - c_m - c_r)^2\eta}{2(4\eta - \lambda^2\beta^2)}$，$\pi_r^{(1)}$

$= \dfrac{(a - c_m - c_r)^2\eta^2}{(4\eta - \lambda^2\beta^2)^2}$。

当应用区块链技术时，同未应用区块链技术情形求解过程一样（证明略），得到命题2：

命题2　在制造商占主导权下，当应用区块链技术时，供应链的最优策略解为：$w^{(2)} = \dfrac{2\eta(a + k_m c_m - k_r c_r - c_b + 2\alpha c_b) - (k_m c_m + \alpha c_b)\beta^2}{4\eta - \beta^2}$，$e^{(2)} = \dfrac{(a - k_m c_m - k_r c_r - c_b)\beta}{4\eta - \beta^2}$，$p^{(2)} = \dfrac{(3a + k_m c_m + k_r c_r + c_b)\eta - (k_m c_m + k_r c_r + c_b)\beta^2}{4\eta - \beta^2}$。

结合命题2，进一步求解可得应用区块链技术下绿色产品需求量为 $q^{(2)}$

$= \dfrac{(a - k_m c_m - k_r c_r - c_b)\eta}{4\eta - \beta^2}$；制造商和零售商最优利润分别为 $\pi_m^{(2)} =$

$\dfrac{(a - k_m c_m - k_r c_r - c_b)^2\eta}{2(4\eta - \beta^2)}$，$\pi_r^{(2)} = \dfrac{(a - k_m c_m - k_r c_r - c_b)^2\eta^2}{(4\eta - \beta^2)^2}$。

（2）零售商占主导权情形

在该情形下，零售商首先确定产品销售价格 p，制造商观察到其决策后确定产品批发价格 w 和绿色度水平 e，双方构成 Stackelberg 博弈。

当供应链未应用区块链技术时，根据逆向归纳法，利用函数极值条件（为了便于模型求解，令 $p = w + c_r + g$，g 为零售商销售绿色产品边际利润），通过求解得到命题3：

命题3　在零售商占主导权下，当未应用区块链技术时，供应链的最优策略解为：$w^{(3)} = \dfrac{(a + 3c_m - c_r)\eta - 2\lambda^2\beta^2 c_m}{4\eta - 2\lambda^2\beta^2}$，$e^{(3)} = \dfrac{(a - c_m - c_r)\lambda\beta}{4\eta - 2\lambda^2\beta^2}$，$p^{(3)}$

$= \dfrac{(3a + c_m + c_r)\eta - (a + c_m + c_r)\lambda^2\beta^2}{4\eta - 2\lambda^2\beta^2}$。

证明过程略。

结合命题3,进一步求解得到未应用区块链技术下绿色产品需求量为 $q^{(3)}$

$= \dfrac{(a - c_m - c_r)\eta}{4\eta - 2\lambda^2\beta^2}$;制造商和零售商最优利润分别为 $\pi_m^{(3)} = \dfrac{(a - c_m - c_r)^2\eta}{16\eta - 8\lambda^2\beta^2}$,$\pi_r^{(3)}$

$= \dfrac{(a - c_m - c_r)^2\eta}{8\eta - 4\lambda^2\beta^2}$。

当供应链应用区块链技术时,根据逆向归纳法,利用函数极值条件[为了便于模型求解,令 $p = w + k_r c_r + (1 - \alpha)c_b + g$],通过求解得到命题4:

命题4 在零售商占主导权下,当应用区块链技术时,供应链的最优策

略解为:$w^{(4)} = \dfrac{[a + 3k_m c_m - k_r c_r + (4\alpha - 1)c_b]\eta - (2k_m c_m + 2\alpha c_b)\beta^2}{4\eta - 2\beta^2}$,$e^{(4)} =$

$\dfrac{(a - k_m c_m - k_r c_r - c_b)\beta}{4\eta - 2\beta^2}$,$p^{(4)} = \dfrac{[3a + k_m c_m + k_r c_r + c_b]\eta - (k_m c_m + k_r c_r + a + c_b)\beta^2}{4\eta - 2\beta^2}$。

证明过程略。

结合命题4,进一步求解得到应用区块链技术下绿色产品需求量为 $q^{(4)}$

$= \dfrac{(a - k_m c_m - k_r c_r - c_b)\eta}{4\eta - 2\beta^2}$;制造商和零售商最优利润分别为 $\pi_m^{(4)} =$

$\dfrac{(a - k_m c_m - k_r c_r - c_b)^2\eta}{16\eta - 8\beta^2}$,$\pi_r^{(4)} = \dfrac{(a - k_m c_m - k_r c_r - c_b)^2\eta}{8\eta - 4\beta^2}$。

(3)制造商与零售商权力均衡情形

在该情形下,制造商确定产品批发价格 w 和绿色度水平 e,与此同时,零售商确定产品销售价格 p,双方构成 Nash 博弈。

当供应链未应用区块链技术时,利用函数极值条件,通过求解得到命题5:

命题5 在权力均衡下,当未应用区块链技术时,供应链的最优策略解

为:$w^{(5)} = \dfrac{(a + 2c_m - c_r)\eta - \lambda^2\beta^2 c_m}{3\eta - \lambda^2\beta^2}$,$e^{(5)} = \dfrac{(a - c_m - c_r)\lambda\beta}{3\eta - \lambda^2\beta^2}$,$p^{(5)}$

$= \dfrac{(2a + c_m + c_r)\eta - (c_m + c_r)\lambda^2\beta^2}{3\eta - \lambda^2\beta^2}$。

结合命题5,进一步求解得到未应用区块链技术下绿色产品需求量为

$q^{(5)} = \dfrac{(a - c_m - c_r)\eta}{3\eta - \lambda^2\beta^2}$;制造商和零售商最优利润分别为 $\pi_m^{(5)} =$

$\dfrac{(a - c_m - c_r)^2(2\eta - \lambda^2\beta^2)\eta}{2(3\eta - \lambda^2\beta^2)^2}$,$\pi_r^{(5)} = \dfrac{(a - c_m - c_r)^2\eta^2}{(3\eta - \lambda^2\beta^2)^2}$。

当供应链应用区块链技术时,利用函数极值条件,通过求解得到命题6:

命题6 在权力均衡下,当应用区块链技术时,供应链的最优策略解为:$w^{(6)} =$

$$\frac{[a + 2k_m c_m - k_r c_r + (3\alpha - 1)c_b]\eta - (k_m c_m + \alpha c_b)\beta^2}{3\eta - \beta^2}, e^{(6)} = \frac{(a - k_m c_m - k_r c_r - c_b)\beta}{3\eta - \beta^2},$$

$$p^{(6)} = \frac{[2a + k_m c_m + k_r c_r + c_b]\eta - (k_m c_m + k_r c_r + a + c_b)\beta^2}{3\eta - \beta^2}。$$

证明过程略。

结合命题6,进一步求解得到应用区块链技术下绿色产品需求量为 $q^{(6)}$

$= \dfrac{(a - k_m c_m - k_r c_r - c_b)\eta}{3\eta - \beta^2}$;制造商和零售商最优利润分别为 $\pi_m^{(6)} =$

$$\frac{(a - k_m c_m - k_r c_r - c_b)^2 (2\eta - \beta^2)\eta}{2(3\eta - \beta^2)^2}, \pi_r^{(6)} = \frac{(a - k_m c_m - k_r c_r - c_b)^2 \eta^2}{(3\eta - \beta^2)^2}。$$

6.1.3 比较分析

本节将产品绿色成本系数 η 与消费者对绿色产品偏好系数平方 β^2 的比值称为绿色创新成本价值比,记为 I,即 $I = \dfrac{\eta}{\beta^2}$,其越大表明企业绿色创新效率就越低。为了保证本研究具有现实意义,一是产品销售价格要大于成本,即 $p > c_m + c_r + c_b$,且由前述假设可知 $a - p > 0$,所以存在 $a > c_m + c_r + c_b$(记为条件 C_1);二是绿色产品需求量大于0,综合 $q^{(2)}$、$q^{(4)}$、$q^{(6)}$ 可知需要满足条件 $I > \dfrac{1}{2}$(记为条件 C_2)。接下来将在上述条件下对模型结果展开分析。

(1)区块链技术下不同权力结构绿色供应链决策分析

比较分析区块链技术下不同权力结构绿色供应链最优决策行为,得到如下命题7—9。

命题7 对于产品批发价格,当 $\dfrac{1}{2} < I < \dfrac{3}{4}$ 时,存在 $w^{(4)} > w^{(2)} > w^{(6)}$;当 $\dfrac{3}{4} < I < 1$ 时,存在 $w^{(2)} > w^{(4)} > w^{(6)}$;当 $I > 1$ 时,存在 $w^{(2)} > w^{(6)} > w^{(4)}$。

证明 用 $w^{(2)}$ 减去 $w^{(4)}$,求解得:$w^{(2)} - w^{(4)} = \dfrac{(4\eta - 3\beta^2)(a - k_m c_m - k_r c_r - c_b)\eta}{2(4\eta - \beta^2)(2\eta - \beta^2)}$。

结合前述条件 C_1、条件 C_2 可知,当 $\dfrac{1}{2} < I < \dfrac{3}{4}$ 时,$w^{(2)} < w^{(4)}$;当 $I > \dfrac{3}{4}$ 时,$w^{(2)} >$

$w^{(4)}$。用 $w^{(2)}$ 减去 $w^{(6)}$，求解得 $w^{(2)} - w^{(6)} = \dfrac{(2\eta - \beta^2)(a - k_m c_m - k_r c_r - c_b)\eta}{(4\eta - \beta^2)(3\eta - \beta^2)}$，由

条件 C_1、条件 C_2 很容易得到 $w^{(2)} > w^{(6)}$；用 $w^{(4)}$ 减去 $w^{(6)}$，求解得 $w^{(4)} - w^{(6)} = $

$\dfrac{(\beta^2 - \eta)(a - k_m c_m - k_r c_r - c_b)\eta}{2(2\eta - \beta^2)(3\eta - \beta^2)}$。由上式可知，当 $\dfrac{1}{2} < I < 1$ 时，$w^{(6)} < w^{(4)}$；当 $I > $

1 时，$w^{(6)} > w^{(4)}$。证毕。

命题 7 表明，对于区块链技术下绿色供应链系统，绿色产品批发价格的高低，一方面受制造商在供应链中所处地位的影响，制造商在供应链中地位越高，与零售商谈判时主导性就越强，所制定的产品批发价格就越高；另一方面，受产品绿色创新效率影响，由于产品绿色创新效率越高，供应链整体因产品绿色创新获利就越多。且三种权力结构相比，在零售商占主导权下，其会利用对供应链主导权制定更高的产品销售价格，从而获取更多利润。此时制造商为了获取更多利润，制定产品批发价格相应也会更高。

命题 8 对于产品绿色度，当 $\dfrac{1}{2} < I < 1$ 时，存在 $e^{(4)} > e^{(6)} > e^{(2)}$；当 $I > 1$ 时，

存在 $e^{(6)} > e^{(4)} > e^{(2)}$。

与命题 7 证明过程类似，证明略。

命题 8 表明，三种不同权力结构相比，制造商占主导权下产品绿色度水平最低，这主要是因为此情形下制造商占主导地位，其决策具有主动性，决策时会过多考虑自身对产品绿色创新的投入，从而制定更低的产品绿色度水平。当绿色创新效率较低时，权力均衡下产品绿色度水平最高，当产品绿色创新效率较高时，与命题 7 分析类似。由于零售商占主导权下产品批发价格更高，制造商对产品绿色度创新投入会增多，此情形下产品绿色度水平最高。

命题 9 对于产品销售价格，当 $\dfrac{1}{2} < I < 1$ 时，存在 $p^{(4)} > p^{(6)} > p^{(2)}$；当 $I > 1$

时，存在 $p^{(2)} > p^{(4)} > p^{(6)}$。

与命题 7 证明过程类似，证明略。

命题 9 表明，当产品绿色创新效率较高时，比较三种不同权力结构可以发现，零售商占主导权下产品销售价格最高，权力均衡情形次之，制造商占主导权情形最低，当产品绿色创新效率较低时，制造商占主导权下产品销售价格最高，零售商占主导权情形次之，权力均衡情形最低。也就是说，零售商在制定产品

销售价格时,应综合考虑产品绿色创新效率及供应链权力结构的影响。

进一步比较分析不同权力结构下区块链技术相关参数$(k_r$、k_m、α 等)变化对绿色供应链决策的影响,得到如下命题10—12(证明过程略)。

命题10　对于产品批发价格:(1)当$\frac{1}{2}<I<\frac{3}{4}$时,存在$\frac{\partial w^{(4)}}{\partial k_r}<\frac{\partial w^{(2)}}{\partial k_r}<$

$\frac{\partial w^{(6)}}{\partial k_r}<0,\frac{\partial w^{(6)}}{\partial k_m}>\frac{\partial w^{(2)}}{\partial k_m}>\frac{\partial w^{(4)}}{\partial k_m}>0$;当$\frac{3}{4}<I<1$时,存在$\frac{\partial w^{(2)}}{\partial k_r}<\frac{\partial w^{(4)}}{\partial k_r}<\frac{\partial w^{(6)}}{\partial k_r}<$

$0,\frac{\partial w^{(6)}}{\partial k_m}>\frac{\partial w^{(4)}}{\partial k_m}>\frac{\partial w^{(2)}}{\partial k_m}>0$;当$I>1$时,存在$\frac{\partial w^{(2)}}{\partial k_r}<\frac{\partial w^{(6)}}{\partial k_r}<\frac{\partial w^{(4)}}{\partial k_r}<0,\frac{\partial w^{(4)}}{\partial k_m}>$

$\frac{\partial w^{(6)}}{\partial k_m}>\frac{\partial w^{(2)}}{\partial k_m}>0$。(2)存在$\frac{\partial w^{(6)}}{\partial \alpha}=\frac{\partial w^{(4)}}{\partial \alpha}=\frac{\partial w^{(2)}}{\partial \alpha}>0$。

命题10表明,区块链技术带来制造商期间交易费用下降比例越大(即k_m越小),产品批发价格就越低,且其变化速率与产品绿色创新效率及供应链权力结构有关。当产品绿色创新效率较高时,零售商占主导权情形产品批发价格变化速率最大;当产品绿色创新效率较低时,则制造商占主导权情形变化速率最大。区块链技术带来零售商期间交易费用下降比例越大,产品批发价格就越高,且变化速率同样受产品绿色创新效率及供应链权力结构影响。此外,制造商分摊区块链技术投入成本比例越大,产品批发价格就越高,且三种不同权力结构下产品批发价格变化速率相同。

命题11　对于产品绿色度:(1)当$\frac{1}{2}<I<1$时,存在$\frac{\partial e^{(4)}}{\partial k_r}<\frac{\partial e^{(6)}}{\partial k_r}<\frac{\partial e^{(2)}}{\partial k_r}<$

$0,\frac{\partial e^{(4)}}{\partial k_m}<\frac{\partial e^{(6)}}{\partial k_m}<\frac{\partial e^{(2)}}{\partial k_m}<0$;当$I>1$时,存在$\frac{\partial e^{(6)}}{\partial k_r}<\frac{\partial e^{(4)}}{\partial k_r}<\frac{\partial e^{(2)}}{\partial k_r}<0,\frac{\partial e^{(6)}}{\partial k_m}<\frac{\partial e^{(4)}}{\partial k_m}<$

$\frac{\partial e^{(2)}}{\partial k_m}<0$。(2)存在$\frac{\partial e^{(6)}}{\partial \alpha}=\frac{\partial e^{(4)}}{\partial \alpha}=\frac{\partial e^{(2)}}{\partial \alpha}=0$。

命题11表明,区块链技术带来制造商或零售商期间交易费用下降比例越大,产品绿色度水平就越高,这主要是因为供应链成本下降增加了供应链整体投资空间,此时制造商会增加产品绿色创新投入,提升产品绿色度水平。且从产品绿色度变化来看,当产品绿色创新效率较高时,零售商占主导权情形变化速率最大;当产品绿色创新效率较低时,权力均衡情形变化速率最大。制造商和零售商分摊区块链技术投入成本比例对产品绿色度水平不产生影响。

命题12　对于产品销售价格:(1)当$\frac{1}{2}<I<1$时,存在$\frac{\partial p^{(4)}}{\partial k_r}>\frac{\partial p^{(6)}}{\partial k_r}>\frac{\partial p^{(2)}}{\partial k_r}$

$> 0, \dfrac{\partial p^{(4)}}{\partial k_m} > \dfrac{\partial p^{(6)}}{\partial k_m} > \dfrac{\partial p^{(2)}}{\partial k_m} > 0$；当 $I > 1$ 时，存在 $\dfrac{\partial p^{(6)}}{\partial k_r} > \dfrac{\partial e^{(4)}}{\partial k_r} > \dfrac{\partial e^{(2)}}{\partial k_r} > 0$，$\dfrac{\partial p^{(6)}}{\partial k_m} >$

$\dfrac{\partial p^{(4)}}{\partial k_m} > \dfrac{\partial p^{(2)}}{\partial k_m} > 0$。(2)存在 $\dfrac{\partial p^{(6)}}{\partial \alpha} = \dfrac{\partial p^{(4)}}{\partial \alpha} = \dfrac{\partial p^{(2)}}{\partial \alpha} = 0$。

命题 12 表明,区块链技术带来制造商或零售商期间交易费用下降比例越大,产品销售价格就越低,这主要是因为针对供应链成本下降,零售商会通过降低产品销售价格的方式来增加产品需求量,从而获取更多利润,且产品销售价格变化速率与产品绿色创新效率及供应链权力结构有关;制造商和零售商分摊区块链技术投入成本比例对产品销售价格不产生影响。

(2)不同权力结构绿色供应链应用区块链技术条件分析

接下来对制造商和零售商在何环境下应用区块链技术展开分析,得到命题 13、14。

命题 13 比较未应用与应用区块链技术下制造商获得的利润,得到如下结果:(1)在制造商占主导权下,存在 $c_b^{m1} = \dfrac{(4\eta - \lambda^2\beta^2)A - \sqrt{(4\eta - \beta^2)(4\eta - \lambda^2\beta^2)B^2}}{4\eta - \lambda^2\beta^2}$,

当 $c_b > c_b^{m1}$ 时,$\pi_m^1 > \pi_m^2$;当 $c_b < c_b^{m1}$ 时,$\pi_m^1 < \pi_m^2$。(2)在零售商占主导权下,

存在 $c_b^{m2} = \dfrac{(2\eta - \lambda^2\beta^2)A - \sqrt{(2\eta - \beta^2)(2\eta - \lambda^2\beta^2)B^2}}{2\eta - \lambda^2\beta^2}$,当 $c_b > c_b^{m2}$ 时,$\pi_m^3 >$

π_m^4;当 $c_b < c_b^{m2}$ 时,$\pi_m^3 < \pi_m^4$。(3)在权力均衡下,存在 $c_b^{m3} =$

$\dfrac{[\lambda^2\beta^4 + 6\eta^2 - (3 + 2\lambda^2)\eta\beta^2]A - \sqrt{(2\eta - \beta^2)(2\eta - \lambda^2\beta^2)(3\eta - \beta^2)^2 B^2}}{(3\eta - \lambda^2\beta^2)(2\eta - \beta^2)}$,当 $c_b >$

c_b^{m3} 时,$\pi_m^5 > \pi_m^6$;当 $c_b < c_b^{m3}$ 时,$\pi_m^5 < \pi_m^6$。

其中:$A = a - k_r c_r - k_m c_m$,$B = a - c_m - c_r$。

证明 针对制造商占主导权情形,比较未应用与应用区块链技术下制造商获得的利润。令 $\Delta\pi_m = \pi^{(2)} - \pi^{(1)} > 0$,该不等式方程是关于 c_b 的一元二次方程,且二次项 c_b^2 的系数为 $\Delta = (4\eta - \beta^2)(4\eta - \lambda^2\beta^2)(a - c_m - c_r)^2 > 0$,可知上述不等式方程有

两个不相等的实根,通过求解可得 $c_b < \dfrac{(4\eta - \lambda^2\beta^2)A - \sqrt{(4\eta - \beta^2)(4\eta - \lambda^2\beta^2)B^2}}{4\eta - \lambda^2\beta^2}$

或 $c_b > \dfrac{(4\eta - \lambda^2\beta^2)A + \sqrt{(4\eta - \beta^2)(4\eta - \lambda^2\beta^2)B^2}}{4\eta - \lambda^2\beta^2}$（记不等式右边 c_b^L）;而对

于不等式方程第二个解,将其临界值 c_b^L 代入 $q^{(2)}$ 表达式,可知:$q^{(2)} <$

$$\frac{(a - k_m c_m - k_r c_r - c_b^L)\eta}{4\eta - \beta^2} = -\frac{\sqrt{(4\eta - \beta^2)(4\eta - \lambda^2\beta^2)B^2}\,\eta}{(4\eta - \beta^2)(4\eta - \lambda^2\beta^2)} < 0$$。显然第二个解不符合现实意义,得证。

对于零售商占主导权下 $\pi_m^{(3)}$ 与 $\pi_m^{(4)}$ 及权力均衡下 $\pi_m^{(5)}$ 与 $\pi_m^{(6)}$ 大小的比较,其证明过程与制造商占主导权情形类似,证明过程略。

命题 13 表明,制造商是否应用区块链技术存在某一阈值(即单位产品应用区块链技术成本临界值),且三种不同权力结构下该阈值有所不同:当单位产品应用区块链技术成本小于该阈值时,制造商应用区块链技术对其有利;当单位产品应用区块链技术成本大于该阈值时,制造商应用区块链技术反而不利;当单位产品应用区块链技术成本等于该阈值时,制造商是否应用区块链技术无差异。

命题 14　比较未应用与应用区块链技术下零售商获得的利润,得到如下结果:(1)在制造商占主导权下,存在 $c_b^{r1} = \dfrac{\beta^2 B - \lambda^2\beta^2 A + 4\eta(c_m + c_r - k_m c_m - k_r c_r)}{4\eta - \lambda^2\beta^2}$,当 $c_b > c_b^{r1}$ 时,$\pi_r^1 > \pi_r^2$;当 $c_b < c_b^{r1}$ 时,$\pi_r^1 < \pi_r^2$。(2)在零售商占主导权下,存在 c_b^{r2} $= \dfrac{(2\eta - \lambda^2\beta^2)A - \sqrt{(2\eta - \beta^2)(2\eta - \lambda^2\beta^2)B^2}}{2\eta - \lambda^2\beta^2}$,当 $c_b > c_b^{r2}$ 时,$\pi_r^3 > \pi_r^4$;当 $c_b < c_b^{r2}$ 时,$\pi_r^3 < \pi_r^4$。(3)在权力均衡下,存在 $c_b^{r3} = \dfrac{\beta^2 B - \lambda^2\beta^2 A + 3\eta(c_m + c_r - k_m c_m - k_r c_r)}{3\eta - \lambda^2\beta^2}$,当 $c_b > c_b^{r3}$ 时,$\pi_r^5 > \pi_r^6$;当 $c_b < c_b^{r3}$ 时,$\pi_r^5 < \pi_r^6$。

证明过程与命题 13 类似,证明略。

命题 14 分析了零售商是否应用区块链技术条件,同样存在某一阈值,作为零售商是否应用区块链技术的标准,且三种不同权力结构下该阈值有所不同。从阈值表达式来看,该阈值大小不仅受零售商自身及制造商运营内外部因素的影响,还受区块链技术相关参数的影响。所以,零售商应综合考虑所在供应链运营环境及区块链技术应用环境,确定是否应用区块链技术。

要保证供应链上制造商和零售商愿意应用区块链技术,需要满足两者应用区块链技术得到的利润均大于未应用区块链技术情形。结合命题 12、13 得如下推论 1:

推论 1　在制造商占主导权下,当 $c_b < c_b^{m1}$ 时,存在 $\pi_m^2 > \pi_m^1$,$\pi_r^2 > \pi_r^1$;在零售商占主导权下,当 $c_b < c_b^{m2}$ 时,存在 $\pi_m^4 > \pi_m^3$,$\pi_r^4 > \pi_r^3$;在权力均衡下,当 $c_b < c_b^{m3}$

时,存在 $\pi_m^6 > \pi_m^5, \pi_r^6 > \pi_r^5$。

证明 在制造商占主导权下,由命题 12、13 可知,要确定在何条件下制造商和零售商应用区块链技术获得的利润均大于未应用区块链技术情形,只要判断 c_b^{r1} 和 c_b^{m1} 的大小,求解得:$c_b^{r1} - c_b^{m1} = \dfrac{(\beta^2 - 4\eta)B + \sqrt{(4\eta - \beta^2)(4\eta - \lambda^2\beta^2)B^2}}{4\eta - \lambda^2\beta^2}$。

由于 $0 < \lambda < 1$,可知 $4\eta - \beta^2 < 4\eta - \lambda^2\beta^2$,由此可得 $c_b^{r1} - c_b^{m1} > \dfrac{(\beta^2 - 4\eta)B + (4\eta - \beta^2)B}{4\eta - \lambda^2\beta^2} = 0$,即 $c_b^{r1} > c_b^{m1}$。所以,当 $c_b < c_b^{m1}$ 时,存在 $\pi_m^2 > \pi_m^1, \pi_r^2 > \pi_r^1$。对于零售商占主导权及权力均衡两种情形,其证明过程与制造商占主导权情形类似,证明略。

推论 1 表明,在绿色供应链运营过程中,对于三种权力结构中任意一种,要保证制造商和零售商均能因应用区块链技术而获利,只需要满足制造商应用区块链技术条件即可。这表明,相比较零售商,制造商对应用区块链技术条件要求更高。

进一步比较分析 c_b^{m1}、c_b^{m2}、c_b^{m3} 的大小,以及探讨 k_r、k_m、α 等参数对其产生的影响,得到如下命题 15:

命题 15 对三种不同权力结构下绿色供应链应用区块链技术条件比较可得:(1)$c_b^{m1} > c_b^{m3} > c_b^{m2}$;(2)$\dfrac{\partial c_b^{m1}}{\partial k_r} = \dfrac{\partial c_b^{m2}}{\partial k_r} = \dfrac{\partial c_b^{m3}}{\partial k_r} < 0$,$\dfrac{\partial c_b^{m1}}{\partial k_m} = \dfrac{\partial c_b^{m2}}{\partial k_m} = \dfrac{\partial c_b^{m3}}{\partial k_m} < 0$,$\dfrac{\partial c_b^{m1}}{\partial \alpha} = \dfrac{\partial c_b^{m2}}{\partial \alpha} = \dfrac{\partial c_b^{m3}}{\partial \alpha} = 0$。

证明 要比较 c_b^{m1} 与 c_b^{m2} 的大小,只要用 c_b^{m1} 减去 c_b^{m2},通过求解可得:$c_b^{m1} - c_b^{m2}$
$$= \dfrac{\left[\sqrt{(4\eta - \beta^2)(4\eta - \lambda^2\beta^2)(2\eta - \lambda^2\beta^2)^2} - \sqrt{(2\eta - \beta^2)(2\eta - \lambda^2\beta^2)(4\eta - \lambda^2\beta^2)^2}\right]B}{(4\eta - \lambda^2\beta^2)(2\eta - \lambda^2\beta^2)}$$

在上式中,由于 $B > 0$,$(4\eta - \lambda^2\beta^2)(2\eta - \lambda^2\beta^2) > 0$,所以接下来只要判断 $\sqrt{(4\eta - \beta^2)(4\eta - \lambda^2\beta^2)(2\eta - \lambda^2\beta^2)^2}$(记为 L_1)与 $\sqrt{(2\eta - \beta^2)(2\eta - \lambda^2\beta^2)(4\eta - \lambda^2\beta^2)^2}$(记为 L_2)的大小。由于两式均大于 0,只要对两式平方进行比较,通过求解得:$L_1^2 - L_2^2 = 2\eta\beta^2(1 - \lambda^2)(2\eta - \lambda^2\beta^2)(4\eta - \lambda^2\beta^2)$。从上式很容易得到 $L_1^2 > L_2^2$,由此可知 $L_1 > L_2$,所以 $c_b^{m1} - c_b^{m2} > 0$,即 $c_b^{m1} > c_b^{m2}$。同理求解可得 $c_b^{m1} > c_b^{m3}$,$c_b^{m2} < c_b^{m3}$,综合可得 $c_b^{m1} > c_b^{m3} > c_b^{m2}$。接下来对 c_b^{m1}、c_b^{m2}、c_b^{m3} 分别关于 k_r、k_m、α 求一阶导数可

得:$\frac{\partial c_b^{m1}}{\partial k_r}=\frac{\partial c_b^{m2}}{\partial k_r}=\frac{\partial c_b^{m3}}{\partial k_r}=-c_r<0$,$\frac{\partial c_b^{m1}}{\partial k_m}=\frac{\partial c_b^{m2}}{\partial k_m}=\frac{\partial c_b^{m3}}{\partial k_m}=-c_m<0$,$\frac{\partial c_b^{m1}}{\partial \alpha}=\frac{\partial c_b^{m2}}{\partial \alpha}=\frac{\partial c_b^{m3}}{\partial \alpha}=0$。证毕。

命题 15 表明,绿色供应链是否应用区块链技术,从所满足条件来看,零售商占主导权下单位产品应用区块链技术成本临界值最低,权力均衡情形次之,制造商占主导权情形最高。这表明,在区块链技术应用条件方面,零售商占主导权下要求最高,权力均衡情形居中,制造商占主导权情形最低。该命题还表明,区块链技术带来制造商或零售商期间交易费用下降越多,三种权力结构下单位产品应用区块链技术成本临界值就越大,表明绿色供应链应用区块链技术可能性就越高;制造商和零售商分摊区块链技术投入成本比例对绿色供应链是否应用区块链技术不产生影响。

6.1.4　算例分析

为了更清晰地了解区块链技术在绿色供应链中的应用价值,本部分将分析 k_r、k_m、α 等区块链技术参数变化给其所带来的影响,而从前述模型中很容易看出,α 变化对制造商和零售商获利不产生影响。所以此处仅就 k_r、k_m 两参数变化对区块链技术的应用价值展开分析,其应用价值用应用区块链技术企业获利减去未应用区块链技术企业获利表示,见图 6-1—图 6-3。相关参数取值为:$a=30$,$\beta=0.25$,$\eta=10$,$\lambda=0.9$,$c_b=0.15$,$c_m=0.4$,$c_r=0.3$,$k_m=0.6$,$k_r=0.6$,$\alpha=0.5$。图上符号说明:MS 为制造商占主导权情形,RS 为零售商占主导权情形,NS 为权力均衡情形。

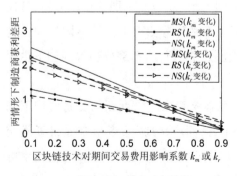

图 6-1　期间交易费用影响系数对
制造商获利差距的影响

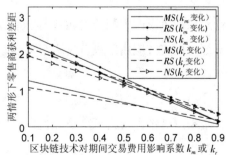

图 6-2　期间交易费用影响系数对
零售商获利差距的影响

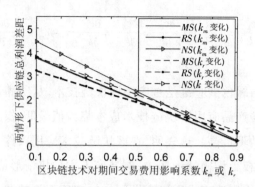

图 6-3　期间交易费用影响系数对供应链总利润差距的影响

从图 6-1—图 6-3 可以看出，区块链技术带来制造商或零售商期间交易费用下降比例越小（即 k_m、k_r 越大），制造商、零售商及供应链整体应用区块链技术价值就越低。从影响程度来看，制造商或零售商均是在自身占主导权下所受影响最大，权力均衡情形次之，链上竞争对手占主导权情形最小；而供应链整体则在权力均衡下所受影响最大，在制造商或零售商占主导权两种情形下所受影响相同。上述研究表明，应用区块链技术能降低期间交易费用，可以提升区块链技术应用价值，对于制造商或零售商而言，在自身占主导权下，其提升效果更加明显，而供应链整体则在权力均衡下提升更加明显。

6.1.5　本节小结

考虑区块链技术的影响，本节探讨了不同权力结构下绿色供应链决策问题，并通过与未应用区块链技术进行比较，分析了区块链技术应用条件及应用价值。本部分与文献［116］一样，均是探讨区块链技术下绿色供应链运营问题，但该文献主要是对绿色供应链中应用与未应用区块链技术展开比较分析，且仅针对绿色供应链中制造商占主导权情形。而本部分侧重于比较不同权力结构下绿色供应链应用区块链技术情形。相比较已有研究，本部分还得到如下主要结论：

（1）在绿色供应链应用区块链技术时，制造商或零售商期间交易费用下降会带来产品销售价格下降及绿色度水平上升，而产品批发价格在制造商期间交易费用下降时下降，在零售商期间交易费用下降时反而上升，并从变化速率可以看出，其大小不仅受绿色供应链权力结构影响，还受产品绿色创新效率影响。

（2）不管是制造商还是零售商，当单位产品应用区块链技术成本低于某一阈值时,制造商或零售商会偏向于应用区块链技术,高于该值时,则偏向于不应用区块链技术;且对于同一权力结构下绿色供应链,相比较零售商,制造商更愿意应用区块链技术,需要更低的单位产品应用区块链技术成本。

(3)要保证绿色供应链上企业应用区块链技术获利,三种权力结构相比,零售商占主导权下需要的单位产品应用区块链技术成本最低,权力均衡情形次之,制造商占主导权情形最高;且区块链技术下制造商或零售商期间交易费用下降越多,绿色供应链上企业应用区块链技术意愿就越高,而制造商和零售商分摊区块链技术投入成本比例不对其产生影响。

(4)探索应用区块链技术降低制造商或零售商期间交易费用,可以提升区块链技术应用价值,且在不同权力结构下,制造商、零售商及绿色供应链整体提升效果不同。

本部分所设计模型是基于绿色供应链成员完全理性假设,而现实中企业决策往往受到风险厌恶、损失厌恶、预期后悔等行为因素影响,这些对区块链技术下绿色供应链成员企业决策及应用区块链技术条件等会产生何影响,值得后续进一步展开深入研究。

6.2　新零售供应链运营管理

自 2016 年 10 月阿里巴巴董事长在云栖大会上提出新零售以来,其呈现出多业态形式发展,主要有阿里巴巴新零售、腾讯新零售、京东无界零售等。新零售是一种新型零售模式,它借助于互联网、物联网、大数据、人工智能等,实现线上线下+物流的深度融合。在新零售环境下,线上线下不再是割裂状态,线下门店变成了线上渠道的前置仓,即"线上下单,线下配送"模式,目前阿里的盒马鲜生、小米商城、永辉超级物种等均采用该模式。此模式有助于提升产品配送时效性,增强客户价值。从现实来看,新零售模式亟待供应链成员的协调合作,与传统零售模式相比,对供应链在产品布局、定价、营销及物流等方面提出了新要求。为了提升新零售环境下供应链运营效率,需要企业界和学术界对该问题展开深入研究。

学者们在探讨新零售供应链运营问题时,对于线下门店如何布局,一是主要分析线下门店选址及空间分布特征等,很少讨论线下门店布局数量,而从实际情况来看,新零售下线下门店布局数量多少,不仅影响产品配送时效,而且对企业的运营成本也会产生影响;二是较少从供应链视角展开,新零售下线下门店的布局对供应链下游销售商运营产生何影响，以及通过供应链层级关系对上游制造商运营又产生何影响，都需要进一步展开研究。除此之外，本部分在研究该问题时，还要考虑渠道权力结构的影响，因为不同渠道权力结构下供应链成员博弈关系不同，且已有研究也表明，渠道权力结构变化对供应链运营策略产生影响。基于上述考虑，本部分考虑线下门店布局与渠道权力结构，探讨新零售供应链运营策略，拟解决如下主要问题：(1)在一个销售区域内，线下门店布局数量对新零售供应链运营产生何影响；(2)新零售下线上线下产品是否应该同价，线下门店布局数量对其有何影响；(3)比较分析不同渠道权力结构下线上线下产品同价条件及供应链运营策略。

6.2.1　问题描述与模型假设

考虑由制造商与销售商组成的供应链。制造商生产某产品 A，通过销售商进行销售，销售商在销售过程中，不仅开通了线上销售平台，还布局了多个线下门店，且线下门店均采用直营模式。消费者可以选择线上或线下平台进行购买，在新零售下，线下门店变成了线上的前置仓，当消费选择线上购买产品时，订单会进入销售商信息管理系统，系统会抓取与消费者近的线下门店，并在该线下门店完成产品的拣选、配送。与传统线上配送模式(从原有仓库远距离配送)相比，此模式有助于减少配送时间，提高线上配送的时效性。为了探明新零售下供应链运营问题，特作如下假设：

(1)假定制造商单位产品生产成本为 c，与已有文献一样处理，假定其为常量且标准化为0；制造商产品批发价格为 w。

(2)销售商线上线下产品销售价格分别记为 p_e、p_r；为了便于后续对模型求解，令 $p_e = w + k_e$，$p_r = w + k_r$，k_e、k_r 分别为线上线下单位产品利润。

(3)假定销售商只负责某区域销售，为了简化模型，假定该销售区域位于坐标轴 $[0,1]$ 上，长度为1；销售商在该区域布局了 n 个线下门店，单个门店固定投入成本为 F，n 越大，表明单个线下门店服务范围越小；消费者在该区域内均匀分布，且单位距离消费者分布数量为 q，可得该销售区域市场容量 $A = q$。线下门店在该销售区域布局情况如图 6-4 所示。

n 个线下门店在销售区域内均匀分布，分别布局在坐标轴 $1/2n$、$3/2n$、$5/2n$ ……$1 - 1/2n$ 上。

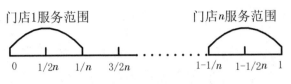

图 6-4　销售商线下门店布局图

（4）假定消费者从线下门店购买产品主要受价格的影响，而线上购买产品不仅受价格影响，还受产品配送时间的影响。当消费者选择从线上购买产品时，从图中可以看出，其平均配送距离为 $1/4n$，假定单位距离的配送时间为 t，可知线上消费者购买产品平均配送时间为：$T = t/4n$。

假定线下门店和线上产品需求量分别为：

$$d_r = \alpha A - p_r + \beta p_e \qquad (6-1)$$

$$d_e = (1-\alpha)A - p_e + \beta p_r - \gamma T \qquad (6-2)$$

其中：α 为偏好线下购买产品的消费者比例，$1-\alpha$ 为偏好线上购买产品的消费者比例；β 为渠道交叉价格弹性系数，一般假定其满足条件 $0 < \beta < 1$，即竞争渠道产品销售价格对本渠道需求影响会小于本渠道产品销售价格对本渠道需求影响；γ 为需求对配送时间弹性系数。

其他相关符号说明：制造商和销售商利润分别记为 π_m、π_r，线上线下产品总需求量记为 d_t；上标 RS 为销售商占主导权情形，上标 MS 为制造商占主导权情形，上标 NS 为制造商和销售商权力均衡情形。

6.2.2　模型构建与分析

由前述假设可知，制造商和销售商利润函数分别为：$\pi_m = w(d_r + d_e)$，$\pi_t = k_e d_e + k_r d_r - nF$。接下来就销售商占主导权、制造商占主导权及制造商与销售商权力均衡三种情形下新零售供应链运营问题展开分析。

（1）销售商占主导权情形

在该情形下，销售商首先确定线上单位产品利润 k_e 和线下门店单位产品利润 k_r，制造商观察到其决策后，确定产品批发价格 w，双方构成 Stackelberg 博弈。根据逆向归纳法，其求解过程如下：

首先对 π_m 关于 w 求一阶、二阶导数，由于 $\dfrac{\partial^2 \pi_m}{\partial w^2} = -4 < 0$，令 $\dfrac{\partial \pi_m}{\partial w} = 0$，求解

可得：$w^{RS} = \dfrac{(4\beta k_r - 4\beta k_e + 4q - 4k_e - 4k_r)n - \gamma t}{16n}$。代入 π_r，对其关于 k_e、k_r 求一

阶、二阶导数,得到 Hessian 矩阵 $H(k_e,k_r)=\beta^2+2>0$,所以 Hessian 矩阵为负定,且 $\dfrac{\partial^2\pi_r}{\partial k_e^2}=-\dfrac{3+\beta^2}{2}<0$,可知 $\pi_r(k_e,k_r)$ 有极大值。联立 $\dfrac{\partial\pi_r}{\partial k_e}=0$ 和 $\dfrac{\partial\pi_r}{\partial k_r}=0$,求解可得：

$$k_e^{RS}=\frac{(4\beta^2-16\alpha+4\beta+16)nq-(\beta^2+\beta+4)\gamma t}{16n(\beta^2+2)} \tag{6-3}$$

$$k_r^{RS}=\frac{(4\beta^2+16\alpha-4\beta)nq-(\beta^2-\beta)\gamma t}{16n(\beta^2+2)} \tag{6-4}$$

将 k_e^{RS}、k_r^{RS} 代入 w^{RS} 中可得：

$$w^{RS}=\frac{(8\alpha\beta-4\beta+4)nq+(\beta-1)\gamma t}{16n(\beta^2+2)} \tag{6-5}$$

求解可得此情形下销售商线上线下产品最优销售价格为：

$$p_e^{RS}=\frac{(4\beta^2+8\alpha\beta-16\alpha+20)nq-(\beta^2+5)\gamma t}{16n(\beta^2+2)} \tag{6-6}$$

$$p_r^{RS}=\frac{(4\beta^2+8\alpha\beta+16\alpha-8\beta+4)nq-(\beta^2-2\beta+1)\gamma t}{16n(\beta^2+2)} \tag{6-7}$$

进一步求解得到线上线下产品总需求量为：

$$d_t^{RS}=\frac{(8\alpha\beta-4\beta+4)nq-(\beta-1)\gamma t}{8n(\beta^2+2)} \tag{6-8}$$

将 w^{RS}、p_e^{RS}、p_r^{RS} 代入销售商占主导权下制造商和销售商利润函数可得 π_m^{RS}、π_r^{RS}。

(2)制造商占主导权情形

在该情形下,制造商首先确定产品批发价格 w,销售商观察到其决策后,确定线上单位产品利润 k_e 和线下门店单位产品利润 k_r,双方构成 Stackelberg 博弈。与销售商占主导权情形类似,根据逆向归纳法,求解可得制造商和销售商最优策略解为：

$$w^{MS}=\frac{(8\alpha\beta-4\beta+4)nq+(\beta-1)\gamma t}{16n(\beta^2+1)} \tag{6-9}$$

$$k_e^{MS}=\frac{(12\beta^2-8\alpha\beta^2-8\alpha\beta-16\alpha+8\beta+12)nq-(3\beta^2+2\beta+3)\gamma t}{32n(\beta^2+1)} \tag{6-10}$$

$$k_r^{MS}=\frac{(4\beta^2+8\alpha\beta^2-8\alpha\beta+16\alpha-4)nq-(\beta^2-1)\gamma t}{32n(\beta^2+1)} \tag{6-11}$$

通过求解可得此情形下销售商线上线下产品最优销售价格为：

$$p_e^{MS} = \frac{(12\beta^2 - 8\alpha\beta^2 + 8\alpha\beta - 16\alpha + 20)nq - (3\beta^2 + 5)\gamma t}{32n(\beta^2 + 1)} \qquad (6-12)$$

$$p_r^{MS} = \frac{(4\beta^2 + 8\alpha\beta^2 + 8\alpha\beta + 16\alpha - 8\beta + 4)nq - (\beta^2 - 2\beta + 1)\gamma t}{32n(\beta^2 + 1)} \qquad (6-13)$$

进一步求解得到线上线下产品总需求量为：

$$d_t^{MS} = \frac{(8\alpha\beta - 4\beta + 4)nq + (\beta - 1)\gamma t}{16n} \qquad (6-14)$$

将 w^{MS}、p_e^{MS}、p_r^{MS} 代入制造商占主导权下制造商和销售商利润函数可得 π_m^{MS}、π_r^{MS}。

（3）权力均衡情形

在该情形下,制造商确定产品批发价格 w,与此同时,销售商确定线上单位产品利润 k_e 和线下门店单位产品利润 k_r,双方构成 Nash 博弈。利用函数极值方法求解,可得制造商和销售商最优策略解为：

$$w^{NS} = \frac{(8\alpha\beta - 4\beta + 4)nq + (\beta - 1)\gamma t}{8n(\beta^2 + 3)} \qquad (6-15)$$

$$k_e^{NS} = \frac{(4\beta^2 - 8\alpha\beta - 24\alpha + 8\beta + 20)nq - (\beta^2 + 2\beta + 5)\gamma t}{16n(\beta^2 + 3)} \qquad (6-16)$$

$$k_r^{NS} = \frac{(4\beta^2 - 8\alpha\beta + 24\alpha - 4)nq - (\beta^2 - 1)\gamma t}{16n(\beta^2 + 3)} \qquad (6-17)$$

通过求解可得此情形下销售商线上线下产品最优销售价格为：

$$p_e^{NS} = \frac{(4\beta^2 + 8\alpha\beta - 24\alpha + 28)nq - (\beta^2 + 7)\gamma t}{16n(\beta^2 + 3)} \qquad (6-18)$$

$$p_r^{NS} = \frac{(4\beta^2 + 8\alpha\beta + 24\alpha - 8\beta + 4)nq - (\beta^2 - 2\beta + 1)\gamma t}{16n(\beta^2 + 3)} \qquad (6-19)$$

进一步求解得到线上线下产品总需求量为：

$$d_t^{NS} = \frac{(8\alpha\beta - 4\beta + 4)nq + (\beta - 1)\gamma t}{4n(\beta^3 + 3)} \qquad (6-20)$$

将 w^{NS}、p_e^{NS}、p_r^{NS} 代入权力均衡下制造商和销售商利润函数可得 π_m^{NS}、π_r^{NS}。

6.2.3　比较分析

本部分首先比较分析销售商占主导权、制造商占主导权及制造商与销售商权力均衡三种情形下产品批发价格、销售价格及需求量大小,以及线下门店数量 n 变化对其所产生的影响,得到如下命题1—3。要保证本研究具有现实意义,则存在:$w^{MS}>0$。从前述批发价格表达式可知,需要满足条件:$(8\alpha\beta-4\beta+4)nq+(\beta-1)\gamma t>0$[为了便于后续分析,令 $H=(8\alpha\beta-4\beta+4)nq+(\beta-1)\gamma t$]。接下来将在该条件下对新零售供应链运营展开分析。

命题 1 (1)$w^{MS}>w^{NS}>w^{RS}$;(2)$\dfrac{\partial w^{MS}}{\partial n}>\dfrac{\partial w^{NS}}{\partial n}>\dfrac{\partial w^{RS}}{\partial n}>0$。

证明 对不同权力结构下产品批发价格进行比较,$w^{MS}-w^{NS}=$
$\dfrac{(1-\beta^2)H}{16n(\beta^2+3)(\beta^2+1)}$,$w^{NS}-w^{RS}=\dfrac{(1+\beta^2)H}{16n(\beta^2+3)(\beta^2+2)}$,根据前述条件可知 $H>0,0<\beta<1$,由此可知 $w^{MS}>w^{NS}$,$w^{NS}>w^{RS}$,综上可得:$w^{MS}>w^{NS}>w^{RS}$。

接下来对 w^{RS}、w^{MS}、w^{NS} 关于 n 求一阶导数,求解可得:$\dfrac{\partial w^{RS}}{\partial n}=\dfrac{(1-\beta)\gamma t}{16n^2(\beta^2+2)}$,
$\dfrac{\partial w^{MS}}{\partial n}=\dfrac{(1-\beta)\gamma t}{16n^2(\beta^2+1)}$,$\dfrac{\partial w^{NS}}{\partial n}=\dfrac{(1-\beta)\gamma t}{8n^2(\beta^2+3)}$。由于 $0<\beta<1$,很明显可以看出$\dfrac{\partial w^{RS}}{\partial n}>0,\dfrac{\partial w^{MS}}{\partial n}>0,\dfrac{\partial w^{NS}}{\partial n}>0$,进一步比较 $\dfrac{\partial w^{RS}}{\partial n}$、$\dfrac{\partial w^{MS}}{\partial n}$、$\dfrac{\partial w^{NS}}{\partial n}$ 的大小,$\dfrac{\partial w^{MS}}{\partial n}-\dfrac{\partial w^{NS}}{\partial n}=$
$\dfrac{(1-\beta)^2(1+\beta)\gamma t}{16n^2(\beta^2+3)(\beta^2+1)}$,$\dfrac{\partial w^{NS}}{\partial n}-\dfrac{\partial w^{RS}}{\partial n}=\dfrac{(1-\beta)(1+\beta^2)\gamma t}{16n^2(\beta^2+3)(\beta^2+2)}$。由上述式子可知 $\dfrac{\partial w^{MS}}{\partial n}>\dfrac{\partial w^{NS}}{\partial n}$,$\dfrac{\partial w^{NS}}{\partial n}>\dfrac{\partial w^{RS}}{\partial n}$,综上可得:$\dfrac{\partial w^{MS}}{\partial n}>\dfrac{\partial w^{NS}}{\partial n}>\dfrac{\partial w^{RS}}{\partial n}>0$。证毕。

命题 1 表明,对于三种不同权力结构,从产品批发价格来看,制造商占主导权情形最高,权力均衡情形次之,销售商占主导权情形最低,这主要是因为制造商在供应链中主导地位越高,与销售商谈判能力就越强,其会制定更高产品批发价格,以获取更多利润。命题 1 还表明,随着销售商布局线下门店数量增多,即线下门店服务范围越小,产品批发价格会上升,且从上升速率来看,制造商占主导权情形最大。所以,销售商在增减线下门店数量时,应考虑到制造商会对产品批发价格进行调整,此时需制定相应策略应对。

命题 2 (1)$p_e^{RS}>p_e^{MS}>p_e^{NS}$,$p_r^{RS}>p_r^{MS}>p_r^{NS}$;(2)$\dfrac{\partial p_e^{RS}}{\partial n}>\dfrac{\partial p_e^{MS}}{\partial n}>\dfrac{\partial p_e^{NS}}{\partial n}>0$,$\dfrac{\partial p_r^{RS}}{\partial n}>\dfrac{\partial p_r^{MS}}{\partial n}>\dfrac{\partial p_r^{NS}}{\partial n}>0$。

证明 对不同权力结构下线上产品售价进行比较,$p_e^{RS}-p_e^{MS}=$
$\dfrac{(1+\beta)\beta^2 H}{32n(\beta^2+2)(\beta^2+1)}$,$p_e^{MS}-p_e^{NS}=\dfrac{(1+\beta)^2(1-\beta)H}{32n(\beta^2+3)(\beta^2+1)}$,由于 $H>0,0<\beta<1$,很明

显可知：$p_e^{RS} > p_e^{MS}$，$p_e^{MS} > p_e^{NS}$。综上可得：$p_e^{RS} > p_e^{MS} > p_e^{NS}$。对于不同权力结构下线下门店产品售价大小的比较，其证明过程与上述类似，不再进行赘述，通过比较可得：$p_r^{RS} > p_r^{MS} > p_r^{NS}$。

接下来分析参数 n 变化对线上线下产品售价所产生的影响。先对 p_e^{RS}、p_e^{MS}、p_e^{NS} 关于 n 求一阶导数，求解可得：$\dfrac{\partial p_e^{RS}}{\partial n} = \dfrac{(\beta^2+5)\gamma t}{16n^2(\beta^2+2)}$，$\dfrac{\partial p_e^{MS}}{\partial n} = \dfrac{(3\beta^2+5)\gamma t}{32n^2(\beta^2+1)}$，$\dfrac{\partial p_e^{NS}}{\partial n} = \dfrac{(\beta^2+7)\gamma t}{16n^2(\beta^2+3)}$。很明显可以看出：$\dfrac{\partial p_e^{RS}}{\partial n} > 0$，$\dfrac{\partial p_e^{MS}}{\partial n} > 0$，$\dfrac{\partial p_e^{NS}}{\partial n} > 0$。进一步比较 $\dfrac{\partial p_e^{RS}}{\partial n}$、$\dfrac{\partial p_e^{MS}}{\partial n}$、$\dfrac{\partial p_e^{NS}}{\partial n}$ 的大小，$\dfrac{\partial p_e^{RS}}{\partial n} - \dfrac{\partial p_e^{MS}}{\partial n} = \dfrac{(1-\beta^2)\beta^2\gamma t}{32n^2(\beta^2+2)(\beta^2+1)}$，$\dfrac{\partial p_e^{MS}}{\partial n} - \dfrac{\partial p_e^{NS}}{\partial n} = \dfrac{(\beta^2-1)^2\gamma t}{32n^2(\beta^2+1)(\beta^2+3)}$，由于 $0 < \beta < 1$，从上述式子可知：$\dfrac{\partial p_e^{RS}}{\partial n} > \dfrac{\partial p_e^{MS}}{\partial n}$，$\dfrac{\partial p_e^{MS}}{\partial n} > \dfrac{\partial p_e^{NS}}{\partial n}$。综上可得：$\dfrac{\partial p_e^{RS}}{\partial n} > \dfrac{\partial p_e^{MS}}{\partial n} > \dfrac{\partial p_e^{NS}}{\partial n} > 0$。对于不同权力结构下参数 n 变化对线下门店售价影响大小的比较，其证明过程与上述类似，不再进行赘述。通过比较分析可得：$\dfrac{\partial p_r^{RS}}{\partial n} > \dfrac{\partial p_r^{MS}}{\partial n} > \dfrac{\partial p_r^{NS}}{\partial n} > 0$。证毕。

命题 2 表明，不管是线上还是线下，销售商在自身占主导权时会制定更高的产品销售价格，制造商占主导权情形次之，权力均衡情形最低。上述现象产生的主要原因是：权力均衡下制造商和销售商竞争最激烈，所以产品销售价格最低，而销售商占主导权下由于其对供应链掌控能力最强，会通过制定更高的产品售价获取更多利润，所以产品销售价格最高。此外，从销售商布局线下门店数量所产生的影响来看，线上线下产品销售价格均会有所上升，且相比较而言，销售商占主导权情形上升速率最大，权力均衡情形上升速率最小。以上研究表明，销售商在调整线下门店数量时，需要相应调整产品销售价格，且调整幅度受其在供应链中所处地位的影响。

命题 3 （1）$d_t^{NS} > d_t^{MS} > d_t^{RS}$；（2）$\dfrac{\partial d_t^{NS}}{\partial n} > \dfrac{\partial d_t^{MS}}{\partial n} > \dfrac{\partial d_t^{RS}}{\partial n} > 0$。

证明 对不同权力结构下产品总需求量进行比较，$d_t^{NS} - d_t^{MS} = \dfrac{(1-\beta^2)H}{16n(\beta^2+3)}$，$d_t^{MS} - d_t^{RS} = \dfrac{\beta^2 H}{16n(\beta^2+2)}$，由于 $H > 0$，$0 < \beta < 1$，从上述式子可知：$d_t^{NS} > d_t^{MS}$，$d_t^{MS} >$

d_t^{RS}，即 $d_t^{NS} > d_t^{MS} > d_t^{RS}$。接下来对 d_t^{RS}、d_t^{MS}、d_t^{NS} 关于 n 求一阶导数，可得：$\frac{\partial d_t^{RS}}{\partial n} =$

$\frac{(1-\beta)\gamma t}{8n^2(\beta^2+2)}$，$\frac{\partial d_t^{MS}}{\partial n} = \frac{(1-\beta)\gamma t}{16n^2}$，$\frac{\partial d_t^{NS}}{\partial n} = \frac{(1-\beta)\gamma t}{4n^2(\beta^2+3)}$。很明显可以看出：$\frac{\partial d_t^{RS}}{\partial n} > 0$，

$\frac{\partial d_t^{MS}}{\partial n} > 0$，$\frac{\partial d_t^{NS}}{\partial n} > 0$。进一步比较 $\frac{\partial d_t^{RS}}{\partial n}$、$\frac{\partial d_t^{MS}}{\partial n}$、$\frac{\partial d_t^{NS}}{\partial n}$ 的大小，$\frac{\partial d_t^{NS}}{\partial n} - \frac{\partial d_t^{MS}}{\partial n} =$

$\frac{(1-\beta^2)(1-\beta)\gamma t}{16n^2(\beta^2+3)}$，$\frac{\partial d_t^{MS}}{\partial n} - \frac{\partial d_t^{RS}}{\partial n} = \frac{(1-\beta)\beta^2\gamma t}{16n^2(\beta^2+2)}$，由于 $0<\beta<1$，从上述式子可知：

$\frac{\partial d_t^{NS}}{\partial n} > \frac{\partial d_t^{MS}}{\partial n}$，$\frac{\partial d_t^{MS}}{\partial n} > \frac{\partial d_t^{RS}}{\partial n}$。综上可得：$\frac{\partial d_t^{NS}}{\partial n} > \frac{\partial d_t^{MS}}{\partial n} > \frac{\partial d_t^{RS}}{\partial n} > 0$。证毕。

命题 3 表明，权力均衡情形产品需求量最高，制造商占主导权情形次之，销售商占主导权情形最低，这主要是因为三种不同权力结构下产品销售价格不同。除此之外，随着销售商布局线下门店数量增多，产品需求量会增加，且在三种不同权力结构下其增加速率不同。这表明，销售商可以通过布局不同数量线下门店来调整产品需求量，且调整效果在三种不同权力结构下不同。

接下来对三种不同权力结构下产品线上线下同价问题进行分析。令 $p_e^{RS} = p_r^{RS}$，$p_e^{MS} = p_r^{MS}$，$p_e^{NS} = p_r^{NS}$，通过求解，得到如下命题 4。

命题 4 在销售商占主导权下，线上线下产品同价条件为 $n^{RS} = \frac{(\beta+2)\gamma t}{4q(\beta+2-4\alpha)}$；在制造商占主导权下，线上线下产品同价条件为 $n^{MS} = \frac{(\beta^2+\beta+2)\gamma t}{4q(\beta^2+\beta+2-2\alpha\beta^2-4\alpha)}$；在权力均衡下，线上线下产品同价条件为 $n^{NS} = \frac{(\beta+3)\gamma t}{4q(\beta+3-6\alpha)}$。

命题 4 表明，在新零售下，线上线下产品能否同价与线下门店布局数量有一定的关系，而线下门店布局数量多少主要受消费者对价格及配送时间敏感性、消费者在销售区域内分布密度等因素影响。从现实情况来看，三种不同权力结构下产品同价条件应满足：$n^{RS} > 0$，$n^{MS} > 0$，$n^{NS} > 0$，即 $\beta+2-4\alpha > 0$，$\beta^2+\beta+2-2\alpha\beta^2-4\alpha > 0$，$\beta+3-6\alpha > 0$。当上述条件无法满足时，销售商则无法通过调整线下门店数量实现线上线下产品同价。在命题 4 的基础上，继续对线上线下产品同价条件展开比较分析，得到如下推论 1：

推论 1 三种不同权力结构下线上线下产品同价条件存在的关系：$n^{NS} >$

$n^{MS} > n^{RS}$。

证明　线上线下同价条件：$n^{NS} - n^{MS} = \dfrac{(1-\beta^2)\alpha\beta\gamma t}{2q(\beta+3-6\alpha)(\beta^2+\beta+2-4\alpha-2\alpha\beta^2)}$,

$n^{MS} - n^{RS} = \dfrac{\alpha\beta^3\gamma t}{2q(\beta+2-4\alpha)(\beta^2+\beta+2-4\alpha-2\alpha\beta^2)}$。结合命题 4 的分析可知,当

销售商可以通过调整线下门店数量实现线上线下产品同价时,很明显存在：n^{NS} $> n^{MS} > n^{RS}$。证毕。

推论 1 表明,在新零售环境下,销售商要实现线上线下产品同价,权力均衡情形下其所布局的线下门店数量最多,制造商占主导权情形次之,销售商占主导权情形最少。这表明,销售商在为线上线下产品创造同价环境时,其线下门店应布局多少数量,需要考虑渠道权力结构的影响。

6.2.4　算例分析

鉴于模型推导的复杂性,本部分将通过仿真软件进一步对三种不同权力结构展开比较分析。先比较分析不同权力结构下 β、γ 等参数变化对线上线下产品同价条件的影响,对于销售商如何构建线上线下同价环境具有一定的参考价值。基本参数设置为：$q=400$,$\alpha=0.55$,$t=200$,$\beta=0.6$,$\gamma=2.0$,$F=300$。分析参数 β 变化对线上线下同价条件影响时,β 取值范围为 $\beta\in[0.4,0.9]$；分析参数 γ 变化对线上线下同价条件的影响时,γ 取值范围为 $\gamma\in[1.5,2.5]$。其仿真结果分别见图 6-5、图 6-6。

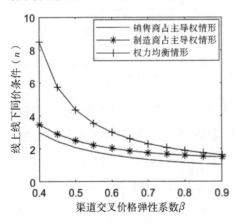

图 6-5　渠道交叉价格弹性系数对
线上线下同价条件的影响

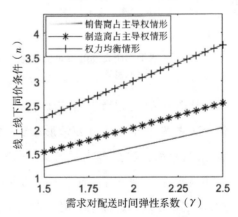

图 6-6　需求对配送时间弹性系数对
线上线下同价条件的影响

从图6-5、图6-6可以看出,线上线下产品同价条件受β、γ等参数变化的影响。随着β取值变大,即消费者对竞争渠道价格越敏感,销售商要做到线上线下产品同价,三种不同权力结构下其所布局的线下门店数量应减少,且权力均衡情形减少速率最大,销售商占主导权及制造商占主导权两种情形减少速率差别不大;随着γ取值变大,即线上消费者对产品配送时间越敏感,要做到线上线下产品同价,销售商布局的线下门店数量应增加,且三种不同权力结构下其增加速率有所不同。以上研究表明,销售商在经营过程中为了做到线上线下产品同价,其应布局多少线下门店,除了要考虑其所服务的消费群体在价格、配送时间等方面的敏感性外,还需要考虑其在供应链中所处的地位。

进一步就线下门店布局数量对新零售供应链成员企业及整体利润的影响进行仿真分析。线下门店布局数量取值范围为:$n \in [1,10]$,仿真结果见图6-7—图6-9。

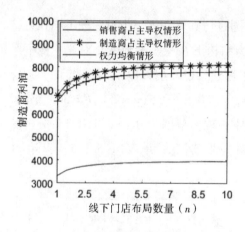

图6-7　线下门店布局数量对制造商　　图6-8　线下门店布局数量对销售商
　　　　利润的影响　　　　　　　　　　　　　　利润的影响

从图6-7可以看出,制造商在自身占主导权下获得的利润最多,权力均衡情形次之,销售商占主导权情形最少。这表明,制造商对供应链运营的主导性越强,其获利就越多,这与已有文献研究传统供应链所得结论相同。图6-7研究还表明,在新零售下,随着销售商布局的线下门店数量增多,制造商利润增加,这主要是因为此环境下消费者购买产品时效性增强,促使更多消费者购买产品,且此时由于产品批发价格相应上涨,所以制造商利润增加。最后,比较三种不同权力结构可以发现,制造商在自身占主导权下利润增加最快,究其原因

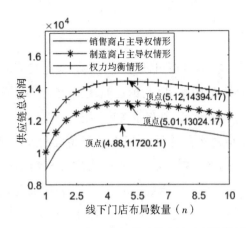

图 6 – 9　线下门店布局数量对供应链总利润的影响

是此情形下制造商利用了其对供应链的掌控能力主导了与销售商的谈判,更大幅度地提升了产品批发价格,以获取更多利润。

　　从图 6 – 8 可以看出,随着线下门店数量的增加,销售商获得的利润先增后减,从利润最高点所对应的线下门店数量来看,销售商占主导权情形为 4.54,制造商占主导权情形为 4.34,权力均衡情形为 4.44。这表明,在不同权力结构下,销售商布局的最佳线下门店数量应不同,且相比较而言,其自身占主导权下应布局更多线下门店。将上述数据与线上线下产品同价环境所对应的门店数量($n^{RS} = 1.63, n^{MS} = 2.03, n^{NS} = 3.01$)进行比较可以发现,对于销售商而言,通过布局一定数量的线下门店实现线下线上产品同价这一经营策略,并不一定是最佳策略,所以销售商在实际经营中不应盲目追求线上线下产品同价。

　　从图 6 – 9 可以看出,就供应链整体而言,所布局的线下门店存在一个最佳数量,过高或过低都会减少供应链总利润,且对三种不同权力结构进行比较可以发现,权力均衡情形所布局的线下门店数量应最多,制造商占主导权情形次之,销售商占主导权情形应最少。将图 6 – 9 与图 6 – 8 进行比较可以发现,在三种不同权力结构下,销售商利润最高点与供应链总利润最高点所对应的线下门店数量不同,这表明,在分散决策模式下,销售商会基于自身利润最大化确定一个最佳的线下门店数量,这可能会损害供应链总利润。所以,制造商与销售商之间应建立一个有效的合作框架,促使销售商从供应链整体出发布局线下门店数量,同时,通过合理的利润分配机制,实现制造商与销售商在合作环境下的Pareto 改进。

6.2.5 本节小结

基于不同权力结构,本节探讨新零售下供应链运营问题,侧重分析线下门店布局数量对其所产生的影响,以及销售商线上线下产品同价条件,并对三种不同权力结构进行比较分析,得到如下主要结论:

(1)在新零售供应链运营过程中,制造商产品批发价格、销售商线上线下产品售价在不同权力结构下不同,且均在自身占主导权情形最高;针对某一销售区域,随着销售商布局的线下门店数增加,不管是制造商还是销售商本身,都应相应提高产品价格,但提高幅度在不同权力结构下不同。

(2)销售商可以通过调整线下门店数量实现线上线下产品同价,在同价环境下,其应布局的线下门店数量受渠道权力结构、消费群体特征(比如对价格及配送时间的敏感性)等因素影响;从供应链运营来看,线上线下产品同价并不一定是销售商的最佳策略。

(3)制造商及销售商获得的利润均在其自身占主导权下最多,供应链获得的总利润在权力均衡下最多。随着销售商布局的线下门店数量增加,制造商利润会增加,销售商及供应链整体利润先增后减,且三种不同权力结构下其增加或减少速率不同;销售商达到利润最高点需要布局的线下门店数与供应链总利润最高点需布局的线下门店数不同。

本部分虽对新零售商供应链运营问题展开了研究,但存在以下诸多不足之处:一方面,只是考虑了新零售下线下门店作为线上销售前置仓这一特征,未考虑新零售下线下门店体验水平对供应链运营的影响;另一方面,模型建立在供应链成员完全理性假设的基础上,而现实中其往往具有公平关切、损失厌恶、预期后悔等行为特征。后续将进一步对该问题展开研究,以深化新零售供应链理论。

6.3 生物农业供应链运营管理

6.3.1 传统与生物农业企业博弈分析

随着生物技术的快速发展,农业生物技术对传统农业的渗透不断加快,生物农业已成为当前研究的热点。生物农业是指按照自然规律管理农业,它强调利用生物技术改造和提升农业品种及性能,实现农业环境生态平衡。目前主要涉及转基因育种、动物疫苗、生物饲料、非化学害虫控制和生物农药等几大领域。在生物农业发展过程中,其与传统农业市场的竞争在所难免。从现实情况来看,由于生物农资产品价格相对较高,且使用过程中技术操作性较强,农户在购买农资产品的过程中,往往偏向于选择购买传统农资产品,使得生物农业企业在与传统农业企业市场竞争中处于一定的劣势。据农业部统计的农药行业相关数据,2016 年 1—5 月,我国农药行业规模以上企业市场总利润为 92.72 亿元,其中传统化学农药企业市场利润为 82.13 亿元,生物农药企业市场利润为 10.59 亿元,生物农药企业市场利润占农药企业总利润的 11.42%。为了改善当前生物农业的发展现状,促进生物农业快速发展,近年来,政府加大了对生物农业行业的补贴,此举对农资产品的市场主体——传统农业企业和生物农业企业的博弈将产生一定的影响,所以有必要对其展开进一步研究。

已有文献虽已探讨生物农业发展中政府激励的问题,但主要是分析政府激励行为对生物农业技术创新的影响,且以定性分析为主。而从现实来看,政府对生物农业的激励行为除了影响生物农业自身发展外,还会对与其竞争的传统农业发展产生影响,这就需要对此背景下传统农业与生物农业竞争展开深入研究。鉴于此,本部分以农业企业为研究对象,基于政府不同补贴模式,探讨传统农业企业与生物农业企业之间的博弈问题,并侧重于对不同补贴模式做比较分析,所得结论可以为此背景下政府制定补贴政策、传统农业企业及生物农业企业制定决策提供参考依据。

(1)问题描述与模型假设

基于政府不同补贴模式,探讨传统农业企业与生物农业企业之间的博弈问题。假定传统农业企业生产农资产品 A(比如化学农药、化学肥料等),生物农业企业生产农资产品 B(比如生物农药、生物肥料等),由于农资产品 A 与 B 具有一定的替代性,在市场上存在较为激烈的竞争。且从现实情况来看,相比较传统农业,近年来政府对生物农业发展的支持力度有所加大,相继出台了一系列生物农业补贴政策。比如,在生物农药行业,按照《到 2020 年农药使用量零增长行动方案》,2016 年国家财政专项安排 996 万元,继续在北京等 17 个省市的水果、蔬菜、茶叶等农作物生产地开展生物农药补贴试点。目前生物农业补贴的模式主要有两种:一种是给生物农业技术研发进行补贴(简称研发补贴模式),另一种是给生物农资产品销售进行补贴(简称价格补贴模式)。为了便于

对此问题展开研究,特作如下假设:

①假定传统农业企业、生物农业企业均为风险中性,其相互之间完全信息共享。

②相比较传统农业企业所生产的农资产品,生物农业企业所生产的农资产品更有助于保护环境、提升农产品安全(比如,化学农药的使用对土壤的污染大,农作物农药残留高,而生物农药的使用对土壤污染小,所收获农作物的农药残留低),且其贡献大小主要取决于生物农业技术水平 t,t 越大,表明生物农资产品在使用过程中对环境污染更小,农产品安全性就越高。

③假定传统农业企业农资产品的单位生产成本为 c_A,产品销售价格为 p_A,生物农业企业农资产品的单位生产成本为 c_B,产品销售价格为 p_B,研发投入为 $C(t)$。令 $C(t) = \frac{1}{2}\eta t^2$,$\eta > 0$,$\eta$ 为研发影响因子,η 越小,表明生物农业技术的研发效率就越高。

④假定消费者购买传统农资产品与生物农资产品的基础功能效用相同,记为 v,并假定 v 足够大,即能保证消费者购买传统或生物农资产品所获得的净效用均大于0。

⑤随着消费者对环境保护与自身健康等意识的增强,消费者更加倾向于购买生物农资产品,不妨假定消费者购买生物农资产品能获得一定的额外效用。基于上述考虑,假定消费者购买传统农资产品获得的净效用为 $u_A = v - p_A$,消费者购买生物农资产品获得的净效用为 $u_B = v - p_B + kt$,$k > 0$,k 为消费者对生物农业技术偏好程度,并假定其在 $[0,1]$ 区间上服从均匀分布,且一般而言,消费者环境保护、自身健康等意识越强,对生物农业技术偏好程度就越高。

⑥从消费者购买行为来看,其是购买传统农资产品还是生物农资产品,主要取决于其购买农资产品所获得的净效用。当 $u_A > u_B$ 时,消费者会选择购买传统农业企业的农资产品;当 $u_A < u_B$ 时,消费者会选择购买生物农业企业的农资产品。所以存在一个消费者对生物农业技术偏好程度无差异点 k^*,使得消费者购买传统农资产品与生物农资产品无差异,通过求解可得:$k^* = \frac{p_B - p_A}{t}$。

⑦假定农资产品的市场规模为1。

其他相关符号说明:传统农业企业获得的利润记为 π_A,生物农业企业获得

的利润记为 π_B，传统农资产品需求量记为 q_A，生物农资产品需求量记为 q_B，上标 es 为研发补贴情形，上标 ps 为价格补贴情形。

（2）模型构建与分析

在传统农业企业与生物农业企业博弈的过程中，假定两者权力均衡，双方构成 Nash 博弈。其决策过程为：传统农业企业确定农资产品 A 的销售价格 p_A，与此同时，生物农业企业确定农资产品 B 的销售价格 p_B 及技术水平 t。接下来对研发补贴及价格补贴两种模式下传统与生物农业企业的博弈问题展开研究。

政府研发补贴模式：

在政府研发补贴模式下，传统农业企业与生物农业企业农资产品的需求量为：

$$q_A = \int_0^{\frac{p_B - p_A}{t}} dk = \frac{p_B - p_A}{t} \tag{6-21}$$

$$q_B = \int_{\frac{p_B - p_A}{t}}^{1} dk = \frac{t - p_B + p_A}{t} \tag{6-22}$$

设政府对生物农业企业研发投入补贴的比例为 ϕ_e，且 $0 \leqslant \phi_e \leqslant 1$。由此可得传统农业企业与生物农业企业的利润分别为：

$$\pi_A = (p_A - c_A)\frac{p_B - p_A}{t} \tag{6-23}$$

$$\pi_B = (p_B - c_B)\frac{t - p_B + p_A}{t} - \frac{1}{2}(1 - \phi_e)\eta t^2 \tag{6-24}$$

对式（6-23）关于 p_A 求一阶、二阶导数可得：$\frac{\partial \pi_A}{\partial p_A} = \frac{p_B - 2p_A + c_A}{t}$，$\frac{\partial^2 \pi_A}{\partial p_A^2} = -\frac{2}{t}$。由于存在 $\frac{\partial^2 \pi_A}{\partial p_A^2} < 0$，不妨令 $\frac{\partial \pi_A}{\partial p_A} = 0$，求解可得政府研发补贴模式下传统农业企业农资产品的最优销售价格为：

$$p_A^{es} = \frac{p_B + c_A}{2} \tag{6-25}$$

对式（6-24）分别关于 p_B、t 求一阶导数可得：$\frac{\partial \pi_B}{\partial p_B} = \frac{t - 2p_B + p_A + c_B}{t}$，$\frac{\partial \pi_B}{\partial t} = \frac{(p_B - c_B)(p_B - p_A)}{t^2} - (1 - \phi_e)\eta t$。令 $A = \frac{\partial^2 \pi_B}{\partial p_B^2} = -\frac{2}{t}$，$B = \frac{\partial^2 \pi_B}{\partial p_B \partial t} = \frac{2p_B - p_A - c_B}{t^2}$，

$C = \dfrac{\partial^2 \pi_B}{\partial t^2} = -\dfrac{2(p_B - c_B)(p_B - p_A)}{t^3} - (1 - \phi_e)\eta$，由上述式子可知：$A < 0$，$AC - B^2$

$= \dfrac{2(1 - \phi_e)\eta t^3 - (p_A - c_B)^2}{t^4}$。很明显可以看出，当满足条件 $2t^3(1 - \phi_e)\eta -$

$(p_A - c_B)^2 > 0$ 时，存在 $AC - B^2 > 0$，此时函数 π_B 的海塞矩阵 $\begin{bmatrix} A & B \\ B & C \end{bmatrix}$ 为负定，其

为严格凹函数，存在唯一最优生物农资产品销售价格 p_B^{es} 及技术水平 t^{es}，使得生

物农业企业利润达到最大化。令 $\dfrac{\partial \pi_B}{\partial p_B} = 0, \dfrac{\partial \pi_B}{\partial t} = 0$，可得政府研发补贴模式下生

物农资产品的最优销售价格 p_B^{es} 及技术水平 t^{es} 满足下列方程：

$$t - 2p_B + p_A + c_B = 0 \qquad (6-26)$$

$$(p_B - c_B)(p_B - p_A) - (1 - \phi_e)\eta t^3 = 0 \qquad (6-27)$$

将式（6-25）、式（6-26）、式（6-27）联立求解，可得政府研发补贴模式下传统农业企业最优农资产品 A 的销售价格 p_A^{es}、生物农业企业最优农资产品 B 的销售价格 p_B^{es} 及技术水平 t^{es}。

政府价格补贴模式：

在政府价格补贴模式下，设政府对消费者购买生物农资产品销售价格补贴的比例为 ϕ_p，即消费者购买生物农资产品实际支付的价格为 $(1 - \phi_p)p_B$，且满足条件 $0 \leq \phi_p \leq 1$，由此可知此补贴模式下传统农业企业与生物农业企业农资产品的需求量为：

$$q_A = \int_0^{\frac{(1-\phi_p)p_B - p_A}{t}} dk = \frac{(1 - \phi_p)p_B - p_A}{t} \qquad (6-28)$$

$$q_B = \int_{\frac{(1-\phi_p)p_B - p_A}{t}}^1 dk = \frac{t - (1 - \phi_p)p_B + p_A}{t} \qquad (6-29)$$

传统农业企业与生物农业企业的利润分别为：

$$\pi_A = (p_A - c_A)\frac{(1 - \phi_p)p_B - p_A}{t} \qquad (6-30)$$

$$\pi_B = (p_B - c_B)\frac{t - (1 - \phi_p)p_B + p_A}{t} - \frac{1}{2}\eta t^2 \qquad (6-31)$$

对式（6-30）关于 p_A 求一阶、二阶导数可得：$\dfrac{\partial \pi_A}{\partial p_A} = \dfrac{(1 - \phi_p)p_B - 2p_A + c_A}{t}$，

$\dfrac{\partial^2 \pi_A}{\partial p_A^2} = -\dfrac{2}{t}$。由于存在$\dfrac{\partial^2 \pi_A}{\partial p_A^2} < 0$,不妨令$\dfrac{\partial \pi_A}{\partial p_A} = 0$,求解可得政府价格补贴模式下传统农业企业农资产品的最优销售价格为:

$$p_A^{ps} = \frac{(1-\phi_p)p_B + c_A}{2} \qquad (6-32)$$

对式(6-31)分别关于p_B、t求一阶导数可得:$\dfrac{\partial \pi_B}{\partial p_B} = \dfrac{t - 2(1-\phi_p)p_B + p_A + (1-\phi_p)c_B}{t}$,$\dfrac{\partial \pi_B}{\partial t} = \dfrac{(p_B - c_B)\left[(1-\phi_p)p_B - p_A\right]}{t^2} - \eta t$。令$D = \dfrac{\partial^2 \pi_B}{\partial p_B^2} = -\dfrac{2(1-\phi_p)}{t}$,$E = \dfrac{\partial^2 \pi_B}{\partial p_B \partial t} = \dfrac{2(1-\phi_p)p_B - p_A - (1-\phi_p)c_B}{t^2}$,$F = \dfrac{\partial^2 \pi_B}{\partial t^2} = -\dfrac{2(p_B - c_B)\left[(1-\phi_p)p_B - p_A\right]}{t^3} - \eta$,由上述式子可知:$D < 0$,$DF - E^2 = \dfrac{2(1-\phi_p)\eta t^3 - \left[p_A - (1-\phi_p)c_B\right]^2}{t^4}$。很明显可以看出,当满足条件$2(1-\phi_p)\eta t^3 - \left[p_A - (1-\phi_p)c_B\right]^2 > 0$时,存在$DF - E^2 > 0$,此时函数$\pi_B$的海塞矩阵$\begin{bmatrix} D & E \\ E & F \end{bmatrix}$为负定,其为严格凹函数,存在唯一最优生物农资产品销售价格p_B^{ps}及技术水平t^{ps},使得生物农业企业利润达到最大化。令$\dfrac{\partial \pi_B}{\partial p_B} = 0$,$\dfrac{\partial \pi_B}{\partial t} = 0$,可得政府价格补贴模式下生物农资产品的最优销售价格p_B^{ps}及技术水平t^{ps}满足下列方程:

$$t - 2(1-\phi_p)p_B + p_A + (1-\phi_p)c_B = 0 \qquad (6-33)$$

$$(p_B - c_B)\left[(1-\phi_p)p_B - p_A\right] - \eta t^3 = 0 \qquad (6-34)$$

将式(6-32)、式(6-33)、式(6-34)联立求解,可得政府价格补贴模式下传统农业企业农资产品 A 的最优销售价格p_A^{ps}、生物农业企业农资产品 B 的最优销售价格p_B^{ps}及技术水平t^{ps}。

考虑到模型的复杂性,很难通过数理分析方法对两种不同补贴模式下传统农业企业与生物农业企业的博弈行为进行比较,因此,将在算例部分对其展开研究。

（3）算例分析

本部分将借助 matlab 软件对传统农业企业与生物农业企业的博弈过程进行仿真，并对两种不同补贴模式做比较分析。为了更准确地得到不同补贴模式对传统农业企业与生物农业企业博弈影响的区别，算例部分考虑两种不同补贴模式下政府补贴支出相同。由数理模型可知，研发补贴模式下政府支出为 $S^{es}(\phi_e) = \frac{1}{2}\phi_e\eta t^{es\,2}$，价格补贴模式下政府支出为 $S^{ps}(\phi_p) = \phi_p p_B^{ps}$ $\left[\dfrac{t^{ps} - (1-\phi_p)p_B^{ps} + p_A^{ps}}{t^{ps}}\right]$，令 $S^{es}(\phi_e) = S^{ps}(\phi_p)$，通过求解可得：$\phi_e = \dfrac{2\phi_p p_B^{ps}\left[t^{ps} - (1-\phi_p)p_B^{ps} + p_A^{ps}\right]}{\eta t^{ps} t^{es2}}$。所以，当政府补贴支出变化用 ϕ_p 参数变化替代时，只要 ϕ_e 取相应的值，即可以保证两种不同补贴模式下政府支出相同。相关参数取值为：$c_A = 0.5$，$c_B = 0.7$，$\eta = 1$，$\phi_p = \begin{bmatrix} 0 & 0.02 & 0.05 & 0.1 & 0.15 & 0.2 \end{bmatrix}$。

通过 matlab 软件求解可得，当政府价格补贴模式下 $\phi_p = \begin{bmatrix} 0 & 0.02 & 0.05 \\ 0.1 & 0.15 & 0.2 \end{bmatrix}$ 时，政府研发补贴模式下 ϕ_e 的取值为：$\phi_e = \begin{bmatrix} 0 & 0.1573 \\ 0.2979 & 0.4402 & 0.5311 & 0.5958 \end{bmatrix}$。此时政府补贴支出为：$S^{es}(\phi_e) = S^{ps}(\phi_p)$ $= \begin{bmatrix} 0 & 0.0067 & 0.0188 & 0.0438 & 0.0745 & 0.1110 \end{bmatrix}$。接下来就政府补贴支出变化对传统农业企业与生物农业企业博弈的影响展开分析，见图 6–10—图 6–16。

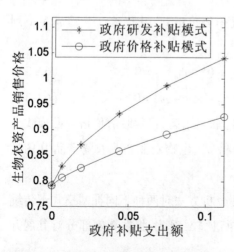

图 6–10 政府补贴支出额变化对不同补贴模式下生物农资产品销售价格的影响

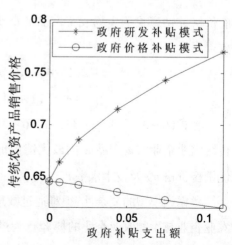

图 6–11 政府补贴支出额变化对不同补贴模式下传统农资产品销售价格的影响

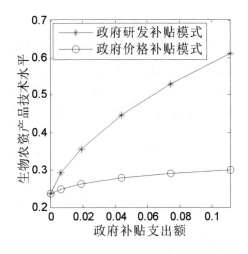

图 6-12 政府补贴支出额变化对不同补贴模式下生物农资产品技术水平的影响

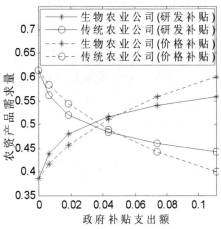

图 6-13 政府补贴支出额变化对不同补贴模式下农资产品需求量的影响

从图6-10、图6-11可以看出,在传统农业企业与生物农业企业博弈的过程中,随着政府给予生物农业行业补贴支出额的增加,从农资产品销售价格变化来看,生物农资产品的销售价格在两种不同补贴模式下均有所上升。且通过比较可以发现,当政府补贴支出相同时,研发补贴模式下其上升的幅度更大,而传统农业企业农资产品的销售价格则在政府研发补贴模式下有所上升,价格补贴模式下有所下降。上述研究表明,当政府给予生物农业行业一定的补贴时,生物农业企业会采用提升农资产品价格的方式来分享政府所提供的"福利蛋糕"。除此之外,由于价格补贴模式直接降低了消费者购买生物农资产品实际支付的价格,引发传统农业企业与生物农业企业更为激烈的价格竞争。所以,相比较研发补贴模式,此补贴模式下生物农资产品价格上升幅度更小,传统农业农资产品甚至出现降价销售现象;而研发补贴模式主要是降低生物农业企业的研发成本,其对传统农资产品与生物农资产品价格竞争的影响相对较小。因此,传统农业企业与生物农业企业农资产品销售价格均出现上涨的现象。

从图6-12可以看出,两种政府补贴模式下生物农资产品的技术水平均有所上升,且通过比较很容易看出,在政府补贴支出相同的条件下,政府研发补贴模式下生物农资产品的技术水平上升幅度更大。所以,针对当前我国生物农业技术水平较低的现状(比如,据2017年中国生物农药行业发展报告,化学农药药效能达到80%以上,而生物农药由于技术水平较低,其药效能达到80%的不多,有些甚至只能达到30%左右),若政府采用研发补贴模式,对于提升生物农业技术水平,其效果会更加明显。

从图6-13可以看出,当政府给予生物农业行业一定的补贴时,生物农业企业农资产品市场需求量会有所上升,传统农业企业农资产品需求量会有所下降,且在政府补贴支出相同条件下,价格补贴模式下其上升或下降的幅度更大。这表明,在政府补贴支出相同的条件下,价格补贴模式下生物农资产品更容易抢占传统农资产品的市场。

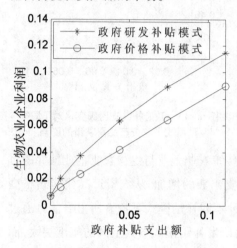

图6-14 政府补贴支出额变化对不同
补贴模式下生物农业企业利润的影响

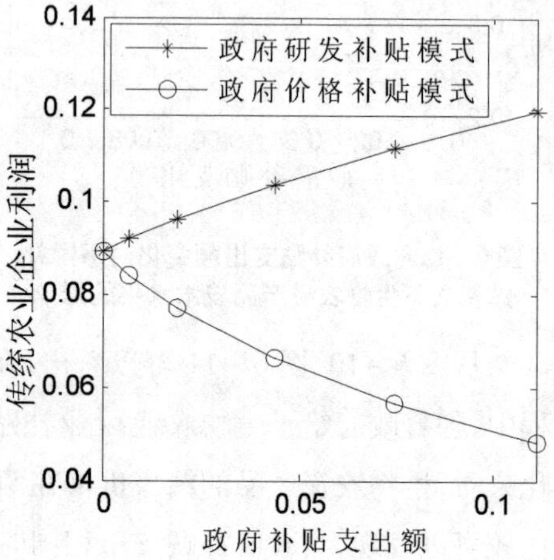

图6-15 政府补贴支出额变化对不同
补贴模式下传统农业企业利润的影响

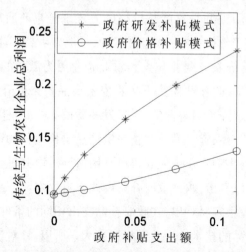

图6-16 政府补贴支出额变化对不同补贴模式下传统与生物农业企业总利润的影响

从图6-14、图6-15可以看出,当政府给予生物农业行业补贴时,随着补贴支出额的增加,对于生物农业企业而言,两种不同补贴模式下其获得的利润均有所增加。且相比较而言,在政府补贴支出相同的条件下,研发补贴模式下其利润增加幅度更大,而传统农业企业获得的利润则在研发补贴模式下有所增加,在价格补贴模式下有所减少。也就是说,政府给予生物农业行业一定的补贴,对生物农业企业有利,且研发补贴模式下对其运营会更加有利。而从传统农业企业运营来看,政府对生物农业行业补贴这一行为,不一定总是对其运营不利,当政府采用研发补贴模式时,对其运营同样也会有利。最后,从图 6 – 16可以看出,政府对生物农业行业进行补贴,会带来传统与生物农业企业总利润的增加,且当政府补贴支出相同时,研发补贴模式下传统与生物农业企业总利润增加的幅度更大。也就是说,相比较价格补贴模式,政府采用研发补贴模式对传统与生物农业企业整体运营更有利。

6.3.2　生物农业供应链运营决策分析

生物农业在发展过程中涉及政府、生物农业企业、农户等多个利益主体,它们之间构成一个复杂的生物农产品供应链,而为了更大程度地发挥政府补贴对生物农业行业的激励效应,有必要对政府补贴下生物农产品供应链运营展开深入研究。本部分以生物农产品供应链为研究对象,基于政府不同补贴模式,探讨生物农产品供应链运营问题,同时对不同补贴模式下政府补贴的影响做比较分析,从而为此背景下政府制定补贴策略及生物农业企业制定决策提供理论支持。

（1）问题描述与模型假设

基于政府不同补贴模式,考虑由生物农产品制造商与生物农产品零售商所组成的供应链。在供应链运营过程中,假定生物农产品制造商生产某种生物农产品 A（比如生物农药、生物肥料等）,通过生物农产品零售商出售给农户,且从现实情况来看,由于生物农产品生产与研发具有高投入、高风险等特性,政府为了缓解生物农业企业的运营压力,将给予其一定的补贴。目前主要存在两种补贴模式:一种是政府对生物农产品制造商研发投入进行补贴（简称研发补贴模式）,比如湖北东湖新技术开发区设立 1 亿元专项资金对生物农业技术研发进行补贴,这样有助于降低企业研发投入;另一种是政府对生物农产品销售价格进行补贴（简称价格补贴模式）,比如北京市昌平区采用草莓生产农资补贴卡的方式,对兴寿镇的草莓种植基地与种植户进行生物农药产品价格补贴,这样有

助于降低农户购买生物农产品的成本。为了便于对上述问题展开研究,特作如下假设:

①假定生物农产品制造商与生物农产品零售商均为风险中性,其相互之间完全信息共享。

②假定生物农产品制造商的单位产品生产成本为 c,批发价格为 w,其所研发的生物农产品技术水平为 t,t 越高,表明生物农产品在环境保护、食品安全等方面贡献就越大。比如,生物农药技术水平越高,其在使用过程中对土壤污染就越小,所收获的农作物农药残留就越低,食品就越安全。

③假定生物农产品制造商的研发成本与生物农产品技术水平为二次方关系,因此令 $C(t) = \frac{1}{2}\eta t^2$,$\eta > 0$,$\eta$ 为研发影响因子,η 越大,表明生物农产品技术研发效率就越低。

④假定生物农产品零售商基于市场需求向制造商订购产品,并以价格 p 将其销售给农户。

⑤从现实情况来看,生物农产品需求量不仅受产品价格的影响,农户的环保、食品安全等意识也将对其产生一定的影响。假定生物农产品的需求函数为 $q = a - \beta p + \gamma t$,$a$ 为生物农产品的市场规模,β 为市场需求对价格的敏感系数,γ 为市场需求对生物农产品技术水平的敏感系数;γ 越大,表明农户的环保、食品安全等意识就越强,农户购买生物农产品的意愿就越高。

⑥假定生物农产品制造商的利润记为 Π_m,生物农产品零售商的利润记为 Π_r,上标 es 为研发补贴情形,上标 ps 为价格补贴情形。

(2)模型构建与分析

在生物农产品制造商与生物农产品零售商博弈的过程中,假定生物农产品制造商为领导者,生物农产品零售商为追随者,双方构成 Stackelberg 博弈。其决策过程为:生物农产品制造商先确定生物农产品的批发价格 w 及产品的技术水平 s,生物农产品零售商在观察到其决策后确定其产品的销售价格 p。接下来对研发补贴及价格补贴两种模式下生物农产品供应链的决策展开研究。

政府研发投入补贴的模式:

当政府对生物农产品制造商研发投入进行补贴时,设政府对生物农产品制造商研发投入补贴的比例为 ϕ_e,且满足条件 $0 < \phi_e < 1$,则生物农产品制造商及生物农产品零售商的利润分别为:

$$\Pi_m = (w - c)(a - \beta p + \gamma t) - \frac{1}{2}(1 - \phi_e)\eta t^2 \qquad (6-35)$$

$$\Pi_r = (p - w)(a - \beta p + \gamma t) \qquad (6-36)$$

根据逆向归纳法,其求解过程为:对式(6-36)关于 p 求一阶、二阶导数可得: $\frac{\partial \Pi_r}{\partial p} = -2\beta p + \beta w + \gamma t + a$, $\frac{\partial^2 \Pi_r}{\partial p^2} = -2\beta$。由于存在 $\frac{\partial^2 \Pi_r}{\partial p^2} < 0$,不妨令 $\frac{\partial \Pi_r}{\partial p} = 0$,求解可得研发补贴模式下生物农产品零售商的最优产品销售价格为:

$$p^{es} = \frac{a + \beta w + \gamma t}{2\beta} \qquad (6-37)$$

将式(6-37)代入式(6-35),求解可得生物农产品制造商的利润为:

$$\Pi_m = \frac{(w - c)(a - \beta w + \gamma t) - (1 - \phi_e)\eta t^2}{2} \qquad (6-38)$$

对式(6-38)分别关于 w、t 求一阶导数可得: $\frac{\partial \Pi_m}{\partial w} = \frac{a - 2\beta w + \gamma t + \beta c}{2}$, $\frac{\partial \Pi_m}{\partial t} = \frac{\gamma w - \gamma c - 2(1 - \phi_e)\eta t}{2}$。令 $A = \frac{\partial^2 \Pi_m}{\partial w^2} = -\beta$, $B = \frac{\partial^2 \Pi_m}{\partial t \partial w} = \frac{\gamma}{2}$, $C = \frac{\partial^2 \Pi_m}{\partial t^2} = -(1 - \phi_e)\eta$,由上述式子可知: $A < 0$, $AC - B^2 = (1 - \phi_e)\eta\beta - \frac{\gamma^2}{4}$。很明显可以看出,当满足条件 $(1 - \phi_e)\eta\beta - \frac{\gamma^2}{4} > 0$ 时,存在 $AC - B^2 > 0$,此时函数 Π_m 的海塞矩阵 $\begin{bmatrix} A & B \\ B & C \end{bmatrix}$ 为负定,其为严格凹函数,存在唯一最优生物农产品批发价格 w^{es} 及产品技术水平 t^{es},使得生物农产品制造商利润达到最大化。令 $\frac{\partial \Pi_m}{\partial w} = 0$, $\frac{\partial \Pi_m}{\partial t} = 0$,并通过对其联立求解可得研发补贴模式下生物农产品制造商最优的产品批发价格 w^{es} 及产品技术水平 t^{es} 为:

$$w^{es} = \frac{2(1 - \phi_e)\eta a + 2(1 - \phi_e)\beta\eta c - \gamma^2 c}{4(1 - \phi_e)\beta\eta - \gamma^2} \qquad (6-39)$$

$$t^{es} = \frac{\gamma a - \gamma\beta c}{4(1 - \phi_e)\beta\eta - \gamma^2} \qquad (6-40)$$

将 w^{es}、t^{es} 代入式(6-37),求解可得研发补贴模式下生物农产品零售商最优的产品销售价格 p^{es} 为:

$$p^{es} = \frac{3(1-\phi_e)\eta a + (1-\phi_e)\beta\eta c - \gamma^2 c}{4(1-\phi_e)\beta\eta - \gamma^2} \quad (6-41)$$

将 w^{es}、t^{es}、p^{es} 分别代入式(6-35)、式(6-36),求解可得研发补贴模式下生物农产品制造商及生物农产品零售商的利润。

政府销售价格补贴模式:

当政府对生物农产品销售价格进行补贴时,设政府对生物农产品销售价格补贴的比例为 ϕ_p,且满足条件 $0 < \phi_p < 1$,则生物农产品制造商及生物农产品零售商的利润分别为:

$$\Pi_m = (w-c)\left[a - \beta(1-\phi_p)p + \gamma t\right] - \frac{1}{2}\eta t^2 \quad (6-42)$$

$$\Pi_r = (p-w)\left[a - \beta(1-\phi_p)p + \gamma t\right] \quad (6-43)$$

根据逆向归纳法,其求解过程为:对式(6-43)关于 p 求一阶、二阶导数可得:$\frac{\partial \Pi_r}{\partial p} = -2(1-\phi_p)\beta p + (1-\phi_p)\beta w + \gamma t + a$,$\frac{\partial^2 \Pi_r}{\partial p^2} = -2(1-\phi_p)\beta$。由于 $0 < \phi_p < 1$,所以很明显存在 $\frac{\partial^2 \Pi_r}{\partial p^2} < 0$,不妨令 $\frac{\partial \Pi_r}{\partial p} = 0$,求解可得价格补贴模式下生物农产品零售商的最优产品销售价格为:

$$p^{ps} = \frac{a + (1-\phi_p)\beta w + \gamma t}{2(1-\phi_p)\beta} \quad (6-44)$$

将式(6-44)代入式(6-42),求解可得生物农产品制造商的利润为:

$$\Pi_m = \frac{(w-c)\left[a - (1-\phi_p)\beta w + \gamma t\right] - \eta t^2}{2} \quad (6-45)$$

对式(6-45)分别关于 w、t 求一阶导数可得:$\frac{\partial \Pi_m}{\partial w} = \frac{a - 2(1-\phi_p)\beta w + \gamma t + (1-\phi_p)\beta c}{2}$,$\frac{\partial \Pi_m}{\partial t} = \frac{\gamma w - \gamma c - 2\eta t}{2}$。令 $D = \frac{\partial^2 \Pi_m}{\partial w^2} = -(1-\phi_p)\beta$,$E = \frac{\partial^2 \Pi_m}{\partial t \partial w} = \frac{\gamma}{2}$,$F = \frac{\partial^2 \Pi_m}{\partial t^2} = -\eta$,由上述式子可知:$D < 0$,$DF - E^2 = (1-\phi_p)\eta\beta - \frac{\gamma^2}{4}$。很明显可以看出,当满足条件 $(1-\phi_p)\eta\beta - \frac{\gamma^2}{4} > 0$ 时,存在 $DF - E^2 > 0$,此时函数 Π_m 的海塞矩阵 $\begin{bmatrix} D & E \\ E & F \end{bmatrix}$ 为负定,其为严格凹函数,存在唯一最优

生物农产品批发价格 w^{ps} 及产品技术水平 t^{ps} ,使得生物农产品制造商利润达到

最大化。令 $\dfrac{\partial \Pi_m}{\partial w} = 0$, $\dfrac{\partial \Pi_m}{\partial t} = 0$,并通过联立求解可得价格补贴模式下生物农产

品制造商最优的产品批发价格 w^{ps} 及产品技术水平 t^{ps} 为:

$$w^{ps} = \frac{2\eta a + 2(1 - \phi_p)\beta\eta c - \gamma^2 c}{4(1 - \phi_p)\beta\eta - \gamma^2} \qquad (6-46)$$

$$t^{ps} = \frac{\gamma a - (1 - \phi_p)\gamma\beta c}{4(1 - \phi_p)\beta\eta - \gamma^2} \qquad (6-47)$$

将 w^{ps} 、 t^{ps} 代入式(6-44),求解可得价格补贴模式下生物农产品零售商最

优的产品销售价格 p^{ps} 为:

$$p^{ps} = \frac{3\eta a + (1 - \phi_p)\beta\eta c - \gamma^2 c}{4(1 - \phi_p)\beta\eta - \gamma^2} \qquad (6-48)$$

将 w^{ps} 、 t^{ps} 、 p^{ps} 分别代入式(6-42)、式(6-43),求解可得价格补贴模式下生

物农产品制造商及生物农产品零售商的利润。

考虑到模型的复杂性,很难通过数理分析方法对两种不同补贴模式下生物

农产品供应链成员企业决策行为及绩效进行比较,因此,将在算例部分对其展

开研究。

(3)算例分析

本部分将借助 matlab 软件对两种不同补贴模式下生物农产品供应链的运

营进行仿真,同时做比较分析。而为了更准确地反映两种不同补贴模式下生物

农产品供应链运营的不同,算例部分考虑两种补贴模式下政府补贴支出相同。

在生物农产品供应链运营过程中,由数理模型可知,研发补贴模式下政府补贴

支出为 $S^{es}(\phi_e) = \dfrac{1}{2}\phi_e\eta t^{es^2}$,价格补贴模式下政府补贴支出为 $S^{ps}(\phi_p) = \phi_p p^{ps}[a$

$- (1 - \phi_p)\beta p^{ps} + \gamma t^{ps}]$,所以,为了使不同补贴模式下政府补贴支出相同,则必须

满足条件: $S^{es}(\phi_e) = S^{ps}(\phi_p)$ 。接下来在此条件下研究政府补贴支出变化对不

同补贴模式下生物农产品供应链运营的影响,同时做比较分析。

在算例分析时,政府补贴支出变化用 ϕ_e 的变化来代替,而为了保证两种补

贴模式下政府补贴支出相同, ϕ_p 则随 ϕ_e 变化而取相应的值。其他相关参数取

值为: $a = 100$, $c = 10$, $\beta = 1.5$, $\eta = 1$, $\gamma = 0.5$ 。当 $\phi_e = \begin{bmatrix} 0 & 0.1 & 0.2 & 0.3 & 0.45 \end{bmatrix}$

0.75]时,通过应用 matlab 软件计算可得,价格补贴模式下与 ϕ_e 相对应的价格补贴比例 ϕ_p 的取值为: $\phi_p = \begin{bmatrix} 0 & 0.0020 & 0.0050 & 0.0098 & 0.0240 \\ 0.1810 \end{bmatrix}$。两种不同补贴模式下政府补贴支出为: $S^{es} = S^{ps} = \begin{bmatrix} 0 & 1.66 & 4.23 \\ 8.39 & 20.90 & 195.92 \end{bmatrix}$。接下来就政府补贴支出变化对生物农产品供应链运营的影响展开分析,见图 6 – 17—图 6 – 23。

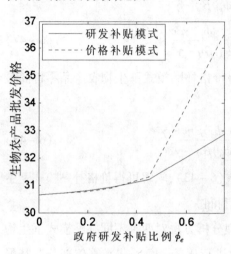

图 6 – 17　政府研发补贴比例 ϕ_e 变化对
生物农产品批发价格的影响

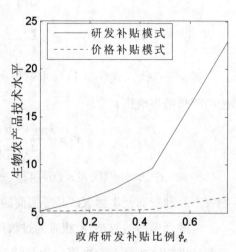

图 6 – 18　政府研发补贴比例 ϕ_e 变化对
生物农产品技术水平的影响

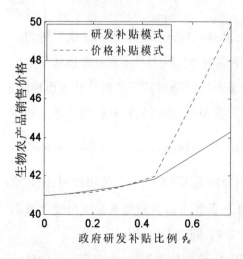

图 6 – 19　政府研发补贴比例 ϕ_e 变化对
生物农产品销售价格的影响

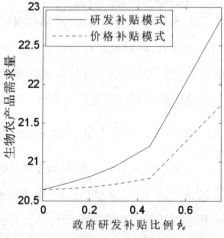

图 6 – 20　政府研发补贴比例 ϕ_e 变化对
生物农产品需求量的影响

从图 6 – 17、图 6 – 18、图 6 – 19 可以看出,在政府补贴支出相同的条件下,随着政府研发补贴比例 ϕ_e 的增加,即政府补贴支出的增多,两种不同补贴模式下生物农产品的批发价格、技术水平及销售价格均有所上升。通过比较可以发现:当政府补贴支出较低(即 $\phi_e < 0.45$ 时),两种不同补贴模式下生物农产品的批发价格、技术水平及销售价格的上升速度差异不大,此时两种不同补贴模式下生物农产品的批发价格、技术水平及销售价格非常接近;而当政府补贴支出较高(即 $\phi_e > 0.45$ 时),很明显可以看出,价格补贴模式下生物农产品的批发价格及销售价格上升速度更快,研发补贴模式下生物农产品技术水平上升速度更快,此时价格补贴模式下生物农产品的批发价格及销售价格均高于研发补贴模式,研发补贴模式下生物农产品技术高于价格补贴模式。

以上研究表明,当政府补贴支出较低时,两种不同补贴模式下生物农产品的批发价格、技术水平及销售价格受政府补贴增加的影响差异不大。当政府补贴支出达到一定的规模后,其继续增加对价格补贴模式下生物农产品的批发价格及销售价格影响更大,而生物农产品技术水平则在研发补贴模式下受到的影响更大。除此之外,在价格补贴模式下,生物农产品的批发价格及销售价格往往会更高,而研发补贴模式下生物农产品的技术水平则会更高。因此,选择价格补贴模式更容易促使供应链成员企业提高产品价格,而选择研发补贴模式则有助于提升生物农产品技术水平。

从图 6-20 可以看出,政府补贴支出的增多会带来生物农产品需求量的增加,并通过比较发现,研发补贴模式下生物农产品需求量大于价格补贴模式,且增加的速度更快。因此,在政府补贴支出相同的条件下,政府对生物农产品制造商研发投入进行补贴,将有助于生物农产品打开市场,提高其市场占有率。

从当前我国生物农业企业运营现状来看,普遍存在研发投入不足,生物农业技术水平较低,甚至很难达到国家规定的技术标准。比如,据中国生物农药行业发展报告,从农药产品来看,化学农药药效达到80%才算及格,而生物农药药效能达到80%的不多,有些甚至只有30%,且其用量比化学农药要高很多,这表明生物农药存在技术壁垒。从市场占有情况来看,相对于传统化学农药产品,生物农药产品市场占有率偏低。比如,据国家统计局相关数据,2015年上半年我国农药制造行业销售收入为1547.83亿元,其中化学农药制造行业销售收入为1404.63亿元,占比为90.75%;生物农药制造行业销售收入为143.20亿元,占比为9.25%。因此,当政府侧重于提升生物农产品技术水平及扩大其市场占有率时，选择研发补贴模式效果会更佳。

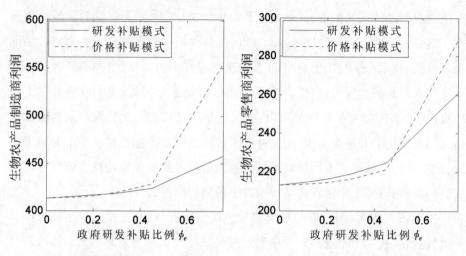

图 6-21　政府研发补贴比例 ϕ_e 变化对生物农产品制造商利润的影响　　图 6-22　政府研发补贴比例 ϕ_e 变化对生物农产品零售商利润的影响

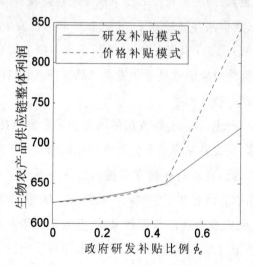

图 6-23　政府研发补贴比例 ϕ_e 变化对生物农产品供应链整体利润的影响

从图 6-21、图 6-22、图 6-23 可以看出，随着政府补贴支出的增加，不管是价格补贴模式，还是研发补贴模式，生物农产品制造商、零售商及供应链整体利润都将有所增加，且通过比较可以发现，当政府补贴支出较低时，其增加对两种不同补贴模式下生物农产品制造商、零售商及供应链整体利润影响差异不大。此时两种不同补贴模式下生物农产品制造商、零售商及供应链整体利润都较为接近，但当政府补贴支出达到一定的规模后，很明显可以看出，价格补贴模式下生物农产品制造商、零售商及供应链整体利润均会高于研发补贴模式。以上研究表明,政府补贴的存在可以增加生物农产品供应链成员企业的利润,且当政府侧重于缓解生物农业企业的运营压力时,选择价格补贴模式效果会更加明显。

6.3.3 本节小结

基于政府不同补贴模式,本节分析了传统农业企业与生物农业企业之间的竞争,以及制造商和生物农业零售商博弈等问题,并在政府补贴支出相同的条件下,对不同补贴模式的影响进行了比较分析,所得结论可以为生物农业供应链发展提供决策支持。

(1)研究传统农业企业与生物农业企业博弈问题,得到的主要结论为:①政府给予生物农业行业一定的补贴,会带来生物农资产品销售价格的上涨,且当政府补贴支出相同时,研发补贴模式下其销售价格上涨幅度更大。而两种不同补贴模式下传统农资产品销售价格受到的影响也有所不同,价格补贴模式下会有所下降,研发补贴模式下会有所上涨。②当政府给予生物农业行业补贴时,生物农资产品技术水平会有所上升,且研发补贴模式下其上升的速度更快,这表明研发补贴模式更有利于提升生物农资产品的技术水平。③从农资产品市场需求变化来看,政府给予生物农业行业一定的补贴,会带来生物农资产品市场份额上升,传统农资产品市场份额下降,即生物农资产品会占据一部分传统农资产品市场,且通过比较发现,在政府补贴支出相同的条件下,价格补贴模式下生物农资产品所占据的传统农资产品市场份额会更人。④政府给予生物农业行业补贴这一行为,对生物农资企业运营有利,而传统农资企业在研发补贴模式下运营有利,在价格补贴模式下运营则会受到不利的影响。⑤政府给予生物农业行业一定的补贴,对传统农业企业与生物农业企业整体运营有利,且相比较价格补贴模式,研发补贴模式下其整体运营会更加有利。

(2)研究政府不同补贴模式下生物农业供应链运营问题,得到的主要结论为:①随着政府补贴支出的增加,两种不同补贴模式下生物农产品的批发价格、技术水平及销售价格均有所上升,但上升速度有所不同,且当政府补贴支出达到一定的规模后,价格补贴模式下生物农产品的批发价格及销售价格均高于研发补贴模式,研发补贴模式下生物农产品技术水平高于价格补贴模式。因此,在政府对两种不同补贴模式支出相同的条件下，选择价格补贴模式更容易促使供应链成员企业提高产品价格，而选择研发补贴模式则有利于提升生物农产品技术水平。②政府补贴支出的增加会带来生物农产品需求量的增加，并通过对两种不同补贴模式的比较可以发现，研发补贴模式下生物农产品需求量增速更快，且大于价格补贴模式。以上表明，相比较价格补贴模式，选择研发补贴模式对于扩大生物农产品市场需求效果会更加明显。③从生物农产品供应链的利润变化来看，随着政府补贴支出的增加，两种不同补贴模式下生物农产品制造商、零售商及供应链整体利润都将有所增加，且当政府补贴支出较低时，两种不同补贴模式下生物农产品制造商、零售商及供应链整体利润都非常接近，但当政府补贴支出达到一定规模后，价格补贴模式下生物农产品制造商、零售商及供应链整体利润不仅会高于研发补贴模式，而且增加的速度更快。因此，选择价格补贴模式将更加有助于改善生物农产品供应链成员绩效，缓解其运营压力。

第七章 结论、建议及展望

7.1 研究结论

本书在已有学者研究的基础上,基于权力结构、概率销售、公平关切等情境对供应链运营问题展开分析,得到了供应链在上述情境下的运营规律,同时结合绿色产品、新零售、生物农业等行业,探究了不同行业供应链运营的差异。本书研究主要结论为:

(1)不同权力结构下供应链运营管理

在研究不同权力结构下供应链运营问题时,多数假定顾客完全理性,以及很少考虑物流服务商参与对制造商、零售商决策的影响,而从实际情况来看,顾客损失厌恶心理及物流服务商决策变化对供应链运营均会产生影响,所以本书对该问题进行了探讨,得到如下主要结论:

①考虑顾客损失厌恶行为,研究不同权力结构下供应链运营问题,结果发现:顾客损失厌恶行为会带来产品批发价格和售价下降,制造商与零售商会受到不利影响,且零售商在权力均衡下受到不利影响更大,制造商则在此情形下受到不利影响更小;集中决策与分散决策两种情形下供应链获利差距会缩小,这表明,对于供应链成员企业而言,通过合作实现集中决策,有利于弱化顾客损失厌恶行为产生的不利影响。

②考虑物流服务商决策影响,研究不同权力结构下需求扰动对供应链运营的影响,结果发现,与已有文献研究相比,供应链需求扰动的稳健区域会扩大。除此之外,服务水平不受需求扰动影响,服务价格只需要在扰动较大时,与扰动同方向调整服务价格,制造商产品批发价格、零售商产品售价与需求扰动同方向调整;上述决策变量在不同权力结构下调整幅度会不同。比较集中决策与分散决策发现,集中决策下企业决策行为调整幅度大于分散决策情形,分散决策下权力均衡情形调整幅度最大。

(2)概率销售策略下供应链运营管理

在研究概率销售下供应链运营问题时,较少文献考虑概率产品异质性、权力结构及产品分配时机等因素的影响,而从企业实际运营来看,企业在实施概率销售策略时会重点关注上述因素。鉴于此,本书围绕上述因素对概率销售策略展开系统、深入探究,得到如下主要结论:

①考虑概率产品异质性,研究供应链概率销售问题,结果发现,在概率产品组合中,高质量产品与低质量产品所占比例越接近,即消费者购买概率产品得到低质量产品或高质量产品不确定性越高,零售商采用概率销售策略就越有利,高质量产品与低质量产品两者质量差距越大或越小都不利于零售商开展概率销售策略。

②考虑权力结构,研究供应链概率销售问题,结果发现:对于产品批发价格,当概率产品中两种产品组合比例差距较小或者消费者对产品不完全匹配敏感程度较高时,权力均衡下批发价格最高;当两种产品组合比例差距较大且消费者对产品不完全匹配敏感程度较低时,制造商占主导权下批发价格最高。而从产品边际利润来看,零售商占主导权情形大于权力均衡情形,制造商占主导权情形则在两种产品组合比例差距较小或者消费者对产品不完全匹配敏感程度较高时最大。

③考虑概率产品分配时机与权力结构,研究供应链概率销售问题,结果发现,早分配与晚分配两概率销售模式下产品批发价格应不同,且制造商对供应链主导性越强,批发价格就越高。零售商产品售价除了早分配概率销售下制造商、零售商占主导权两种情形相同外,其他情形应不同,自身占主导权情形最高,权力均衡情形最低。而同一权力结构下,当销售后期产品价值高于某一临界值时,晚分配概率销售下批发价格、正价产品(产品 A 或 B)售价高于早分配概率销售;当低于该临界值时,早分配概率销售更高,而概率产品售价,早分配概率销售高于晚分配概率销售。

(3)公平关切下供应链运营管理

公平关切是一种普遍存在的社会现象,当企业存在公平关切行为时,供应链运营会受到一定的影响。本书将围绕企业社会责任、权力结构、公平关切参照点及信息不对称等,对公平关切下供应链运营问题展开分析,得到如下主要结论:

①考虑企业社会责任,研究公平关切下两零售商竞争问题,结果发现:随着公平关切程度的增加,两零售商产品售价会下降,且零售商所履行社会责任水

平在自身公平关切下会上升,在竞争对手公平关切及两零售商同时公平关切情形下会下降;两零售商在经营中会受到不利影响,且均在同时公平关切情形下受到不利影响程度更高。此外,零售商履行社会责任认可度提高,履行社会责任零售商的社会责任水平及产品售价会上升,不履行社会责任零售商的产品售价会下降。

②考虑传统企业公平关切,研究双渠道博弈问题,结果发现,电子商务企业销售效率下降,三种不同权力结构下双渠道产品售价会增加,但增速会不同,且增速随着传统零售企业公平关切程度的增加而上升。此外,传统零售企业效用会增加,电子商务企业效用会减少,三种不同权力结构相比,在电子商务企业占主导权下,传统零售企业效用增加得更快,电子商务企业则减少得更快,且当公平关切程度不同时,效用所受影响会不同。

③考虑公平关切参照点,研究双渠道博弈问题,结果发现,随着消费者"搭便车"比例上升,实体店产品售价及努力水平会下降,且两者均在横向公平关切情形下下降更快,网店产品售价则呈现先上升后下降的变化,同样在横向公平关切情形下变化更快。此外,消费者"搭便车"比例的增加对实体店经营不利,在横向公平关切情形下受到不利影响更大,对网店经营可能有利也可能不利,同样在横向公平关切情形下所受影响更大。

④考虑公平关切信息不对称,研究供应链运营问题,结果发现:实体零售商传递不真实公平关切信息对自身产品售价及制造商批发价格均产生影响,对电子商务渠道产品售价不产生影响;若传递公平关切值低于真实值,实体零售商效用会减少,若高于真实值,效用会增加,而制造商获得的利润在低于或高于真实值情形时均减少;通过设计激励合同能促使实体零售商传递真实的公平关切信息,但合同能否执行与实体零售商真实的公平关切值及消费者对渠道价格差异的敏感性有关。

(4)不同类型供应链运营管理

结合绿色产品、新零售、生物农业等行业,对供应链运营问题展开分析,得到如下主要结论:

①对于绿色产品供应链,当其应用区块链技术时,制造商或零售商期间交易费用减少会带来产品售价下降及绿色度水平上升,产品批发价格在制造商期间交易费用减少时下降,在零售商期间交易费用减少时上升,且上升或下降速

率与权力结构、产品绿色创新效率有关。对于同一权力结构下绿色产品供应链，零售商比制造商更愿意应用区块链技术，降低制造商或零售商期间交易费用，可以提升区块链技术应用价值，但不同权力结构下区块链技术应用价值的提升效果不同。

②对于新零售供应链，制造商产品批发价格、销售商线上线下产品售价在不同权力结构下应不同，且均在自身占主导权情形最高；针对某一销售区域，若销售商增加线下门店数量，不管是制造商还是销售商本身，都应相应提高产品价格，但调整幅度在不同权力结构下不同；随着销售商布局的线下门店数量增加，制造商利润会增加，销售商及供应链整体利润先增后减，且三种不同权力结构下其增加或减少速率不同。

③对于生物农业供应链，研究传统农业企业与生物农业企业博弈问题，结果发现，政府给予生物农业行业一定的补贴，生物农资产品销售价格会上涨，且在研发补贴模式下上涨幅度更大，传统农资产品销售价格在价格补贴模式下会下降，在研发补贴模式下会上涨；生物农资产品技术水平会有所上升，且研发补贴模式下其上升的速度更快。政府给予生物农业行业补贴这一行为，对生物农资企业运营有利，而传统农资企业在研发补贴模式下运营有利，在价格补贴模式下运营则会受到不利的影响。研究生物农产品制造商和零售商博弈问题发现，随着政府补贴支出的增加，研发补贴和价格补贴两模式下生物农产品批发价格、技术水平及售价均上升，但上升速度有所不同，价格补贴模式下价格上升更快，研发补贴模式下技术水平上升更快。在政府给予补贴环境下，生物农产品制造商、零售商及供应链整体利润都将有所增加，且当政府补贴支出较低时，两种不同补贴模式下生物农产品制造商、零售商及供应链整体利润非常接近，当政府补贴支出达到一定规模后，价格补贴模式高于研发补贴模式。

7.2 相关建议

随着企业竞争进一步加剧，企业意识到管理自身所在供应链的重要性。在供应链运营过程中，要提升其运营效率，需要链上成员企业制定科学的决策，而从现实情况来看，由于链上成员企业所处的供应链环境不同，企业决策行为应不同。鉴于此，针对供应链如何运营，本书提出以下几点相关建议：

（1）对于供应链上企业，需要明确自身在供应链上的地位。

对于现代企业,它往往处于一个非常复杂的供应链环境中,在某条供应链中有可能处于领导地位,在另外一条供应链中有可能处于跟随地位,或与链上其他企业达到了权力均衡。从现实情况来看,当企业在供应链上地位不同时,其决策行为应不同,因此,企业面对多条供应链时,决策思维应不同。要解决上述问题,企业需要去调研,认真思考明确自身在供应链中的位置,才能科学地制定决策。

(2)供应链是否采用概率销售策略,需要根据自身所处的经营环境,进行科学研判。

相比较传统销售策略,概率销售策略的确在扩大市场、延伸产品线、平衡供需、细分产品市场等方面具有优势,但这不表明,它适合所有产品。比如,消费者有强偏好的产品,企业所生产的产品组合质量差距较大或较小等,均不适合采用概率销售策略。除此之外,如果消费者对产品价格敏感度不高,相比较正品,更低价格的概率产品市场空间也不大,也不适合企业采用概率销售策略。

(3)分析公平关切的形成机理,降低公平关切行为所带来的不利影响。

公平关切是一种普遍存在的心理状态,它受多种因素的影响,比如情感因素、个性因素、企业合作程度、信息共享、博弈双方在供应链上的地位等,且从现实表现来看,不同决策主体公平关切程度不同。因此,在企业博弈过程中,理性分析竞争对手的公平关切行为,尤其是其形成机理,并采取相应措施来降低对方的公平关切程度,对改善企业自身绩效能起到一定的作用。

(4)促使供应链成员企业之间高效合作,提升供应链运营效率。

从供应链运营来看,在分散决策下,当企业均从自身利益最大化的角度制定决策时,供应链双重边际化效应会比较明显,此时供应链的运营效率会比较低。通过加强供应链成员企业之间的合作,比如,制造商与零售商之间签订合作契约,建立双赢关系,可以削弱双重边际化效应的影响,起到改善供应链成员企业绩效及供应链整体绩效的作用。所以,供应链成员企业如何高效合作,是值得探究的问题。

7.3　研究展望

供应链是一个复杂系统,随着实践的进一步开展,其理论分析会越来越系统、深入。本书仅是基于当前供应链实践发展现状,从权力结构、概率销售、公平关切等角度展开分析,挖掘一些供应链运营规律,为该环境下企业运营决策提供理论支持。本书研究虽然取得了一定的成果,但仍然存在诸多问题有待于后续进一步研究,主要包括以下几个方面:

(1)在研究不同权力结构下供应链运营问题时,从模型构建和分析来看,权力结构不同仅表现在上游企业和下游企业的决策顺序不同,未从其他方面探究其差异性。除此之外,模型是建立在上游企业和下游企业信息完全对称的基础上,对于信息不对称情形未作考虑。这些都值得后续进一步展开研究。

(2)在研究概率销售下供应链运营问题时,所构建模型假定消费者是完全理性的,而从现实情况来看,多数消费者在购买概率产品时,可能存在预期后悔行为。该行为会影响消费者购买意愿,进而对供应链如何开展概率销售策略产生影响,因此有必要对该问题继续展开研究。

(3)在研究公平关切下供应链运营问题时,假定企业的公平关切程度为一个静态值(固定值),而从现实情况来看,随着时间的推移,企业的公平关切行为会发生一定的变化,其公平关切程度应该是动态的。因此,研究动态公平关切环境下供应链运营问题更具有现实意义。

(4)在研究供应链运营问题时,均是针对单周期供应链展开,没有从多周期角度进行分析,而多周期供应链运营问题与现实更加贴近,此情形下所构建的供应链模型会更加复杂(因为不同周期所构建的模型会不同),当然所得结论更有参考价值,因此,值得进一步展开研究。

参 考 文 献

［1］BALTACIOGLU T, ADA E, KAPLAN M D, et al. A new framework for service supply chains［J］. The service industries journal, 2007, 27(2):105 – 124.

［2］BEAMON B M. Supply chain design and analysis: models and methods ［J］. International journal of production economics, 1998, 55(3):281 – 294.

［3］王迎军. 顾客需求驱动的供应链契约问题综述［J］. 管理科学学报, 2005, 14(2):68 – 76.

［4］KAHNEMAN D, TVERSKY A. Prospect theory: an analysis of decision under risk［J］. Econometrica, 1979, 47(2):263 – 291.

［5］柳键, 邱国斌, 黄健. 面对损失厌恶顾客的零售商订货定价策略及激励问题［J］. 控制与决策, 2014, 29(1):107 – 112.

［6］KERMER D A, DRIVER-LINN E, WILSON T D, et al. Loss aversion is an affective forecasting error［J］. Psychological science, 2006, 17(8):649 – 653.

［7］CHAPMAN G B. Similarity and reluctance to trade［J］. Journal of behavioral decision making, 1998, 11(1):47 – 58.

［8］刘欢, 梁竹苑, 李纾. 得失程数的变化: 损失规避现象的新视点［J］. 心理学报, 2009, 41(12):1123 – 1132.

［9］ELLRAM L M, TATE W L, BILLINGTON C, et al. Understanding and managing the services supply chain［J］. Journal of supply chain management, 2004, 40(3):17 – 32.

［10］柳键, 邱国斌, 黄健. 考虑缺货损失情形下损失厌恶零售商的订货决策［J］. 控制与决策, 2012, 27(8):1195 – 1200.

［11］林志炳, 蔡晨, 许保光. 损失厌恶下的供应链收益共享契约研究［J］. 管理科学学报, 2010, 13(8):33 – 41.

［12］SUGDEN R. Reference-dependent subjective expected utility［J］. Journal of economic theory, 2003, 11(2):172 – 191.

[13]SHALEV J. Loss aversion equilibrium[J]. International journal of game theory,2000,29(2):269 – 287.

[14]KOSZEGI B,RABIN M. A model of reference-dependent preferences[J]. The quarterly journal of economics,2006,121(4):1133 – 1165.

[15]SCHMIDT U,STARMER C,SUGDEN R. Third-generation prospect theory [J]. Journal of risk and uncertainty,2008,36(3):203 – 223.

[16]FEHR E,SCHMIDT K M. A theory of fairness,competition and coopera-tion[J]. Quarterly journal of economics,1999,114(3):817 – 868.

[17]KAHNEMAN D,KNETSCH J L,THALER R. Fairness as a constraint on profit-seeking:entitlements in the market[J]. The American economic review,1986, 76(4):728 – 741.

[18]GUTH W,SCHMITTBERGER R,SCHWARZE B. An experimental analy-sis of ultimatum bargaining[J]. Journal of economic behavior and organization,1982, 3(4):367 – 388.

[19]HO T H,SU X M. Peer-induced fairness in games[J]. The American eco-nomic review,2009,99(5):2022 – 2049.

[20]何霆,徐晓飞,金铮. 基于 E3-Value 的服务供应链运作管理流程和方法[J].计算机集成制造系统,2011,17(10):2231 – 2237.

[21]简兆权,曾经莲,刘艳.服务供应链外部整合对企业运营绩效的影响机理分析——被调节的中介效应 [J].管理评论,2021,33(8):290 – 301.

[22]BOLTON G E,OCKENFELS A. ERC:a theory of equity,reciprocity and competition[J]. The American economic review,2000,90(1):166 – 193.

[23]CUI T H,RAJU J S,ZHANG Z J. Fairness and channel coordination[J]. Management science,2007,53(8):1303 – 1314.

[24]黄松,杨超,刘慧.指数需求下考虑绝对公平关切的供应链定价模型[J].计算机集成制造系统,2013,19(4):823 – 831.

[25]LOCH C H,WU Y Z. Social preferences and supply chain representation of uncertainty[J]. Journal of risk and uncertainty,1992,54(11):1835 – 1849.

[26]杜少甫,杜婵,梁樑,等.考虑公平关切的供应链契约与协调[J].管理科学学报,2010,13(11):41 – 48.

[27]CHOI S C. Price competition in a channel structure with a common retailer[J]. Marketing science,1991,10(4):271-296.

[28]张国兴,方帅,汪应洛. 不同权力结构下的双渠道供应链博弈分析[J]. 系统工程,2015,33(3):52-59.

[29]冯颖,张炎治. 不同权力结构下 TPL 服务增值的供应链决策与效率评价[J]. 中国管理科学,2018,26(10):164-175.

[30]高鹏,杜建国,聂佳佳,等. 不同权力结构对再制造供应链技术创新策略的影响[J]. 管理学报,2016,13(10):1563-1570.

[31]李新然,蔡海珠,牟宗玉. 政府奖惩下不同权力结构闭环供应链的决策研究[J]. 科研管理,2014,35(8):135-144.

[32]陈宾,安增军,许明星. 考虑公平关切的双渠道供应链决策与协调[J]. 统计与决策,2016(8):38-42.

[33]唐飞,许茂增. 基于公平偏好的双渠道闭环供应链定价决策[J]. 系统工程,2017,35(4):110-115.

[34]邹清明,叶广宇. 考虑公平关切的双向双渠道闭环供应链的定价决策[J]. 系统管理学报,2018,27(2):281-290.

[35]周岩,胡劲松,刘京. 考虑公平关切的双渠道绿色供应链决策分析[J]. 工业工程与管理,2020,25(1):9-19.

[36]LI B,HOU P W,LI Q H. Cooperative advertising in a dual-channel supply chain with a fairness concern of the manufacturer[J]. IMA journal of management mathematics,2017,28(2):259-277.

[37]WEI G X,LIN Q. Dual-channel supply chain coordination with new buy-back contract based on fairness preference theory[J]. Information technology journal,2014,13(6):1094-1101.

[38]浦徐进,诸葛瑞杰,范旺达. 考虑横向和纵向公平的双渠道供应链均衡策略[J]. 系统工程学报,2014,29(4):527-536.

[39]SHI K R,XIAO T J. Coordination of a supply chain with a loss-averse retailer under two types of contracts[J]. International journal of information and decision science,2008,1(1):5-25.

[40]孙浩,吴亚婷,达庆利. 需求价格敏感下具有损失厌恶零售商的闭环供

应链定价与协调[J]. 控制与决策,2014,29(10):1886-1892.

[41]李绩才,周永务,肖旦,等. 考虑损失厌恶一对多型供应链的收益共享契约[J]. 管理科学学报,2013,16(2):71-82.

[42]肖迪,袁敬霞,刘新华. 考虑零售商损失厌恶的供应链质量及库存决策[J]. 中国管理科学,2014,22(S1):452-457.

[43]曹国昭,齐二石. 替代品竞争环境下损失厌恶报童问题研究[J]. 管理学报,2013,10(6):898-904.

[44]刘咏梅,丁纯洁,廖攀. 考虑损失厌恶零售商的混合渠道库存决策问题[J]. 计算机集成制造系统,2014,20(5):1199-1210.

[45]赵光丽,胡劲松,李宴. 考虑缺货成本情形下具有损失规避零售商的模糊网络均衡[J]. 软科学,2014,28(8):130-136.

[46]林志炳,蔡晨,许保光. 损失厌恶下的供应链收益共享契约研究[J]. 管理科学学报,2010,13(8):33-41.

[47]JIANG Y B. Price discrimination with opaque products[J]. Journal of revenue and pricing management,2007,6(2):118-134.

[48]ZHANG Y,HUA G W,ZHANG J L,et al. Risk pooling through physical probabilistic selling[J]. International journal of production economics,2020,219(20):295-311.

[49]FAY S. Selling an opaque product through an intermediary:the case of disguising one's product[J]. Journal of retailing,2008,84(1):59-75.

[50]RICE D H,FAY S A,XIE J H. Probabilistic selling vs. markdown selling:price discrimination and management of demand uncertainty in retailing[J]. International journal of research in marketing,2014,31(2):147-155.

[51]刘光宗,李婧渺,芮广乐. 概率销售对消费者决策满意度的影响[J]. 辽宁工程技术大学学报(社会科学版),2018,20(1):52-57.

[52]毛可,傅科,徐佳焱. 无理由退货政策下的概率销售策略[J]. 系统工程理论与实践,2020,40(4):964-977.

[53]HUANG T L,YU Y M. Sell probabilistic good? a behavioral explanation for opaque selling[J]. Marketing science,2014,33(5):743-759.

[54]ZHANG Z L,JOSEPH K,SUBRAMANIAM R. Probabilistic selling in

quality-differentiated markets[J]. Management science,2014,61(8):1959 – 1977.

[55]杨光,刘新旺,秦晋栋,等. 双渠道异质产品市场背景下的概率销售策略[J]. 控制与决策,2019,34(5):1049 – 1059.

[56]张洋. 考虑概率销售下产品分配策略的供应链管理研究[D]. 成都:电子科技大学,2019.

[57]FAY S,XIE J. Timing of product allocation:using probabilistic selling to enhance inventory management[J]. Management science,2015,61(2):474 – 484.

[58]AUPPERLE K,CARROLL A,HATFIELD J. An empirical examination of the relationship between corporate social responsibility and profitability[J]. Academy of management journal,1985,28(2):446 – 463.

[59]DOANE D. Beyond corporate social responsibility:minnows, mammoths and markets[J]. Futures,2005,37(2):215 – 230.

[60]李彦龙. 企业社会责任的基本内涵、理论基础和责任边界[J]. 学术交流,2011,27(2):64 – 69.

[61]LEVIS J. Adoption of corporate social responsibility codes by multinational companies[J]. Journal of Asian economics,2006,17(1):50 – 55.

[62]晁罡,申传泉,张树旺,等. 伦理制度、企业社会责任行为与组织绩效关系研究[J]. 中国人口·资源与环境,2013,23(9):143 – 148.

[63]徐尚昆,杨汝岱. 中国企业社会责任及其对企业社会资本影响的实证研究[J]. 中国软科学,2009,24(11):119 – 128,146.

[64]万松钱,鞠芳辉,谢子远. 中小企业在供应链社会责任中的传导作用研究[J]. 东北大学学报(社会科学版),2015,17(4):369 – 375.

[65]郭春香,李旭升,郭耀煌. 社会责任环境下供应链的协作与利润分享策略研究[J]. 管理工程学报,2011,25(2):103 – 108.

[66]高举红,韩红帅,侯丽婷,等. 考虑社会责任的闭环供应链决策与协调[J]. 计算机集成制造系统,2014,20(6):1453 – 1461.

[67]颜波,刘已. 基于连续时间动态博弈的供应链企业社会责任研究[J]. 管理学报,2016,13(6):913 – 921.

[68]YUE X,RAGHUNATHAN S. The impacts of the full returns policy on a supply chain with information asymmetry[J]. European journal of operational re-

search,2007,180:630 – 647.

[69]张梁梁,张盼.需求信息不对称下供应链中流程与产品创新模式选择研究[J].运筹与管理,2022,31(9):128 – 134.

[70]刘浪,汪惠,黄冬宏.销售成本信息不对称下供应商风险规避的回购契约[J].中国管理科学,2023,31(1):158 – 167.

[71]LAU A H L,LAU H S,ZHOU Y W. Considering asymmetrical manufacturing cost information in a two-echelon system that uses price-only contracts[J]. IIE transactions,2006,38(3):253 – 271.

[72]GAUDET G,LASSERRE P,LONG N V. Real investment decisions under adjustment costs and asymmetric information[J]. Journal of economic dynamics and control,1998,23(1):71 – 95.

[73]张翠华,黄小原.非对称信息下供应链的质量预防决策[J].系统工程理论与实践,2003,23(12):95 – 99.

[74]YU Y,JIN T D. The return policy model with fuzzy demands and asymmetric information[J]. Applied soft computing,2011,11(2):1699 – 1678.

[75]HA A Y. Supplier-buyer contracting:asymmetric cost information and cut-off level policy for buyer participation[J]. Naval research logistics,2001,48(1):41 – 64.

[76]邱若臻,黄小原.非对称信息条件下供应链收入共享契约协调[J].东北大学学报(自然科学版),2007,28(8):1205 – 1208.

[77]CORBETT C J,GROOTE X D. A supplier's optimal quantity discounts policy under asymmetric information[J]. Management science,2000,46(3):444 – 450.

[78]ESMAEILI M,ZEEPHONGSEKUL P. Seller-buyer models of supply chain with an asymmetric information structure[J]. International journal of production economics,2010,123(1):146 – 154.

[79]BARARI S,AGARWAL G,ZHANG W J,et al. A decision framework for the analysis of green supply chain contracts:an evolutionary game approach[J]. Expert systems with applications,2012,39(3):2965 – 2976.

[80]JAMALI M B,RASTI-BARZOKI M. A game theoretic approach for green

and non-green product pricing in chain-to-chain competitive sustainable and regular dual-channel supply chains[J]. Journal of cleaner production,2018,170(1):1029 – 1043.

[81]CHEN C L. Design for the environment:a quality-based model for green product development[J]. Management science,2001,47(2):250 – 263.

[82]温兴琦,程海芳,蔡建湖,等. 绿色供应链中政府补贴策略及效果分析 [J]. 管理学报,2018,15(4):625 – 632.

[83]宋洋,徐英东,张志远. 信息不对称条件下产品绿色质量虚假信息研究 [J]. 吉林大学社会科学学报,2019,59(1):152 – 162.

[84]刘闯,肖条军. 考虑公平偏好的绿色供应链中制造商外包策略分析 [J]. 工业技术经济,2020,39(12):36 – 45.

[85]江世英,李随成. 考虑产品绿色度的绿色供应链博弈模型及收益共享 契约[J]. 中国管理科学,2015,23(6):169 – 176.

[86]WANG W,LIU X J,ZHANG W S,et al. Coordination of a green supply chain with one manufacturer and two competing retailers under different power struc- tures[J]. Discrete dynamics in nature and society,2019,51(12):1 – 18.

[87]杨天剑,田建改. 不同渠道权力结构下供应链定价及绿色创新策略 [J]. 软科学,2019,33(12):127 – 132.

[88]XUE M S,ZHANG J X. Impacts of heterogeneous environment awareness and power structure on green supply chain[J]. Rairo-operations research,2018,52 (1):143 – 157.

[89]李志堂,张翠华,邹宇峰,等. 新零售下农庄绿色产品服务模式的策略 选择[J]. 工业工程与管理,2021,26(3):105 – 114.

[90]吕茹霞,张翠华. 新零售下考虑需求迁移的双线服务质量控制及协调 研究[J]. 软科学,2021,35(6):116 – 124.

[91]范辰,张琼思,陈一鸣. 新零售渠道整合下生鲜供应链的定价与协调策 略[J]. 中国管理科学,2022,30(2):118 – 126.

[92]赖红珍,周艳菊,王傅强. 新零售背景下贸易信贷对资金约束零售商渠 道选择的影响[J]. 中国管理科学,2023,31(10):205 – 214.

[93]张建军,赵启兰. 新零售时代零售商主导的双渠道供应链线上线下服

务水平决策:基于 Hotelling 模型[J].北京交通大学学报(社会科学版),2021,20(2):123-134.

[94]黄孟丽,张玉林.新零售背景下考虑渠道偏好和需求迁移的零售供应链决策研究[J].工业工程与管理,2021,26(3):32-39.

[95]张素庸,汪传旭,俞超."新零售"下不同配额分配机制对供应链的影响[J].计算机集成制造系统,2020,26(3):829-838.

[96]MONCHUK D C,CHEN Z,BONAPARTE Y. Explaining production inefficiency in China's agriculture using data envelopment analysis and semi-parametric bootstrapping[J]. China economic review,2010,21(2):346-354.

[97]马春艳,马强.我国农业生物产业技术创新能力评价研究[J].生态经济,2010(1):89-91.

[98]梁伟军,易法海.农业与生物产业技术融合发展的实证研究:基于上市公司的授予专利分析[J].生态经济,2009(11):145-148.

[99]季凯文,孔凡斌.中国生物农业上市公司技术效率测度及提升路径:基于三阶段 DEA 模型的分析[J].中国农村经济,2014(8):42-57,75.

[100]刘波,马春艳.我国农业生物产业技术创新途径的博弈选择[J].科技与经济, 2011,24(5):57-61.

[101]李萍.支持广西北部湾经济区生物农业发展的财税政策思考[J].经济研究参考,2014(5):8-16.

[102]马春艳.农业生物产业技术创新政策的作用机理与政策机制研究[J].中国科技论坛,2007,22(4):103-106.

[103]李天柱,马佳,冯薇,等.农业生物技术的接力创新:特性、机理及政策启示[J].技术经济,2014,33(12):14-23.

[104]NAGARAJAN M,SCHECHTER S. Prospect theory and the newsvendor problem[J]. Management science,2014,60(4):1057-1062.

[105]GAO J,HAN H,HOU L,et al. Pricing and effort decisions in a closed-loop supply chain under different channel power structures[J]. Journal of cleaner production,2016,112(3):2043-2057.

[106]刘南,吴桥,鲁其辉,等.物流服务商参与时两级供应链的协调策略研究[J].软科学,2011,25(10):125-129.

[107]马雪松,陈荣秋.基于公平关切和服务合作价值的服务供应链应急协调策略[J].控制与决策,2017,32(6):1047－1056.

[108]李新然,何琦,吴义彪等.需求扰动下分散式决策闭环供应链的应急决策[J].中国管理科学,2015,23(S1):581－589.

[109]黄松,杨超,杨珺.需求和成本同时扰动下双渠道供应链定价与生产决策[J].系统工程理论与实践,2014,34(5):1219－1229.

[110]李绩才,周永务,李昌文,等.考虑公平关切的供应链产品质量与零售定价博弈决策分析[J].软科学,2017,31(3):139－144.

[111]王海平,刘树林,林军.基于 Hotelling 模型的双寡头免费增值策略竞争分析[J].运筹与管理,2018,27(4):15－21.

[112]罗美玲,李刚,张文杰.双渠道供应链中双向搭便车研究[J].系统管理学报,2014,23(3):314－323,338.

[113]FAY S,XIE J. Probabilistic goods:a creative way of selling products and services[J]. Marketing science,2008,27(4):674－690.

[114] NETESSINE S,TANG C S. Consumer-driven demand and operations management models:a systematic study of information-technology-enabled sales mechanisms[M]. Berlin:springer science & business media,2009.

[115]杨光,刘新旺,秦晋栋.基于消费者损失效用的概率销售策略研究[J].中国管理科学,2020,28(7):146－155.

[116]梁喜,胡鑫.考虑区块链和产品回收的绿色供应链定价决策[J].计算机集成制造系统,2023,29(11):3851－3868.

后 记

本书是笔者博士学位论文研究的延续，前后历经八年的写作时间，虽然写作过程中遇到了很多困难，但最终还是顺利完成了此书。在此，我要感谢我的导师、同门、家人及所有帮助过我的人。

衷心地感谢我的导师柳键教授。当我在写作过程中表现迷茫、停止不前时，导师总能给我指明方向，让我的写作思路更加清晰。导师严谨的治学态度和踏实的工作作风为我树立了榜样，使我受益终身。在此，我要向导师表示最崇高的敬意和最真挚的谢意！

衷心地感谢我的同门和家人。在写作过程中，同门给予我无私帮助，为我树立了榜样，带给了我写作的动力，使我能够勇敢向前；家人们帮我照顾了家庭，分担了本由我担负的家庭责任，他们无私的付出和浓浓亲情是我写作的精神动力。

此外，在本书的撰写过程中，我还借鉴了国内外众多专家和学者的相关研究成果，这些研究成果为我撰写本书提供了丰富的理论知识，将在参考文献中一一列出。在此，我向提供前期研究成果的这些作者们表示深深的谢意。

最后，我希望本书能给研究者们提供一定的理论基础，能给企业管理者们提供决策参考。

总之，完成本书是一件令人疲惫的事情，但也是令人兴奋的事情。我将永远记住这段难忘的经历，衷心感谢这段旅程中的每一个人。

舒斯亮

2023 年 10 月